众创达人榜

白继忠

蔡东佶

蔡惠东

蔡宁

龚丽

扈明

贾增波

靳文鹏

李本克

李广龙

李一北

李振宇

邵竞文

刘雨轩

童无忌

王伟

夏俊杰

赵欢欢

赵继新

赵鹏竹

联合出品人

唐世军　A5 创业网（admin5.com）总经理
樊　斌　某知名企业销售经理
扈　明　银行业资深绩效管理专家
李一北　熊猫儿童大学创始人
童无忌　橙色堂（chengsetang.com）创始人
蔡　宁　百事通.com 创始人
詹昕哲　ZOOCA 知识加创始人

共同发起人

赵小丁　蔡东佶　王　伟　李本克
李少帅　刘雨轩　李广龙　龚　丽
靳文鹏　翟惠婷　赵鹏竹　贾增波

众创

赵甲 / 著

"互联网+"时代的大众创业解决方案

清华大学出版社

北京

内 容 简 介

本书以作者独创的"PTCM网络创富方程式"为主轴,从P(产品)、T(流量)、C(转化)三个模块分别详细阐述网络快速创富系统的构成要素,以及如何将三个模块组装打造成可以获得源源不断的现金流的网络财富永动机。其中,P模块章节主要阐述如何打造一个超级暴利的稀缺产品,T模块章节主要阐述如何使用最有效的网络手段获取源源不断的精准流量,C模块章节主要阐述如何将P和T转化成M(钱)。全书包含了大量的实操技法,采用了丰富的配图解说,手把手教你一步一步利用互联网获取财富,实现财富自由。

本书适用于所有对网络创业感兴趣、希望通过网络创业改变自身命运的大众人士,尤其是个人站长、网商、打工族、网络营销或电子商务大专院校毕业生、全职家庭主妇等,同时也对广大渴望通过互联网实现转型的传统企业家、营销人员具有宝贵的参考价值。

本书封面贴有清华大学出版社防伪标签,无标签者不得销售。

版权所有,侵权必究。侵权举报电话:010-62782989　13701121933

图书在版编目(CIP)数据

众创:"互联网＋"时代的大众创业解决方案/赵甲著. —北京:清华大学出版社,2016
ISBN 978-7-302-44643-9

Ⅰ.①众…　Ⅱ.①赵…　Ⅲ.①互联网络－应用－创业　Ⅳ.①F241.4-39

中国版本图书馆 CIP 数据核字(2016)第 179374 号

责任编辑:白立军
封面设计:傅瑞学
责任校对:焦丽丽
责任印制:李红英

出版发行:清华大学出版社
　　　　网　　　址:http://www.tup.com.cn,http://www.wqbook.com
　　　　地　　　址:北京清华大学学研大厦 A 座　　　邮　　编:100084
　　　　社 总 机:010-62770175　　　　邮　　购:010-62786544
　　　　投稿与读者服务:010-62776969,c-service@tup.tsinghua.edu.cn
　　　　质量反馈:010-62772015,zhiliang@tup.tsinghua.edu.cn
　　　　课件下载:http://www.tup.com.cn,010-62795954
印 刷 者:三河市君旺印务有限公司
装 订 者:三河市新茂装订有限公司
经　　销:全国新华书店
开　　本:170mm×230mm　印　张:23.5　插页:1　字　　数:417 千字
版　　次:2016 年 9 月第 1 版　　　　　　　　印　　次:2016 年 9 月第 1 次印刷
印　　数:1～3000
定　　价:49.00 元

产品编号:069281-01

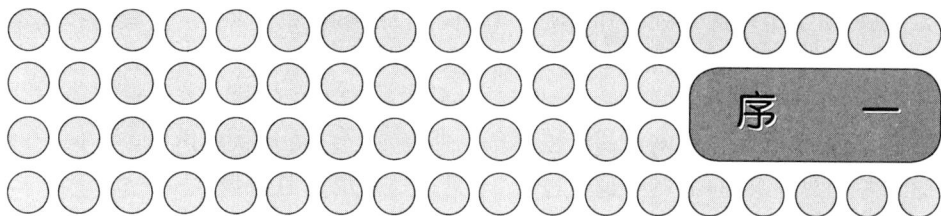

　　"互联网＋"这个概念近两年已经成为一个家喻户晓的词汇。李克强总理在2014年互联网大会上提出了"大众创业、万众创新"的号召，又在2015年的政府工作报告上提出"互联网＋"行动计划。"互联网＋"已经成为未来互联网发展的一个主要方向。

　　简单来说，"互联网＋"就是"互联网＋各个传统行业"，也就是说，不管是任何传统行业，都可以与互联网深度融合，利用互联网技术、平台优势、用户基础来实现进一步的发展。在"互联网＋"的影响下，中国已经进入大众创业的时代，只要你有想法、有能力，都可以利用互联网来实现自己的梦想。更通俗来讲，利用互联网赚钱的大众时代已经来临。

　　以往我们对于互联网的理解可能更多地在办公娱乐、获取信息方面，对于百度、腾讯、阿里巴巴、新浪这些互联网公司的印象，也是各种高大上，遥不可及。后来随着网络的普及，网民爆炸式增长，互联网离人们越来越近。我们可以建设网站获取流量和用户，收取服务费用和广告费，甚至可以在淘宝开网店卖东西赚钱。这是互联网草根的第一个时代。

　　随着移动互联网的发展，以及互联网技术的不断成熟，互联网世界越来越呈现出一种大众化、平民化的发展路线。大的领域被BAT垄断，传统草根站长的生存越来越艰难。但我们要看到的是，互联网巨头带来的理念革新和颠覆性产品正在给我们提供更多的机会。比如微信既颠覆了原有的通信方式，又给草根带来了全新的创业方式和营销渠道。自媒体的兴起让每个人都能在网络上成为某领域的专家和意见领袖。互联网赚钱的领域越来越宽，思路也是越来越广。在互联网上，没有你做不到的，只有你想不到的。互联网草根赚钱的第二个时代已经来临。

　　本书正是顺应互联网时代"大众创业、万众创新"而生的，希望每个人都能通过本书学到最接地气的实操方法，让每个人，不分门槛、年龄、性别，只要有能力,想创业都可以赚到钱。作者赵甲作为互联网第一批草根,在互联网摸爬滚打十几年:从开网店到做网络营销,再到做站长,以及后来实操互联网行业的网赚项目。我认为这么多年来,赵甲最宝贵的不是这十几年通过互联网赚了多少钱,而是其丰厚的互联网赚钱实操经验。他的这些经验都是经历过互联网时代变迁考验而得来的,而且永远不过时,也最适合草根学习和借鉴。

现阶段,关于互联网创业、草根赚钱的书籍市面上有很多,但是大都鱼龙混杂,尤其是纸上谈兵的较多。很多著作理论大于实践,在经历互联网变革后,已经不再适合现在草根创业来学习。也有一些作者,虽然有干货,但是涉及核心赚钱的方法基本也是一笔带过,不会完全透露给读者。但是赵甲的这本书,我在通读了一遍大纲后,就感受到实实在在的实操干货。尤其是他独创的"PTCM 网络创富方程式"理论,从 P(产品)、T(流量)、C(转化)这三个互联网赚钱的最基础要素循序渐进地将自己的实操经验毫无保留地分享给读者。即使是毫无互联网经验的初学者,也能从本书直观地了解到什么是暴利产品,什么是网赚,如何将产品推广出去,如何将流量转化为用户。只要你有严格的执行力和能力,也可能成为赵老师这样的草根明星,在互联网上赚到钱。

"互联网＋"让传统行业获得了了新生,更让草根创业者有了用武之地。希望所有读了这本书的读者,都能融会贯通,举一反三,在互联网上找到属于自己的赚钱项目。我现在带领的团队所运营的 A5 创业网是一家为互联网创业服务的网站,在结合此书理论的同时,也希望草根朋友来 A5 创业网学习、交流,共同促进互联网创业的发展。

A5 创业网(原 A5 站长网)总经理　唐世军
2016 年 4 月　江苏徐州

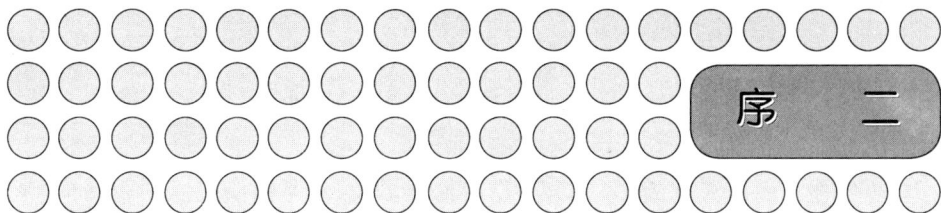

2014 年夏季达沃斯论坛开幕式上,李克强总理致辞,提出"大众创业"的号召。他指出:要在中国 960 万平方公里土地上掀起大众创业、草根创业的新浪潮,形成"人人创新"、"万众创新"的新态势。

2015 年 3 月十二届全国人大三次会议上,李克强总理在政府工作报告中提出"互联网＋"行动计划,并把"大众创业、万众创新"确定为新常态下经济发展的新引擎。

"互联网＋"与"大众创业"已然成为这个时代最为闪耀的标签,各地各行各业草根们的创业热情被激发起来。同时,政府也不遗余力地积极发展"众创、众包、众筹"等新模式,打造强大的大众创业支撑平台,为广大创业者创造良好的创业环境。

然而,仅仅有满腔的热情和良好的环境是不够的,创业者们尤其是草根创业者们往往缺少一个最重要的成功要素,那就是"解决方案"。

解决方案就是方法,解决具体要怎么做的问题。目前市面上的以"互联网＋"、"大众创业"为主题的书籍多如牛毛,但是大部分往往以"互联网＋"概念解读、互联网思维阐述、创业案例分析等为主,很少看到教授实战技法,尤其是针对草根大众人群的实战指导书籍。

拿到赵甲的《众创——"互联网＋"时代的大众创业解决方案》一书初稿,我眼前一亮:这本书在所有"互联网＋大众创业"图书里面最接地气。它没有空洞的理论,没有华丽的辞藻,朴素而有力的语言,指引迷茫中的大众创业者们利用互联网白手起家,拓展事业,走向成功。

也许是时代的关系,在过去传统经济主宰的年代,草根赚钱比较难。但是现在不同了,移动设备的普及让碎片时间的利用率大大提升,"互联网＋"的风口遍地都是,站对了地方,做对了事情,草根逆袭成为可能。而这本书则是企图教会你在一穷二白(没有资金,没有人脉)的情况如何快速找风口,并如何一飞冲天。

书中以作者独创的 PTCM 创富方程式为主轴,庖丁解牛、入木三分地阐述了互联网创富的各个环节,利用翔实的案例、生动的图表,层层递进,步步为营,直击赚钱的本质。

赵甲在圈内被人称为"老赵",不是因为年龄大,而是因为网赚的资历老,从流量站到百度竞价,从实物产品到虚拟产品,从 AdSence 到 CLICKBANK,老赵的足迹几乎遍布了整个网赚史。

在网络上的摸爬滚打中,有成功有失败,有欢笑也有泪水,所有的这些,老赵都把它化作理性的语言,融入到书中。

老赵的网名是"赵告天下",他给自己起的这个网名是想告诉大家:他是期望通过他的新书告诉天下的草根大众互联网创业的真谛,让草根大众们学到先进理念,赚取财富,改变自己的命运!

王强

福耀管理学院特聘教授

畅销书作家

如果您是"富二代"、"官二代"或者有钱人、名人,那么请绕行,这本书不适合您。如果您自认为自己是一穷二白的草根而且不满足现状,那么请继续。

不知道您注意到没有,这个时代正在经历着前所未有的巨变。

五年前,有谁听说过微信?而今天,微信成为了手机上必备的工具,也就在此时,曾经的手机必备功能"短信"已经退出了历史舞台。五年前,有谁听说过小米手机?而今天,小米公司估值已高达 400 亿美元,曾经的手机巨头、百年企业诺基亚仅仅以 70 亿美元的价格被人收购。

柯达公司的"葬礼"刚刚被人遗忘,摩托罗拉公司就已收到"死神"的召唤。中国移动一觉醒来,蓦然发现,原来腾讯才是自己的竞争对手。

我们都知道淘宝的官网是 www.taobao.com,百度的官网 www.baidu.com,谁又知道滴滴打车、陌陌、今日头条、美团这些公司的官网是什么,它们有的没 PC 官网,就算有也是仅提供客户端的下载,因为它们所有的功能都靠一个 App 来实现。当今的互联网巨头 BAT 虽然布局移动互联网已久,但其仍然依靠桌面流量为其重要的商业支柱,而滴滴打车、陌陌、今日头条这样的互联网新秀公司早已把它放在了无足轻重的位置,甚至列为负资产。

曾经的主流事物正以摧枯拉朽之势消亡,曾经的新奇事物正悄无声息地渗透进了人们的生活。是什么力量在推动这一切?答案只有一个:互联网。

有人说,互联网是人类历史上继蒸汽机、电力后的第三次产业革命。有人说,互联网是 20 世纪最伟大的科技发明。甚至还有人说,互联网是潘多拉魔盒,稍不留神,就会有邪恶涌出。

不管怎样,互联网来了,不可避免地来了。截至 2014 年年底,我国网民规模已达 6.68 亿,其中手机网民 6.57 亿。上网,已经成为人们生活必不可少的一部分。

2015 年 3 月,李克强总理在政府工作报告中提出"互联网＋"行动计划。于是,在李克强总理的鼓励下,举国上下掀起了"大众创业、万众创新"的空前热潮。

还记得"桃园三结义"时刘备和关羽、张飞说的那句话吗?"待到黄巾被破之日,必是群雄并起之时"。互联网的飞速发展导致传统行业进入了寒冬,随之而来的是互联网向各个领域的渗透和颠覆。传统的旧商业模式终结后,具有"互联网＋"基因的各类大大小小的公司如雨后春笋般不断涌现,一如当年群雄并起的浩荡场面。

也许你会说,三国已经形成了呀,BAT 不是吗? 答案是否定的,在庞大的"互联网＋"无限可能的市场里,BAT 最多算得上三家实力比较强大的公司,三足鼎立之势还远远没有形成。

微信那么火,陌陌为什么还能上市呢? 滴滴打车那么火,嗒嗒巴士为什么仍然做得风生水起? 阿里巴巴那么大,为什么还有京东、一手店的存在?

市场可以被不断地细分、细分、再细分,大企业不能全部顾及到。而且,企业太大,注定了它只能做轻。以阿里巴巴为例,它打造了一个超级电子商务生态圈,如果它自己卖货、自己送货,那么海量的商品需要海量的客服,海量的物流人员,这是不可能实现的,所以它只能打造成一个平台,负责制定规则和维持秩序。这样就必然暴露出一些弱点,比如物流环节。由于物流由第三方物流公司负责完成,必然不如自己的公司容易管理,难免影响客户体验,比如送件速度慢、态度差等。相比而言,京东规模没那么大,但它自己构建了物流公司,投入资金建造了重资产,提高了客户对物流服务的体验,所以它仍然可以在这个行业当中拥有一席之地。

在互联网普及之前,细分市场已经存在,但是它们市场规模小,而且分散,难以做大总量。而如今,互联网打破了地理界限,将不起眼的生意串联起来,形成大生意。互联网可以把小众、分散而有特定需求的人聚集起来,通过一个App 就能解决问题。

"互联网＋"就是互联网向各个细分行业的渗透和颠覆,互联网＋燕窝现炖:小仙炖;互联网＋快递:快小递;互联网＋教育:熊猫儿童大学;互联网＋做饭:爱大厨;互联网＋知识产权:知果果;互联网＋化妆:美到家等。

如果去网上百度一下这些创新企业的操盘手、"互联网＋"浪潮的弄潮儿的个人资料和人生履历,他们都曾经有一个共同的身份——草根。由此可见,"互联网＋"表面是对各个行业的颠覆,其实本质是对一个人群的颠覆,这群人不是"富二代",更不是"官二代",他们没有雄厚的资金,没有深厚的背景,但有无穷的热情和蓬勃的欲望,他们有一个共同的名字——草根。

"互联网＋"的时代,带来了公平,不靠背景,不靠垄断,不用拉关系,只需要对用户痛点的深刻理解。举一个简单的例子,现在的房地产开发商想要赚钱,关键是拿地,而某一个地块在全球是唯一的。开发商想要拿到市中心的地块,必须具备雄厚实力或政府公关能力。拿到地之后,因为其唯一性和稀缺性,一般情况下开发商都会赚得盆满钵满。而这些东西,对于草根而言,是遥不可及的事情。但是,我们可以投资域名,域名在全球同样有唯一性和稀缺性。我们只需要在家中计算机前动动手指,花几十元,就可以拥有一个域名。只要你有眼光,几年后卖个好价钱不成问题。这个域名你注册了就是你的,谁也抢不走。这是一个典型的例子,充分说明互联网时代是属于草根的时代。

谁才是真正的草根?

50后、60后是草根吗? 当然不是。

70后是草根吗? 70后是伴随着改革开放成长起来的一代,他们赶上了互联网浪潮,那时,只要随便去美国找个商业模式,往中国一搬,就能找到上百万美元的风险投资。然后,请个职业经理人打理,找个操盘手资本运作一下,很有可能就借壳上市了。

没赶上互联网创业潮的70后至少幸运地生在婴儿潮之前,趁着学历文凭还有含金量的时候找个不错的工作,存点积蓄在房价暴涨之前买一套房子,然后就是看着房价翻了几番,于是便拥有了百万房产,等到年老了,光靠收房租就能过上不错的生活。

90后、00后是草根吗? 90后、00后赶上了更好的时候。经过70后、80后两代人的原始资本积累,90后刚出生便享受到了富裕的生活。当80后们还在写信交笔友时,90后、00后们已经配备了手机。

在人生最黄金的阶段,80后为了一张大学录取通知书而通宵奋斗,而当拿到毕业证时才发现找工作越来越难了。稍微晚点出生的80后们更是有幸遇到了几十年一遇的经济危机,刚刚进入职场便遭遇了工厂倒闭、老板跑路、欠薪不发的惨剧,天天被房东逼着交纳房租的日子让这些自以为天之骄子的学子们终于认识到什么叫世态炎凉。

曾经豪情壮志,立志为中华崛起而读书的80后们成了为房价崛起而买单的人,成了最悲催的一代。

有一天到了结婚年纪,曾经不齿于"啃老"的我们终于低下了昂贵的头颅,拿起电话,张开曾经比鸭子还硬的嘴巴:"爸、妈,能借我十万元付个首付吗? 我没存下钱。"曾经的满腔热情瞬间被无情的现实打击得粉碎! 其实,不是我们没存下钱,而是短短十年时间,也正是80后们人生最美好的时候,房价无情地翻了 11 倍,把我们远远地甩在了身后。

岂止这些,高校扩招,生源高峰,毕业不包分配,这些变革都让 80 后赶上了。80 后辛辛苦苦备考了十几年,到头来发现学霸是在给学渣打工。80 后已经不再是时代的弄潮儿,甚至还没有登上历史的舞台就已经被淘汰,曾经的 80 后作家、叛逆教主越韩寒早已熬成了国民岳父。80 后中的将近一半人已经年过三十,处在而立之年的他们只能面对现实,继续辛苦生活,努力赚钱。

站在赚钱、花钱的角度去划分人生,大致分为 3 个阶段,第一个阶段是别人赚钱自己花,从出生到大学毕业之前属于这个阶段,这个阶段是人生中最美好的时候,我们不为钱的事情发愁,过着无忧无虑的生活。第二阶段是自己挣钱自己花,从大学毕业到结婚之前属于这个阶段,这个阶段的生活还算凑合。第三阶段是自己挣钱别人花,从结婚以后开始,尤其是生了小孩之后,就进入了自己挣钱别人花的阶段,随着开销的加大,我们活得越来越痛苦。

现在的 80 后刚刚进入人生的第三个阶段,措手不及的痛苦让 80 后难以承受,80 后迫切地需要改变现实,然而生活的枷锁已经把他们紧紧地勒住了,家中嗷嗷待哺的小孩需要奶粉钱,年迈多病的父母需要医药费,创业的风险让他们望而却步。

"互联网+"的春风吹遍了神州大地,李克强总理鼓励和支持的话语响彻大江南北。被生活折磨得不成人样的 80 后草根们,心中残存的那一丝梦想的火种被再次点燃。他们从内心歇斯底里地呐喊:我们的人生不能这样!我们必须采取行动!

然而,豪迈的誓言过后,却是苍白无力的实际行动。他们不知道该怎么做。他们需要行动指导,需要方法。方法在哪里?书中自有黄金屋。

可是,当寻遍了各种各样的致富书籍之后,事实再一次击碎了 80 后们的梦想,目前市面上那些高大上的互联网书籍对我们这些草根来说太过遥远,那些所谓的这思维、那战略,这剑、那军规对我们这些草根来说,就像是痴人说梦。看的时候热情澎湃、热血沸腾,看过之后仍然不知道如何下手。正如马云所说:"现在的年轻人,晚上想想千条路,早上起来走原路。"不是我们想走原路,而是根本找不到新的路。那些成功人士站在天堂,描述着天堂的美丽,却不告诉我们怎么才能上天堂。他们只告诉你 1 如何变成 100,而不告诉你如何把 0 变成 1。当你朝九晚五上班,一个月赚着几千元却背着还房贷、买奶粉、给父母看病的巨大生活压力时,他们跟你大谈特谈 O2O、大数据、云、生态圈,你觉得有意思吗?这些精神鸦片只能让你获得一时的快感,不能让你真正脱离苦难的边缘。

本书作者是一名地地道道的 80 后,曾经摆过地摊、干过销售、做过培训,被骗过、被骂过，仍然不断向上，披荆斩棘，最终在互联网领域取得小小的成就。在本书中笔者根据自身经历，参阅了诸多资料，拜访了诸多成功人士，并进行了前瞻性的独到分析，为全国范围内的、包含但不限于 80 后的草根们，提供了切实可行的实战指导，弥补了这方面的市场空白。本书不但详细阐述了商业的核心本质，而且提出"PTCM 赚钱方程式"。更重要的是，花费大篇幅指导草根们如何利用最少的时间、最小的投资，获取最大的回报，走出财务自由万里长征的第一步。

最后，感谢所有购买本书的读者朋友们，谢谢你们对老赵的信任和支持。感谢"互联网＋草根"书友会微信群里的继心、lita、建才等朋友，你们对本书的期待和关注是我最大的动力。

感谢出版社白立军老师和所有编辑老师们，感谢你们对本书提出的宝贵修改意见，感谢你们的辛苦工作。

感谢著名书法家赵鹏竹先生为本书题词，感谢畅销书作家王强先生为本书作序，感谢我的好友白继忠先生、夏俊杰先生和王满红女士为本书提供的帮助。

特别感谢我的家人，尤其是太太 Daisy，有了你们的鼓励和支持，有了你们照顾我的生活，这本书才得以与广大读者见面。

编　者
2016 年 7 月

目 录

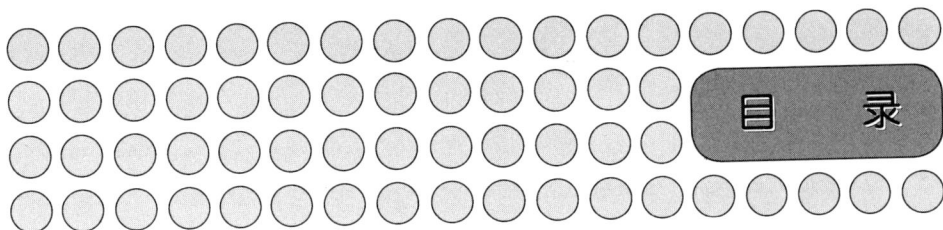

第1篇 基 础 概 念

第 2 篇 暴 利 产 品

第3篇　精准流量

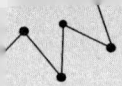

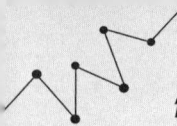

第 4 篇 攻 心 转 化

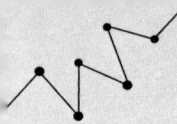

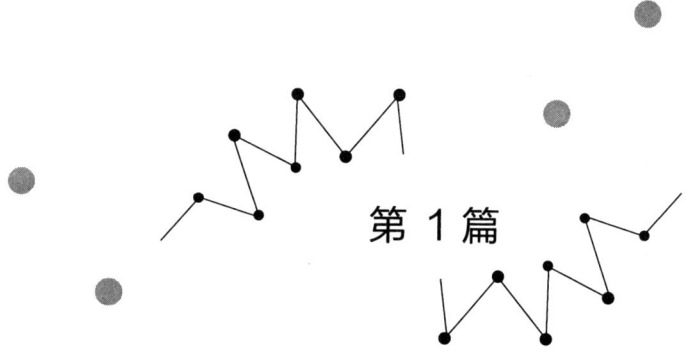

第 1 篇

基 础 概 念

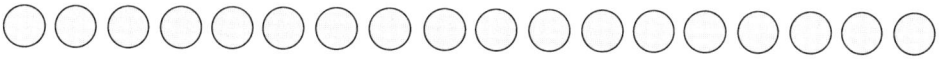

第 1 章

颠覆你的传统思维

1.1　钱是万能的

中国有句古话："钱不是万能的,但没有钱是万万不能的。"这句话早已尘封作古,在当今时代,从某种意义上讲,追求财富是人的自由。

曾经看到过一个故事:一个富豪带着他心仪的女子在海边沙滩上散步,富豪说,钱可以买到一切。女子对他的说法不以为然,她抬头望了望天空,深吸了一口气,说:钱可以买到房子、车子,但是能买到这美丽的天空、这清新的空气吗?富豪笑了笑,说:我把这片沙滩整个都买下来,不就都有了吗?

当然,我们不是要纠结世界上到底有没有一个东西是用钱买不到的这个问题。至少从某种意义上讲,一般人的生活上的困难和奢望都可以用钱得到解决和满足(见图 1.1)。

图 1.1　美元

作者本人不是拜金主义者,但我深深知道,如果我的房贷还清了,我就可以从每月的工资里拿出一部分去吃个大餐、看场电影。如果我还有一套房子可以出租，它每月的租金抵上了我的工资，我就可以辞掉工作，做自己喜欢做的事情。如果我有了钱，这些就可以办到。

现在普遍的舆论都说，现在的女孩都现实了，没房不嫁，更有人说是丈母娘推高了房价。一些男同胞们就发牢骚了，现在的女人咋了？怎么这么拜金了？其实不然，她们想要房子、彩礼并不是想要钱本身，她们想要的是安全感。在这个意义上，钱等价于安全感。所以，那些发牢骚的男同胞们，啥也不用干，赶紧赚钱去吧。作者不是在美化金钱，这是赤裸裸的事实。

那些90后们也许会说，我才二十几岁，没啥生活压力啊，自己身体好，父母的身体还好，下面又没有孩子，还不用还房贷，在公司做个基层员工挺好的啊，下班看看电影，玩玩游戏，周末跟朋友们打打麻将，挺好的啊。

但是你真的要打光棍吗？你爸妈容许你做丁克一族吗？不会吧。你终归要结婚生子，终归会老，到了40岁，父母很老了，要看病、吃药，自己要还房贷，还要养小孩……那时需要挣多少钱才够花？不用自己算，已经有人算过了：五百万元！赶快查查自己的银行账户，你的钱真的够吗？

人的一生何求？

有人说，男人求两样东西，财富和爱人，"醉卧美人膝，醒握天下权"是多少男人的梦想。女人呢，则喜欢美食和衣服。

这种说法不无一定道理，但综合起来讲，不分男女，作为一个"人"来讲，他一生无非追求两样东西：健康和财富。有了健康，不一定有财富，因为身体健康的"穷人"满大街都是。而有了财富，你才可以花更多的时间投资于自己的健康，可以自己锻炼身体，甚至请健身教练、私人医生。本质上讲，有了财富之后，财富和健康可以兼得。

钱能买来爱情吗？就算钱不能直接买来爱情，但是钱可以买面包，而爱情是需要面包的。钱能买来家庭和睦吗？有了钱，你可以有更多的时间陪伴你的家人，和你的老婆、孩子去郊游，回老家陪伴年迈的父母，你的家庭何愁不和睦。钱可以买来长生不老吗？目前看来难以实现，但是你可以花费几百万美元去全球最先进的冷冻人中心把自己冷冻起来，几十年后解冻，说不定那时候你花费几百亿美元就可以真的长生不老了。钱可以买来……

我们没必要再纠结和争论钱是不是真的是万能的，相信到现在您已经认识到财富的重要性了。那么，立刻马上行动，进入本书的下一章节，开始赚钱吧！

1.2　知足并不常乐

中国有句古话叫"知足常乐"，这些东西只是出现在圣人的脑袋里面，真实的状况是，一时的知足只能加大你日后贪婪的成本。贪婪是人最原始的本性，"本性"这东西是不大可能消除的。

我的一个大学同学，毕业以后去深圳工作了两年，认识了一个同事，接着回到老家县城结婚，过起了自认为悠哉的生活。他当时很知足，老婆有了，工资在老家来说也不算低。爱人对他的奢望也不会太高，毕竟嫁了一个大学生，穷就穷点吧，彩礼只收了几千元，房子也不要，能租一个就好了。所以这哥们就一直没有在县城买房，因为他已经很知足了，村里有一个房子老有所归就可以了。就在同一时间，我在这个县城的另外一个"很不知足"的朋友在当地按揭贷款买了一套总价 40 万元的房子。这两件事情看似没有太大的关联。然而，两年之后，它们产生了交集。两年之后的某一天，那个没买房的朋友突然跟我说他要买房了，就在我买房的那个朋友同一小区买一套一样大小的房子，价格是 60 万元！你没有看错，整整多花了 20 万元！我问他为啥要买房呢，不是挺知足了吗？他的回答很无奈：老婆看到身边的人都买了房，吵着非要买呢。这个朋友一年的工资最多也就 5 万元，这样算下来，相当于他这两年属于白干外加亏损 10 万元！当初的知足为他现在的贪婪多付出了 20 万元的成本。

这只是我身边的一个案例，生活中这样的例子数不胜数。所以说，在你实现财务自由之前，千万不要"知足"，因为它不仅不会给你带来快乐，反而会让你陷入财务泥潭，变得更加痛苦。

1.3　鱼与熊掌可以兼得

"鱼"是打工，而"熊掌"是创业（见图 1.2）。打工很苦，看老板脸色，极度不自由，只能赚点小钱，刚够生活费。创业更苦，失败了连饭都吃不上，甚至老婆还要闹离婚，因为你连家都养不了。万一要是成功了，你就可以实现财务自由，过上自己想要的生活。

所有打工的人当中有相当一部分人压根没有创业的想法，他们的如意算盘是交够 15 年社保，等退休之后领退休金。这些人每天过着朝九晚五的生活，下班看看电影、打打牌，生活在自己的小天地里，没有梦想。剩下的一部分人是有创业的想法，想改变现状的人，这部分人中再分为两类：一类是有想法而且有行

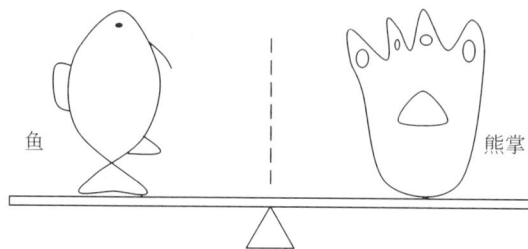

图 1.2 鱼与熊掌

动的;另一类是有想法,但是没有行动的。有想法没行动的人是思想的巨人,行动的矮子,就是马云说的那种"晚上想想千条路,早上起来走原路"的那种人。他们比压根没有创业想法的人强了一大截,虽然说都没有实际行动,但他们至少有了这个想法,而想法是可以指导行动的。他们之所以没有行动,是因为他们有他们的苦衷。要么没有好的项目,要么不知道怎么做,要么就是已经成家立业,担心创业失败,全家人没饭吃。有想法而且行动的人当中又分两种:成功的和失败的。失败的人当中又分两种:一种变成了有想法不敢行动的;另一种继续试错,成了有想法而且行动的,如此继续下去,这是一个向金字塔尖不断迈进的旅程。

在这个旅程当中,不断地有人淘汰和退出,只有少数极具坚强意志的人爬上了塔尖。这些人爬到塔尖后,遂被冠以成功人士的头衔,拥有无上荣耀。然而,你看到的只是聚光灯下,他们的鲜花和掌声,你不知道他们能够走到今天,牺牲和付出了多少东西。史玉柱在闭关一个月、产品开发成功后回到家中,等待他的只有一纸冰冷的离婚协议书。快小递创始人连杰称自己几年前早已离婚,现在无牵无挂,一心创业。这些可爱的创业战士们,为了事业牺牲了自己的婚姻。他们着实令人钦佩,但也让人感到遗憾,因为为了成功失去的太多太多。

婚姻中女人需要什么,那就是安全感。安全感中最重要的组成部分就是定期现金流,说白了就是每个月的工资,因为日常的生活开支靠这个维系,再轰轰烈烈的爱情也需要吃饭,再伟大的爱情也需要面包。于是,有志青年即使做着自己很不喜欢的、没有前途的工作也不敢辞职,一旦辞职,没有了稳定收入,老婆闹离婚,父母不同意,亲戚不理解,一大堆问题接踵而至,家里乱成了一锅粥。权衡再三,最后得出结论,还是缓一缓吧。这一缓,对很多人来说,也许就是一辈子。也就是说他一辈子只能做打工者了,再也没有翻身的机会了。

问题来了,创业一定要辞职吗?也许你会说,不辞职哪有时间啊。接下来,做详细剖析。

打工与创业之间,有部分交集,那就是"兼职"(见图 1.3)。

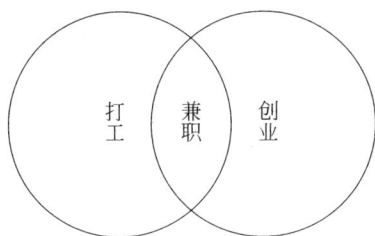

图 1.3　打工、兼职与创业之间的关系图

时间对于任何人都是公平的,每天有 24 个小时,谁都一样,不以贫富贵贱区分。这 24 小时,可以分为 3 份,每份 8 小时(见图 1.4)。

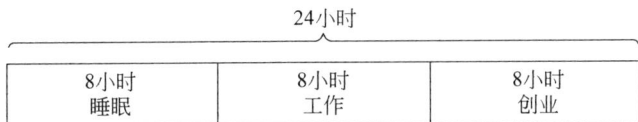

图 1.4　一天时间的构成图

第一个 8 小时是用于睡眠的,这是必需的,它是保证生命正常运行的前提。在这 8 小时面前,人人平等。第二个 8 小时是用来工作的,赚点生活费,保证自己的日常生活开销。这 8 小时是保证人基本所需的。大多数上班族都需要这 8 小时。当然,你可以利用这 8 个小时拉开与其他人的差距,但是最高也就做到职业经理人,还是跳不出打工者这个圈子。只有第三个 8 小时,人和人之间才有了差异。在这 8 小时之内有的人玩游戏、看电影,有的人读书、上夜校。人们在这 8 小时之内做的事情千差万别。

如果有一天,坐在你旁边的和你一样表现平平的同事突然宣布辞职创业了,紧接着拥有了不错的身家,你不必奇怪。竹子在前 4 年的时间里仅仅生长 3 厘米,从第五年开始以每天 30 厘米的速度疯狂生长,仅仅用了 6 周的时间就长到了 15 米。其实,在过去的 4 年时间里,竹子的根向下延伸了数百米。在你玩游戏、看电影、闲聊的时候,别人在看书学习、寻找商机。一天两天没有差异,几年下来,别人已经把你远远地甩在了身后。

所以说,人与人之间的差异就在于这关键的 8 小时。如何安排和利用这 8 小时,就是你人生能否翻身的关键。利用好这 8 小时,就可以实现"鱼"与"熊掌"兼得。

如何充分利用这 8 小时呢?我不是让你把时间表挤压得满满的,让你背上

7

更重的负担,下班时间比上班时间还要辛苦。我是教你如何剔除掉生活中的"琐事",并且让生活中的"要事"更有效率。以下一一分析。

1. 网络游戏

网络游戏对成年人的影响不容小觑,尤其是移动互联网飞速发展的今天,它更是肆无忌惮地侵蚀着人们的碎片时间。人们在厕所里、公交车上,甚至走路时都在玩游戏。

除非你要立志从事这个行业,否则网络游戏对你来讲毫无用处。打怪、升级不过是游戏厂商利用人贪婪的本性敛财的手段罢了。网络游戏必须戒掉,戒除的方法有以下几点。

1)来一场说走就走的远行

立刻行动,背起行囊,出去旅行一次。去西藏、去丽江,去接触一些新鲜的人和事。这个过程当中,你会发现现实生活比虚拟世界更有意思,更有吸引力。当对现实生活的兴趣越来越浓的时候,你对网游虚拟世界的兴趣就会慢慢变淡,直至从中脱离出来。

2)晨练

每天早上早起半个小时,在小区里面慢跑几圈,呼吸新鲜空气,伸伸胳膊抬抬腿,感受一下清晨的气息。这种感觉总比你玩游戏玩久了的那种腰疼、手疼、眼睛疼感觉要好很多。

3)找到更大的欲望

游戏的升级模式就是利用了人性中不断膨胀的欲望。只要找到比游戏更能激起你欲望的事情,就能忘掉游戏。比如读《众创》这样的书,当你被赚钱的欲望驱使时,自然就会从游戏中脱离出来。

4)断掉后路

卸载掉游戏,注销掉账户,彻底断掉自己的后路,不给自己游戏瘾的发作留下任何后路。

5)寻求帮助

以上各种方法都无用的话,就只能使用最后一招,寻求专业人士的帮助。游戏瘾其实是一种精神疾病,自己无法自愈好的话,就得看心理医生了。

2. 电影/电视

电影不像游戏那样有参与感,但它引人入胜的情节必然会引诱你把它看完。这至少浪费你两个小时的时间!打开一部电影之前,不要被那些噱头或标题党吸引。这些电影要么是靠动作特效博人眼球,要么靠众多明星来增加人气。它们的故事情节往往极其简单,没有任何内涵,看完之后对你的人生观、世界观没有任何触动,学不到任何东西。

对待电视剧的方法是先看最后一集或先看剧情介绍,看完这些估计也就没有好奇心了,这样把看电视剧的原动力就消除了。

有些电视新闻报道的往往是一些生活琐事。如果真要看新闻的话,就看新闻联播就行了,因为要是哪个地方台的新闻真的很重要的话,肯定会上中央新闻的。

3. 闲聊

茶余饭后的闲言碎语不仅将你的宝贵碎片时间压榨得一干二净,甚至危及你的名声。有些人天生爱八卦,在他们的嘴里总是说着别人的事情,而这些事情跟他们自己毫无关系,只是娱乐罢了。他们整天絮絮叨叨,而且试图把你扯进去。他们谈论的话题无非是某某领导过去的趣闻轶事、某个同事奇葩的私人生活等。口头禅往往是"喂,你听说了吗,某某……""你知道某某……"这些开场白往往能激起你的好奇心,你肯定会洗耳恭听。小心,你已经掉进了陷阱。他故弄玄虚把你引入闲言碎语的泥潭,他口中的事实往往是经过他修饰和夸大的谣言。这些东西对你毫无用处可言。你要是忍不住稍加评论一下,好了,你的内容立刻会加入到传言当中。直到这个传言到达当事人的耳中,于是你就成了别人心目中"挨千刀的人",你的名声一落千丈,甚至为你带来不必要的麻烦。

《羊皮卷》中有句话叫"夸奖别人时放声高歌,咒骂别人时咬住舌头。"首先,我们自己想要议论他人、说他人坏话的时候咬住舌头。另外,碰到有人在你面前八卦时,远离他们。因为,时间对我们来说太重要了,我们还有太多的事情要做。

4. 家庭琐事

有些家庭琐事是我们无法戒除和远离的,比如缴水费,给小孩上户口等。这些事情关系到我们的日常生活正常进行,我们不可以消除但可以提高效率。把艾森豪威尔法则(见图 1.5)运用在处理家庭琐事上,是一个相当不错的选择。

第一类是既重要又紧急的事情,必须由自己亲自做,比如身份证照相、买房子办手续这些,必须要自己亲自到场。这类事情我们没有办法,只得亲自办。但是我们可以提前多咨询,安排好时间,因为很多政府单位不同于服务单位,很多事情去了不一定一次办成,有时某个签字的领导不在或者某个事情必须前去

重要

重要
不紧急

重要
紧急

不紧急 ——————————————————→ 紧急

不重要
不紧急

不重要
紧急

不重要

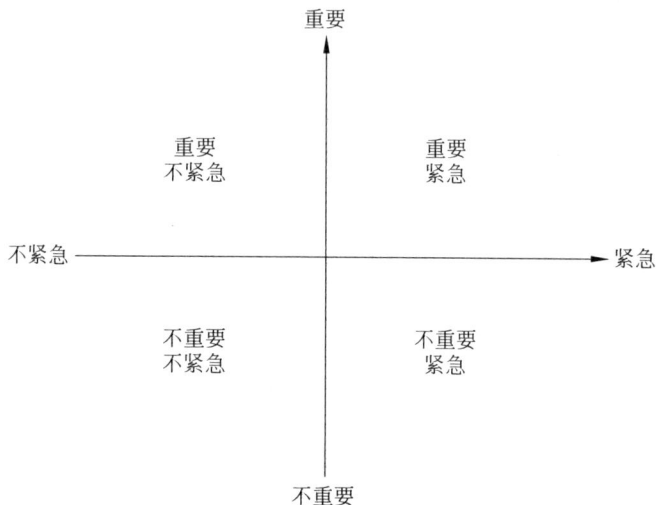

图 1.5 艾森豪威尔法则

相关单位盖章,而那个单位每周固定的时间才受理盖章的业务。所以,在处理这类事情时,我们要做好提前准备并且安排好时间。

第二类是重要但不紧急的事情,比如教育小孩、看书、寻找投资机会等。这类事情我们可以做好计划,逐步实施,可以利用碎片时间,每天做一点,时间久了,就会有很大的收获和进步。

第二类是既不重要也不紧急的事情,比如房地产或保险推销电话、下班路上被人拦住做问卷调查等。这类事情直接取消掉,置之不理。

第四类是不重要但紧急的事情,如家里停电了,需要马上缴费或者公交卡充值等。这些事情我们可以进行借力,和别人互惠合作,比如缴电费可以让邻居代劳,以免自己专门去物业跑一趟。这次邻居帮忙交了,下次你帮邻居缴电费,实现双赢。

以上是节约时间的一些建议,供读者朋友们借鉴。当然,每个人自己可以有自己独特的节约时间的方法。我们的目标只有一个,那就是最大限度地压缩工作、睡眠之外的 8 小时,空出更多的时间去为实现财务自由而努力。

1.4 好好学习,天天上当

人之所以不成功,不是因为正确的知识太少,而是因为错误的知识太多。

在我们小时候,父母、老师就教导我们要好好学习、天天向上(见图 1.6),而实际的状况是,我们好好学习了,却没有天天向上。我们挤破了脑袋考上大学,到毕业的时候才发现毕业证也不是万能的。

图 1.6　教室黑板

我们遵循了父母给我们的"好好学习,找个好工作"的良好建议,却过上了越来越辛苦的生活:一成不变的工资、高高的物价、还不完的房贷。

传统教育禁锢着我们的思想,如果你学得越多,你的思想就越来越僵硬。就拿经济学来说,各国政府都推崇凯恩斯经济学,把它作为大学经济学教材。而事实上,真正能够有效指导投资让你在股票市场获利的是凯恩斯的对立派——米塞斯的自由经济学理论,这一点在美国著名操盘手维克多所著的《专业投机原理》一书中有充分的论述。维克多是华尔街著名的交易大师,曾创下连续 12 年赢利的纪录。

有用的知识、没用的知识、实用的知识、空谈的知识充斥着这个世界,如果接受得太多往往会影响我们的独立判断。我们必须保持清醒的头脑,善于甄别,否则当你学习了错误的知识或不适用的知识时,就不是天天向上,而是天天上当。

1.5　有些观点往往是错误的

主流观点的对立面往往有一个极为成功的案例。"生命在于运动"这句话早已是所有人的共识,全国各地的广场上大妈们翩翩起舞的身影很好地证明了这一点,然而,一动不动的乌龟却成了活到千年万年的长寿冠军(见图 1.7)。多少年来,浮沉于股市的人们痴迷于技术分析,没有人真正获取到了财富,而坚持价值投资的巴菲特却熬成了世界富豪。

大部分人认同的观点往往是错误的。

人们从生下来那一刻,便开始接受一些观点的同化。善与恶、对与错、是与非,这些认识形成了人们的价值观。好好读书,找个好工作……父母长对我们的

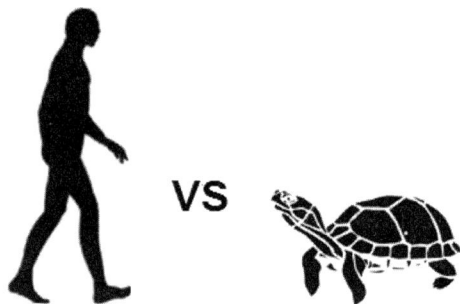

图 1.7　人与乌龟

期望,然而,真正出人头地的往往是一些辞掉工作自主创业的人。北大学子卖肉,当年曾经是天大的荒唐,而如今,他却拥有了上亿元身家。

80后是最循规蹈矩的一代,我们的人生就像设定好的程序一样,从小学到初中、中考,再到高中、高考,然后是大学美好的四年,接着是找工作,干两三年之后是相亲、筹备婚礼、拍婚纱照、领结婚证、办婚礼,接着买房,成为房奴。然后是怀孕生小孩,过上了稳定而绝望的生活。我们当中的一批又一批人按照这个仿佛被设定好的程序前赴后继地走往前,没有人知道,这会不会是一条通向悬崖边的绝路。

醒醒吧,草根们! 温水中的青蛙不会活得太久,为了自己的幸福,为了家人的幸福,为了那些爱你的人和你爱的人,赶紧跳出这个生活的怪圈,利用业余时间,从一个全职消费者,变成为兼职的创业者。用每天一点点的辛苦,换取未来的幸福。

1.6　一分耕耘,十分收获

"一分耕耘,一分收获"这句古话很多人都耳熟能详,因为从小我们的父母、长辈、学校老师用这句话教导我们要踏踏实实做事,只有付出一分,才能得到一分的回报。但是现在,你必须明白过来,你的付出和回报根本不成正比,有可能你的付出得到零回报,也有可能你小小的付出得到很大的回报。在看完下面这则管道的故事之后,你就会明白,只要方法得当,一分正确的耕耘往往会得到十分的收获。

很久以前,在意大利的一个小山村里面住着两位名叫柏波罗和布鲁诺的年轻人,他们两个是好朋友,而且他们就像现在的我们一样,梦想着自己有一天成为最富有的人。

有一天，机会来了。

因为天气干旱，村子里严重缺水，村长决定派两位踏实肯干的年轻人去附近的河里把水运到村里来。这个任务交给了柏波罗和布鲁诺。他们抓起水桶马上开始了工作，每天他们负责把村里的水缸装满水，村长按照每桶一分钱的酬劳付给他们。

很快，因为工作努力，两位年轻人得到了丰厚的酬劳。

"我们的梦想终于实现了"，布鲁诺高兴地说。而柏波罗却对此表示怀疑，他看看自己被磨起老茧的双手，突然对柏波罗说："我们挖一条管道吧，把河水引到村子里来"。结果，他的提议遭到了布鲁诺的嘲笑和反对："我们现在已经有了一份很不错的工作，很快我们就能成为富豪。放弃你的管道吧。"

但是柏波罗没有气馁，他每天提桶运水满足生活需求，晚上一个人去挖管道。尽管经常被人嘲笑，但是柏波罗坚信，总有一天，他的回报会远远大于付出。而此时的布鲁诺，买了一头驴，配上全新的皮鞍，拴在他新盖的二层楼旁。他还买了亮闪闪的新衣服，在乡村饭店里吃可口的食物。村民们称他为富有的布罗诺先生。

日子一天一天过去，随着年龄的增长，布鲁诺比以前更加驼背。由于长期劳累，步伐也变慢了。不仅如此，酒吧的醉汉时常模仿布鲁诺驼背的姿势和拖着脚走路的样子，讥讽和嘲笑他，称他为"提桶人布鲁诺"。

而此时的柏波罗终于大功告成，他的管道完工了！通过他的管道，水源源不断地流进了村庄。柏波罗躺在吊床上，钱就像水一样源源不断地流进他的口袋里（见图 1.8）。不管他是在吃饭还是在睡觉，或者是去旅游，流入村子的水越多，流入他口袋的钱也越多。柏波罗迅速成了当地最富有的人。

从上面的故事当中，我们明白一个道理："一分耕耘、一分收获"描述的是布鲁诺的生活，而"一分耕耘、十分收获"描述的是柏波罗的生活。

大多数人已习惯于干一个月工作，拿一个月薪水的生活，这是一种典型的提桶式生活。他们深信一分耕耘、一分收获的道理，他们用一个月的辛勤工作换来一个月的薪水，当他们不工作时，他们的收入也戛然而止。

如何衡量一个人的富有程度呢？

年薪 50 万元的人比年薪 20 万元的人富有吗？未必，前者可能有高额的房贷，每月实际到手的钱还不如后者多。工资高低无法衡量一个人的富有程度。

净资产 50 万元的人一定比净资产 20 万元的人富有吗？未必。前者拥有一辆 50 万元的奔驰，每月要花掉 5000 元保养、加油，后者拥有一套一室一厅的

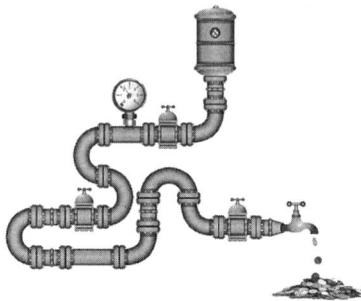

图 1.8　金钱管道

小房子,每月收 1000 元的房租。所以,净资产的多少也不能衡量一个人是否富有。

到底用什么来衡量呢?《穷爸爸富爸爸》的作者罗伯特·清崎在其书中一针见血地指出,衡量一个人富有程度的唯一指标是当这个人停止工作时,他能继续维持生活的时间。也就是说,我和你同时停止工作,在维持相等的生活开销的情况下,我比你活得久,我就比你富有。我的小房子一个月 1000 元的租金刚好够我的日常开销,我可以无限期地活下去,而你的奔驰车在你停止工作后马上成为负债,你也许几天之后就得破产。所以,我比你富有。

罗伯特·清崎还提出了资产和负债的概念,资产就是能把钱变到口袋里的东西,负债就是能把钱变出口袋的东西。在"一分耕耘"的时候,我们积累资产,消除负债,逐步建立自己的财务管道。在管道建好之后,就可以享受"十分收获"了。资产就是构建财务管道的原材料,我们要逐步积累并且设置合理的组合,日积月累,我们的财务管道就会坚实而强大。

传统的财务管道,比如像"富爸爸"一样通过不断创立公司和购买房地产来建立,这对普通人来讲有一定的难度,需要经过坚持不懈的努力和艰苦卓绝的奋斗。但是现在互联网的时代给我们带来新的机会,我们利用业余时间,一根网线、一台计算机,就可以在自己的家中构建自己的电子财务管道,付出一分耕耘,得到十分收获。

第 2 章

"互联网+"的时代机遇

2.1 互联网"+"到你了吗

自李克强总理提出"互联网＋"行动计划以来，"互联网＋"的概念便火遍大江南北。互联网如星火燎原般向各个行业进行渗透和颠覆，互联网＋工业、互联网＋农业、互联网＋金融、互联网＋医疗、互联网＋房地产、互联网＋物流等新的产业形态和产品不断涌现。

在搜索引擎上，"互联网＋"成了热门词汇；在书店里，各种"互联网＋"书籍琳琅满目；在电视上，"互联网＋"的新闻铺天盖地。看到这些，我们热血沸腾，激情昂扬，属于互联网的时代真正到来了！

然而，狂喜之后，第二天早上醒来，仍然是坐公交车去上班，继续过着上班打卡、下班打卡的生活。如此一来，如火如荼的"互联网＋"与你何干？互联网"＋"了整个世界，却没有"＋"到你。

"互联网＋"对传统企业的颠覆，本质上是对传统企业的企业主的观念的颠覆。企业拥抱和接纳互联网，依托互联网转型，是企业的管理者做出的决策。新的创业公司的诞生是创始人努力的结果。所以，与其说互联网颠覆了一批行业，不如说互联网颠覆了一批人。这群人，是企业的掌舵人，是经济的中流砥柱，是社会的精英。

精英被互联网"＋"上了，那我们草根大众呢？我们手上没有企业，没有资金，没有影响力，如何才能让互联网"＋"到我们，在"互联网＋"的浪潮中掘到第一桶金？

在本书中，笔者所独创的"PTCM 创富方程式"为互联网"＋"草根提供理论及实战指导，让互联网切切实实"＋"到广大草根大众身上。

2.2 空前的创业环境

"互联网+"的时代与以往时代相比,创业成本大幅度降低、创业环境明显改善,主要体现在以下几个方面。

1. 公司注册门槛降低

曾几何时,注册公司必须要有商用的地址,如今住宅也可以注册公司了。以前要注册公司又租不起写字楼的话只能挂靠别人的地址,每年交纳一定的挂靠费,现在在住宅里面也可以注册公司并光明正大地办公,这笔费用就可以省掉了。

新《公司法》出台后,公司注册时不需要立刻缴纳注册资金,而是在规定的年限内交清即可。以前需要把全部的注册资金打到指定账户,没有资金的话只能找代理公司垫付,而如今这笔钱可以在若干年后到位即可。这在很大程度上为初创企业减轻了负担。

2. 云服务降低了企业运营成本

云服务将企业所需的软硬件数据都存放在网络上,在任何时间、任何地点、任何设备上都可以进行连接并实现存取和运算,而不必由企业自建和维护IT基建设备。这个过程就好比由自家烧锅炉取暖到集中供暖的转变。

通过云服务,中小企业可以像用水、用电、用暖气一样使用如存储、计算、安全、软件应用、通信、会议等一系列个性化办公服务,所花费的成本远远低于自建一整套设施的成本。这种方式大大降低了企业的运营成本。

3. 创业服务的基础设施得到改善

在政府支持下,科技企业孵化器的建立、高新区的规划、创投机构的设立等一系列活动意味着国内创业服务的基础设施正在不断加强。有了这个坚实的地基,宏伟的高楼大厦便成为可能。

2.3 碎片化时代提供了更多机会

移动互联网的发展及移动设备的大量普及,让人们进入碎片化的时代。在公交车上、排队时、上厕所时人们都可以拿起智能手机,做很多事情。比如在今日头条看看新闻,去微信刷刷朋友圈,玩玩小游戏等。

随着移动互联网的发展,人们的行为习惯正在发生改变。有些年轻人可能不会去看每晚 7 点的新闻联播,因为他们的手机端有了今日头条 App。电话和短信估计年轻人也很少用了,他们手机上的微信可以连接一切。

在人们的行为习惯变化的过程中,蕴藏着无限的商机。"罗辑思维"依靠每天早上 60 秒的语音成了自媒体首富,"混子曰"依靠讲解历史的自绘漫画轻松拥有了 40 万粉丝,"暴走漫画"仅靠优酷的视频分成就已突破百万收入。他们能行,你也行。

鲁迅说过:"时间就像海绵里的水,只要愿挤,总还是有的。"这句话让我们明白,不要抱怨没时间,关键要靠自己挤。但是,鲁迅并没有告诉我们如何挤,用什么办法挤得多。现在有答案了,移动设备成为人们挤时间的得力工具。我们使用智能手机,可以把生活中任何闲暇的时间都充分利用起来。

兼职创业需要大量的时间,这让本来就业余时间不多的我们更是难以应付。使用移动设备可以把我们除上班时间之外的碎片时间利用起来,为我们利用业余时间开创一份全新的事业提供了必要的前提。

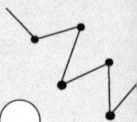

第 3 章

PTCM 创富方程式

3.1 钱是如何产生的

3.1.1 不等价交换

在货币没有产生的时代，人们通过等价交换获得自己想要的东西。双方大致估算对方产品的劳动耗费，然后针对相同劳动耗费的东西进行交换。比如，双方都认为三只鸡和一只羊的劳动耗费相当，那么三只鸡和一只羊可以等价交换（见图 3.1）。

图 3.1 等价交换示意图（一）

货币产生后，商品的劳动耗费量用货币来表示，人们对商品价值的估算有了明确的计量单位。鸡的拥有者将三只鸡的劳动耗费估算为 100 元，所以他将鸡标价为 100 元，如果鸡的购买者也同样将鸡的劳动耗费估算为 100 元，他才会拿 100 元来与鸡交换，于是交易产生。

该交易完成后，鸡的出售者拥有了 100 元。他如果过一段时间需要一只羊，他可以再拿这 100 元去购买标价为 100 元的羊。

在这个交易过程当中，货币成了商品交换的媒介（见图 3.2）。

当然，等价交换是在供需平衡的前提下进行的。在供需失衡状态下，价格相对于价值会有一定程度的偏离。

在现代社会中，除了供需不平衡的因素外，由于商家对产品的价值塑造，导致买卖双方对商品价值的估算存在较大差异，而利润的产生正是来源于这个差

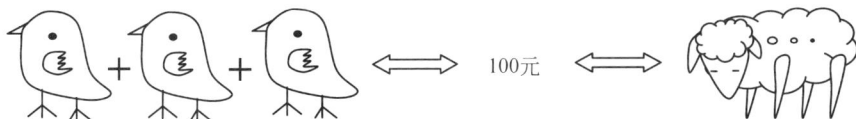

图 3.2　等价交换示意图(二)

异。超市一块毛巾的进货价为 2 元,售价为 5 元。假设消费者认同这个售价并进行购买,那么,超市对这块毛巾的估算价格为 2 元,消费者对这块毛巾的估算价格为 5 元,这其中 3 元的差异成为超市的利润。一款减肥药出厂价是 30 元,放在药店售价是 300 元,而且能卖得出去。那么药店老板对这个商品的估算价是 30 元,而消费者对其的估算价格是 300 元,中间 270 元的差异成了药店老板的利润。

商品卖方对商品价值的估算其实就是产品的成本,包含材料成本、人工费、管理费等,这个数据是精确的、理性的、有依据的。

而商品买方对商品价值的估算相对来说偏向于感性,更看重这个商品"能为我带来什么"。一块毛巾只能用来洗脸,最多也就值 5 元。而一款减肥药能让我一个月瘦 10 千克,带给我的是美丽和自信,这些是无价的,所以我愿意为之付出 300 元的价钱。

正是因为这个感性估算的可干预性,商家才孜孜不倦地打造品牌、做广告,不断提高消费者对商品的心理估值的方式,为自己创造更多利润。

综上所述,买卖双方对商品价值估算存在差异,利润的产生才有了可能,一旦销售行为发生,利润即落入卖方的口袋。简言之,商品在卖方和买方眼中的定价是不对等的,这种"不等价"是产生利润的前提。

3.1.2　买卖产生利润

生意也称为"买卖",一买一卖构成了生意的两个必要环节。买卖双方对商品的"不等价"认知只是产生利润的前提,产品卖出去才能真正产生利润。"把产品卖出去,把钱收回来"是对销售行为的本质概括。

一位著名的 IT 大佬曾经说过一句话:史上最坚强的商业模式是在门口卖香烟,3 元进货,3.5 元销售。这个说明形象地揭示了生意的本质过程:一个是买,一个是卖。

不只是做香烟生意是买卖,不只是开超市是买卖,这个世界上所有赚钱的事情都是在做买卖,只是卖的东西不同罢了。打工赚钱是在做买卖,巴菲特炒股赚钱是在做买卖,比尔·盖茨的微软公司也是在做买卖。

打工卖的是自己的劳动力,打工者将他的每周 5 天、每天 8 小时的劳动力出售给老板,老板付给他基本工资。如果再出售一些额外的时间,老板会付你加班费。

巴菲特在价格低点购入股票,然后取得公司话语权,改善公司经营状况,在价格高点卖出。整个交易是一个典型的低买高卖的过程。值得说明的是,很多人认为巴菲特的股票买了之后一直不卖,其实那只是少数股票,大部分股票巴菲特也会在持有若干年后及时卖出。

比尔·盖茨购买软件开发人员的劳动力开发操作系统,然后卖给个人计算机使用者,也是一个一买一卖的过程。

一个人自主创业制作虚拟产品卖钱,看起来没有买什么东西,只有卖东西。事实上,你买的是自己的劳动力,只是没有付钱罢了。

"买"和"卖"之间,买是为他人创造利润,卖是为自己创造利润。所以,我们的重点应当放在"卖"上面,只有卖出去了,钱才能到我们的口袋里。

3.2 PTCM方程式

3.2.1 PTCM简介

如前文所述,卖出产品产生利润。要把产品卖出去,需要具备以下 3 个要素。

1. 产品(Product)

首先要有一个能用来卖的东西,也就是产品。产品可以是实物,也可以是虚拟物品。只要是在用户眼中能为其带来价值的东西,用户对其的估值超过我们估值的东西都可以作为产品。

2. 流量(Traffic)

在这个充满着琳琅满目的产品的大千世界里,要出售产品首先要引起别人的主意,让别人知道有这么个产品。

流量就是把客人拉过来了解产品,了解的人越多,有人购买的可能性才越大。不管什么产品,看到的人多了,总会有那么几个人购买。

3. 转化(Conversion)

把产品卖出去的过程其实就是把产品和流量转化成钱的过程,所以这个过程也称为"转化"。这是产生利润的最后一步,至关重要。

概括一下,赚钱的过程大致为:做好产品,引来流量,然后对两者进行转化,产生出钱。

这个赚钱过程是一个万能模式,不局限于网上,线下的实体店的赚钱流程也是如此。产品陈列在店铺里面,进店的顾客就是流量,店员把产品卖给了顾客就是转化。这里的实体店面相当于在线的网页,它的人流量是由店面的位置决定的,而店员相当于网站上的客服。

还记得初中化学课堂上那个经典实验吗? 氢气在空气中点燃,生成水。

化学方程式为

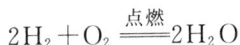

$$2H_2 + O_2 \xrightarrow{\text{点燃}} 2H_2O$$

氢气和氧气这两种物质在点燃状况下,发生化合反应,转化成了水。同样地,钱(Money)的产生也可以用化学方程式的形式来表示:

$$\text{产品} + \text{流量} \xrightarrow{\text{转化}} \text{钱}$$

这个方程式的含义是产品和流量这两种物质在转化的作用下,发生化合反应,生成了钱。

将各要素用英文首字母表示,方程式可简写为

$$P + T \xrightarrow{C} M$$

该方程式称为"PTCM 创富方程式"。

1905 年,爱因斯坦发表了质能方程式 $E = MC^2$。1945 年,美国在日本广岛投下了第一颗原子弹,仅仅 0.6 克的质量在原子分裂的连锁反应作用下瞬间转化成 1.25 万吨的 TNT 能量。整座城市被夷为平地,全世界见证了 $E = MC^2$ 的力量。

PTCM 创富方程式虽然远远不及 $E = MC^2$ 所创造出的如此惊人的裂变和连锁反应效应,但是相信它必能在"互联网+"的今天,在 960 万平方公里的土地上,掀起大众创业、草根创业的空前浪潮。

3.2.2　PTCM 变种

在某些情况下,赚钱过程并不完全严格遵从 PTCM 方程式,某些因素会被弱化或者强化。术业有专攻,有人专注于打造极致的产品,有人擅长流量获取,而有人则精于转化。

以下阐述 PTCM 的 3 种变体形式。

1. 强化 P

$$\mathbf{P} + T \xrightarrow{C} M$$

目前,一些大型的平台成为流量汇集地。例如,天猫、京东等是购物的流量汇集地,优酷、爱奇艺等是想看视频的流量的汇集地,猪八戒网、一品威客网是想找威客的流量聚集地。

加入这些大流量的平台中,我们不必为流量操太多的心,而是把全部力量集中在产品上,做精做强我们的产品。

2. 强化 T

在互联网这个流量为王的时代里,谁能获取到流量,谁就能赚到钱。草根站长们,尤其是兼职的草根站长们,根本没有资金,也没有时间去做一款极致的产品。他们更专注于获取流量,不论是当年的电影站还是单本小说站,主要都是靠获取流量赚钱的。

$$P+\mathbf{T} \xrightarrow{C} M$$

他们在自己的流量网站上挂上广告联盟即可获取收益,不必去理会卖什么产品、怎么卖以及售后服务等问题。他们完全把自己的精力集中在如何获取流量上,把获取流量做到极致。

最受站长们欢迎的广告联盟当数 Google AdSence,不仅信用度高而且单价也不错。关于如何使用广告联盟赚钱,在后续的章节会专门进行讲解。

3. 强化 C

专门做 C 的团队以房地产外包销售团队为代表。开发商盖好房子,通过广告途径把客流量拉到售楼中心,然后由外包团队的销售人员进行销售。这些外包团队是职业的房地产销售人员,专门承接房地产楼盘的的销售业务。

$$P+T \xrightarrow{\mathbf{C}} M$$

在互联网上也有专业从事"转化"的团队,比如客服外包团队,他们提供 7 天 24 小时客服轮值服务,而且没有底薪,只拿提成,保证最大限度促成订单。委托给外包客服负责转化,我们可以将更多的精力集中在产品或流量上,做我们最专业的事情。

但是,专业做 C 需要团队操作,一个人无法完成,不建议兼职创业者从事。

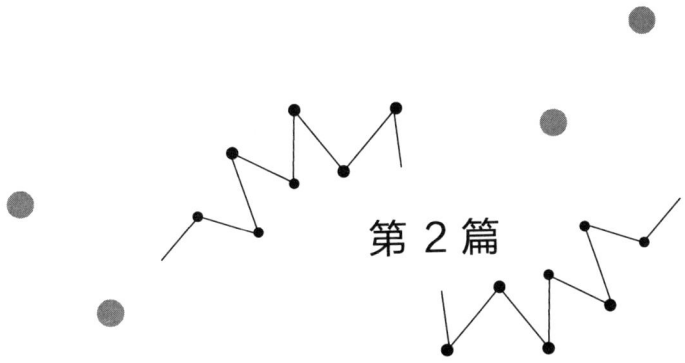

第 2 篇

暴 利 产 品

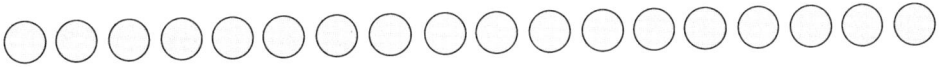

第 4 章

产品选择策略

4.1　把人变成猪，你就能飞上天

纵观历史长河，哪一个富豪不是把人向"懒人"推进了一步？比如世界首富比尔·盖茨，他的操作系统让个人计算机操作变得简单，免去了人们学习代码的麻烦，让人坐在自己家里就可以完成以前需要去机房才可以完成的事情。再比如现在的滴滴打车、饿了么这些平台，他们的老板做的不正是把人变成"懒人"的事情吗？以前我们想打个车，还得从家里走到路上，招手打车，而且有时候等半天也打不到。现在简单多了，在家里动动手指头，就有专车上门服务。以前在家肚子饿了，还得出来去饭店吃或者得提前知道餐厅的外卖电话让餐厅送，现在不同了，想吃什么在家动动手指头，马上就会有美食送到你的家门口。这样发展下去，人就只干两件事：一件事是吃，一件事是睡。人不就懒了吗？再看看这些老板们，哪个不是上百亿身家，他们把人变成了"懒人"，自己却飞上了天。

草根创富选择项目时，一定得把握这个大方向，那就是让人变得懒惰，让人除了干吃和睡这些必须自己干的事情以外，其他的事情交给我们做。只要你能把人变懒或者把人向变成懒的道路上推进一步，你就能成功。

4.2　犹太人的财富法则

犹太人是世界上最会赚钱的民族之一，他们只做四类人的生意：女人、老人、学生、小孩。我们要想赚钱，必须向犹太人学习，瞄准这几类人群。

首先看女人，为什么女人的钱好赚呢？因为女人爱美。按照马斯洛的需求层次理论，美是属于获得尊重、价值自我实现这类的，她们为了美甚至可以付出任何代价,这也是为什么当今社会减肥、丰胸、美白、SPA、整容这些行业超级暴利而且经久不衰的原因。

第二类是老人。生老病死乃自然规律,人总会老,老了就不可避免要生病。在病痛的折磨下,多少钱都能拿出来。这就是药品、保健品以及医疗器械产品暴利的原因。我们去药店看看,保健品、降压仪、按摩椅这些东西琳琅满目,它们基本上占据了药店最主要的销售额。

第三类是学生。虽然说中国目前提倡素质教育,但是应试教育仍然占据主导地位。哪位家长不为孩子的成绩操心呢,哪位家长又愿意自己的孩子每次不及格呢? 于是,电视上、网络上那些点读笔、一分钟速算教程等产品卖得风生水起。

第四类是小孩。我国自计划生育以来,大部分家庭只有一个小孩,父母加爷爷、奶奶、姥姥、姥爷 6 个人围着一个人转,拿在手里怕掉了,含在嘴里怕化了。奶粉、纸尿裤、衣服这些都得买,不只是买,还得买最好的、最贵的,奶粉从我国香港买,纸尿裤用日本进口的,衣服要天然棉的,吃在嘴里要无毒的。小孩成了家庭消费的主力军。

除了以上 4 类,笔者认为还有一类人的钱最好赚,那就是想赚钱的人的钱。他们是家庭的经济支柱,老婆要买化妆品,小孩要吃奶粉,他们迫切需要钱。如果能教授他们赚钱的技能或者提供赚钱的项目,他们是愿意付费的。这也是现在网上很多创富导师、网赚大牛搞培训班、圈子能够大行其道的原因,因为他们的目标客户就是这类人。

4.3 寻找 Niche Market

4.3.1 什么是 Niche Market

Niche Market 即利基市场,国内还有其他的翻译五花八门:缝隙市场、针尖市场、细分市场等。总而言之,它指那些被市场中的巨头企业所忽略的某些细分市场。

营销学大师菲利普·科特勒在《营销学原理》一书中对利基市场定义为:利基是更窄地确定某些群体,这是一个小市场并且它的服务没有被服务好,或者说,"有获取利益的基础"。这个市场的人群不大,而且他们需要更好的服务。

现在的互联网看似是 BAT(百度、阿里巴巴、腾讯三家公司的简称)一统天下,其实不然。没有一家企业或财团能够只手遮天,就连阿里巴巴占绝对优势的竞争已绝对白热化的电子商务红海中仍然能成长出京东这样的企业,其他小微市场就更不用说了。草根创业者完全可以专注在这些领域,把产品或服务做到极致。对于某个特定地域来说,市场很小,但是通过互联网,可以将生意做到全球,全球的市场总量是非常大的。

　　举一个经典的例子,美国的网赚大师 Corey Rudl 靠售卖奔驰车标志(见图 4.1),每月获利 3000 美元。他的客户群非常狭小,就是那些奔驰车主当中丢失了车标志的人,要么被小孩拔掉了,要么被人给碰掉了。我们想象一下,开奔驰车的人本身就是很少的一部分,他们当中车标志被人拔掉的更是少之又少。这么小的市场,居然能有每月 3000 美元的收入。对于某个城市来讲,被拔掉奔驰车标志的人肯定是少之又少,可是对于全球范围来讲,这种人或许每月有那么几个。因为这个东西市场非常小,地方上的 4S 店往往没有这个东西卖,因为就算有货也是几年卖不出去一个,所以不可能卖这个不起眼的小东西。Corey Rudl 构建了一个网站,上面只卖这一个产品,而且你在 Google

图 4.1　奔驰车标志

上搜索这个产品,很快就能看到 Corey Rudl 的网站,而且这个是唯一一个卖这个东西的网站,你肯定会下单购买。于是,我们不难理解,Corey Rudl 凭借这么一个小小的网站就能轻松获取高达每月 3000 美元的收入了。

　　国内这样的案例也非常多,许多网络大牛们正在悄悄地利用利基产品闷声赚大钱。百度搜索一下"搬家",可以看到的结果如图 4.2 所示。

　　随便点击一个链接进去后发现都是一些非常简陋的网站,它的主要目的是让你拨打上面的电话。电话打通后问你家在哪里,有没有大件,然后确定一个价格,最低 300 元起。然后就是派车,一般是两个人,过来之后把东西装车,拉到地方后卸车搬进家里,前前后后最多一个小时完成。算算它的成本:汽油钱可以忽略不计,主要就是人工成本和百度竞价费用,最多不超过 50 元。由此可见,它每一单的利润高达 250 元,绝对暴利。

　　我们再看看"管道疏通"这个看起来很不起眼的行业。百度一下搜索得到的结果如图 4.3 所示。

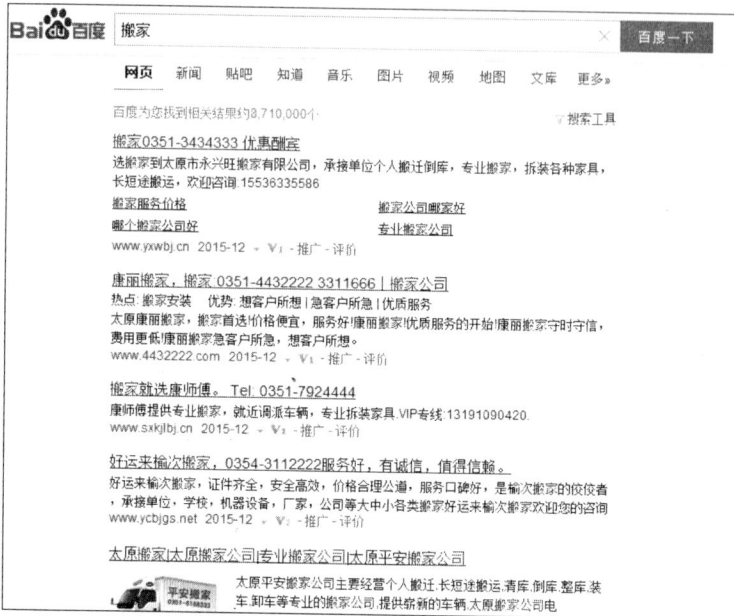

图 4.2　百度搜索"搬家"的截图

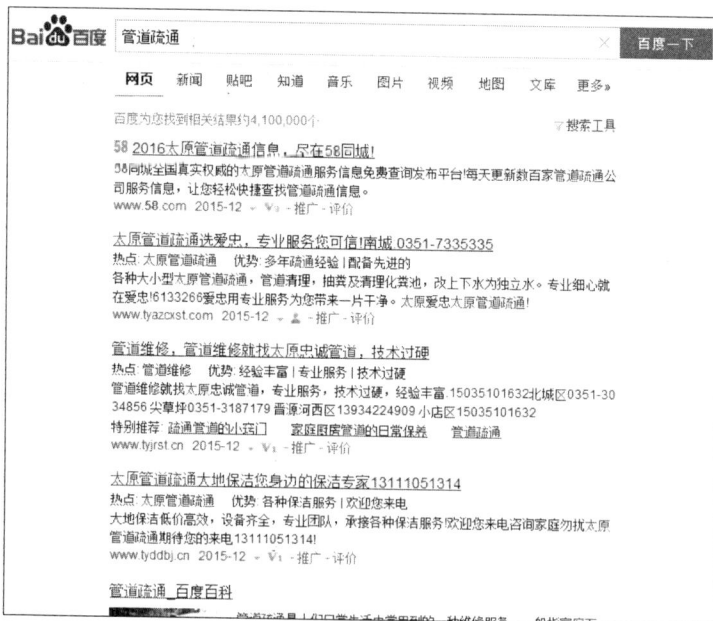

图 4.3　百度搜索"管道疏通"的截图

单从首页这么多竞价推广来看,就足以说明这是一个非常暴利的行业。笔者自己有两次找人疏通马桶的经历,第一次是 100 元,而第二次对方直接开价 150 元。对于普通人来说看似相当专业的工作,人家两分钟搞定,150 元到手。还有类似的清洗油烟机、打孔、换纱窗这些,对我们外行人来说,一方面是没有工具,另一方面是不知道怎么操作,自己操作的话肯定几天都弄不好,但是对于专业的师傅来说,几分钟搞定,而且每次维修的分摊成本非常低。

这些细分的市场里没有巨头,恰恰是这些细微的小市场,用户们没有被服务好,我们也就有了机会。

所以,用互联网的思维,颠覆一个小小的细微市场,做到极致,是非常容易成功的。

4.3.2 寻找 Niche Market 的方法

1. 电视购物

如果你喜欢看电视剧,那么你一定会对那些没完没了的电视购物广告恨得咬牙切齿:正看到激动人心的时候,结果屏幕上跳出来几个人让你买降压仪或者纪念币,真是无语。但是现在,你必须喜欢看而且认真看这些广告,因为它们会带你走入财富之门。所以,在以后看电视的时候,对你的家人说:插播广告的时候叫我!

国家早在 2006 年就叫停丰胸、减肥、增高、药品电视广告,但是在诸多地方电视台,这些广告从未停止过。为什么? 暴利的诱惑。电视购物产品的价格至少在出厂价的 10 倍以上,而且不需要售后服务。据业内人士透露,如果操作得法,一家中型购物公司(注册资金 50 万元左右),每年的净利润在 1000 万元以上。

我们平时要多研究电视购物广告,然后拿这个产品去百度搜索,如果没人做推广,那么恭喜你找到了宝藏。如果有人推广了,而且竞争很激烈,没有关系,我们可以开发对应的虚拟产品或者开发同类产品。比如我们看到增高产品而且百度竞价已经很火,那么我们就知道增高这个市场需求非常大,我们可以开发青少年增高或者男性增高这些更加细分的行业或者开发"增高秘籍"这样的虚拟产品。

2. 小报、街头广告

我们都有这样的经历,有时在路上经常被人塞给一些小册子或者传单,上面会讲一些吸引人的小故事,其余版则都是广告。广告内容大部分是整形、包皮手术这些。还有就是那些街头电线杆上贴的小广告(见图 4.4),治疗粉刺、梅毒等。这些小广告既然能够经久不衰,说明有这样的市场空间在,我们可以作为参考。

图 4.4　街头小广告

3. 论坛

多泡论坛,了解别人的需求。我们可以多关注那些求助的帖子,比如某人遇到什么困难,自己怎么也解决不了,来这里向网友求助。如果很多人都有这个困难而且苦于解决之道,那么我们就有机会。我们可以拜访专业人士获取解决之道,然后做成电子书卖给这些需求者们,从中获利。再比如有些小夫妻初为人父母,没有育婴经验,很多事情不知道如何处理。可以先把他们的问题搜集起来,然后去拜访一些有经验的父母,把他们的解答汇总归纳起来,做成电子书或者光盘,提供给那些需求者们。这是一个非常好的寻找利基产品的途径。具体的虚拟产品制作方法在后面的章节有专门的说明。

4. 结合自身需求

我们自己在日常生活中经常会碰到一些棘手的问题,而这些问题往往也是别人会碰到的。比如玻璃擦不干净、马桶堵塞、水管漏水却买不到有水状态下能黏合管道的胶布这些生活中遇到的痛点。

有些不常见的痛点在同一个小区、同一个城市出现的情况的可能性比较小,但是全国或者全球范围内来讲,不一定会比被掰掉的奔驰车标志少。这些产品就是非常典型的利基产品。

4.4　灰色地带，道德与法律之间

人世间分为黑道和白道，生意也分为黑色生意和白色生意。黑色生意是那些严重违反法律、道德的生意，其利润巨大，风险也巨大。最具代表性的就是大家熟知的法律严令禁止的"黄、赌、毒"。它们虽然是暴利生意，但是它们也是政府主要打击的对象。黄、赌、毒的刑罚从拘留至死刑不等。这类生意我们是坚决不能做的，想都不能想。因为不仅承担巨大的风险，随时可能面临牢狱之灾，而且伤天害理，害人害己。

再来分析一下白色生意。白色生意就是非常正规非常阳光的生意，比如租个店面并办理了营业执照开一家便利店，售卖货真价实的日用商品。这种生意合情、合理、合法，问心无愧堂堂正正。但是，在目前电子商务所向披靡的今天，便利店的利润微乎其微，很难赚钱。辛辛苦苦一年，到头来刚够付房租，白忙活了。

黑生意不能做，白生意不好做，怎么办呢？我们把眼光放在黑白交界处，探寻那些灰色生意区域（见图 4.5）。比如流动摊贩、网店刷信誉、黑帽 SEO 这些，要是严格按照明文规定，这些都是不允许的，但是它又不算犯法，也不算那种伤天害理罪大恶极的事情，而且确实是满足了一部分人的需求。当然，我不是鼓励你去干流动摊贩或者去做网店刷信誉的生意，我只是告诉你这个思路，朝着这个方向不断地寻找和探索，才能发现新大陆。

白色	灰色	黑色

图 4.5　市场分类图

这些服务给人们的生活带来便利，但是是违反法律的。犯法的事情当然不能干，身陷牢笼之后再多的钱也没用了。

4.5　追求快乐与逃避痛苦

人的动力来源分为两种：一种是追求快乐；另一种是逃避痛苦。这也是人的两种基本天性，在股票市场已经展露无遗。股票市场的贪婪和恐惧与这两个是相互对应的，贪婪即是追求快乐，恐惧即是逃避痛苦。当股票上涨时，人们继续慢慢持有，等待更多的获利，而一旦股票暴跌，恐惧让人们迅速抛售。从美国著名波浪理论专家艾略特的经典波动图形(见图4.6)就可以看出这一点。

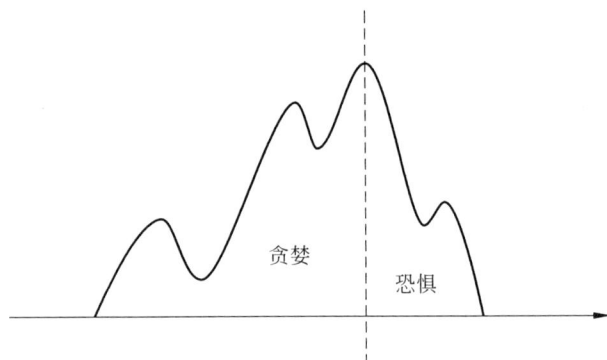

图 4.6　艾略特的经典波动图

由图 4.6 可以看出,逃避痛苦的紧迫性远大于追求快乐。这个说法在国内股票高手"刀疤老二"的文章中亦有阐述,这是一个人性的共同点。

所以,我们在选择产品的时候应该选择那些帮助用户解决痛苦的,我们帮助用户解决了他最紧迫的需求,当然也就得到了丰厚的收益。

4.6　跑江湖的启示

跑江湖旧时指民间以卖艺、算卦、买药等为职业,来往各地谋求生活。在现代泛指奔波于各个城市的夜市、早市、集市、庙会等地摆地摊的行为。

跑江湖其实是一次完整的商业过程的微缩版,从选择产品、获取流量到成交,一气呵成。我十分佩服那些跑江湖人士,他们集产品包装、营销、销售、演讲、表演各种技能于一身,可谓奇才。看似一个简单的销售过程,里面蕴藏着巨大的学问,演讲与口才、消费心理学、体验式营销,甚至包含二人转的表演艺术。

笔者曾经在一家大型超市门口见过一对卖多功能锅(见图4.7)的小夫妻。他们在超市门口摆了一个不到10平方米的摊位,每天租金100元,交给超市,不用担心城管骚扰。他们的产品是一种号称能够实现煎、烤、炒、煮、涮、炖等多种功能的万能锅,外观豪华、使用方便。男主人负责现场演示,带着扩音器嘴里说着顺口溜,锅的旁边放着一些食材,小鱼、菜、串等,他一边说,一般操作,做好之后请围观者过来品尝,瞬间摊位就被围得人山人海。女主人充当工作人员,负责收钱卖锅。锅的售价每个 199 元(当然原价肯定是 598 元),每天大概能售出 20 个,一天的营业额就是 3980 元。我去阿里巴巴网站上(见图4.8)查了一下，这样的锅批发价 50 元左右一个，减去成本 1100 元(锅每个 50 元，20 个 1000 元，摊位费一天 100 元)，一天获利 2880 元。这样算下来，一年就是 100 万元的收入。当然，他的生意不可能天天如此，但对于一对小夫妻来说，已经是相当不错的收入了。

全国统一建议零售价：598 元

图 4.7　多功能锅包装

¥53.00　　成交4台/5人
韩式多功能电热锅 四方锅 电火锅 电炒锅 家用不粘锅 推广

¥48.00　　成交80台/10人
批发韩式多功能方型电炒锅 电热锅 不粘电炒锅 工厂 推广

¥18.80　　成交1623台/4人
多功能电煮锅电热锅电热杯迷你电火锅宿舍学生煮面锅厂家直 推广

图 4.8　阿里巴巴网站上的多功能锅销售页截图

以上是我遇到的一个真实案例，在实际生活中像这对小夫妻一样年赚百万的或者收入比他们更高的江湖人士大有人在。我们可以在平时的生活当中多多观察留意，不要只是看热闹，不要只是做个消费者。碰到有跑江湖的，上阿里巴巴网站查查他的产品，询问一下他的租金，看看他的利润是多少。然后分析一下他帮助用户解决了哪些痛点，他是如何把路人吸引过来的，如何塑造产品价值的，如何解决客户顾虑的，如何促成成交的。然后思考我们能否做一个类似的产品,利用互联网途径销售,卖给这些跑江湖的人士们。因为,在模仿和借鉴的基础上创新的产品会比完全创新凭空设想的产品成功率高很多。

4.7 成本与利润的悖论

长期以来,在制造业界有一个成本管控的铁律,"提高一元的售价不一定带来一元的利润,而降低一元的成本必然带来一元的利润"。这句话在当今"互联网+"的时代,必须要颠覆,因为过度地压低成本必然会影响产品质量和客户体验。除非是代工企业,一切按照客户的要求来,省下就是赚下的。如果是自主品牌,大可不必。增加一元的成本,可以增加某个附加功能。针对此项功能我们可以塑造出 10 元的价值。这样的话,产品利润就可以增加 9 元。

于是,可以得出新的结论:"每增加一元的成本,必然带来大于一元的利润。"成本利润组成图如图 4.9 所示。

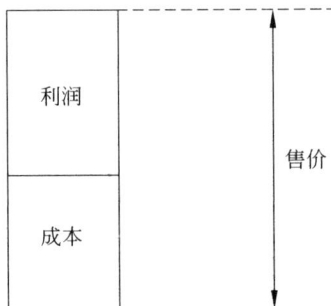

图 4.9 成本利润组成图

4.8 万物皆可卖

世界之大,无奇不有。果不其然,在网络上卖什么的都有,有人卖土特产,有人卖手工艺品,有人卖自己的时间,甚至有人卖拍死的蚊子,真的是印证了网赚大师王通曾经说过的一句话:只要你敢卖就有人敢买。但是,下面这个产品保证会让你大吃一惊,如图 4.10 所示。

什么鬼?大便!居然有人卖大便。没错,不过这个大便不是人的大便,是马的大便。这里的大便超越了大便本身的价值,被赋予了特殊的寓意,那就是整蛊和报复。据说,发明这个产品的英国小伙原本是打算养马赚钱的,可是马的生意不好做,卖不出去,而且马屎越积累越多,清理困难。无奈之下,他突发

图 4.10　shitexpress 网站首页

奇想，在 Facebook 上面发信息卖马屎，没想到居然生意火爆。于是他干脆做了一个网站，专门从事卖马屎的生意，结果出人意料，马屎生意给他带来的利润远远超过了原本养马的生意。

　　无独有偶，下面这个卖屁的网站也是做得风生水起，如图 4.11 所示。

　　不知道你有没有被惊到，这些东西本是体内的秽物，本是应该丢弃并且远离的东西，结果包装一下，居然能卖得不错。这说明一个道理：在这个世界上，万物皆可卖。

　　如果说前面这两个例子是小打小闹，那么接下来要讲的 Alan 和 Andrew 这两人则是通过卖屁成为了百万富豪。

　　这个故事是这样的：当 Alan 上高中时，他就利用少儿化学试剂盒鼓捣出了一种有臭屁气味的液体，然后用它来整蛊了讨厌已久的化学老师，把老师臭到泪奔。

　　成年后，Alan 对这个事情已经淡忘。直到后来，Alan 所在的汽车制造公司的一个经理处处刁难他，终于激起了 Alan 重制屁液的欲望。

　　Alan 联络了自己的好友 Andrew，两人日夜奋战，终于赶制了一款超级屁液。然后，两人偷偷跑到经理办公室喷了那么一点点。瞬间，屁味四处弥漫。

Send a Jart
****WE WILL NOT BE SHIPPING ORDERS BETWEEN, 12/27/15 - 1/3/16 WHILE WE ARE ON VACATION. ORDERS PLACED NOW WILL BE SHIPPED ON 1/4/16 ****
Know someone who needs a good laugh or just a hard time? Let 'em know with a sealed fart in a jar. When they open the jar to read the note inside, they'll unleash the almighty stench of our signature fart scents. (no, not real farts, but they sure smell like it!)
Buy Now $10
Send a fart in a jar (Jart). Laughs for hours, stinks for days
Let'r rip in 4 easy steps:
Choose your Scent
Give em' a piece of your mind, write a note
Seal the deal, this stink is for real
Fist Bump - You Win!
Yep, that's it.
Haven't you ever wished you could bottle your best Farts and save them to punish someone later. We have done this for you with Jart, Fart in a Jar.
Send the Perfect Smelly Little Present
Young or Old, everyone can enjoy a good laugh, even at their own expense. Give them the laugh they deserve!

图 4.11　卖屁网站首页

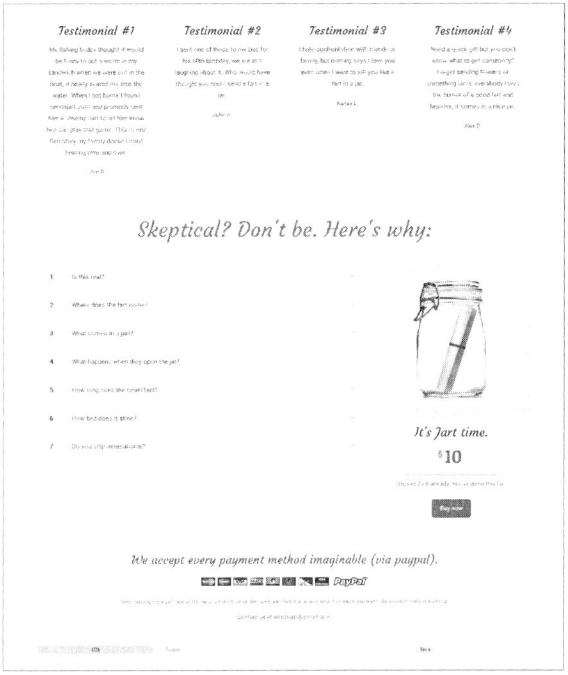

图 4.11　（续）

　　第二天一早,经理实在承受不住这个味道,找来了工程队修理了水管、天花板、下水道,甚至把办公桌椅都换掉,但是都没有任何作用,不得已他只得换了办公室。

　　这件事情令 Alan 和 Andrew 非常振奋,这是一个前所未有的商机啊!

　　于是两人辞职,全身心投入到更加强效的屁液的研制当中。带着家人和朋友不理解甚至嘲讽的眼光,两人夜以继日,潜心研制,终于制作了一款终极屁液,如图 4.12 所示。

　　只要轻轻按一下这瓶浓缩屁液顶部的按钮,它就会瞬间放出威力强大的屁味喷雾,而且臭不可闻的屁味会在 30 分钟内充满整个房间,让人待不下去。

　　这款产品一经推出便销量火爆,各种订单纷沓而至,市场迅速扩大。趁热打铁,Alan 和 Andrew 推出了不同威力级别的压缩屁液,以满足不同用户的

图 4.12　屁液产品图

需求。

图 4.13 是 4 瓶不同型号屁液套装在亚马逊网站的销售页,可以看到其售价为 44.99 美元。

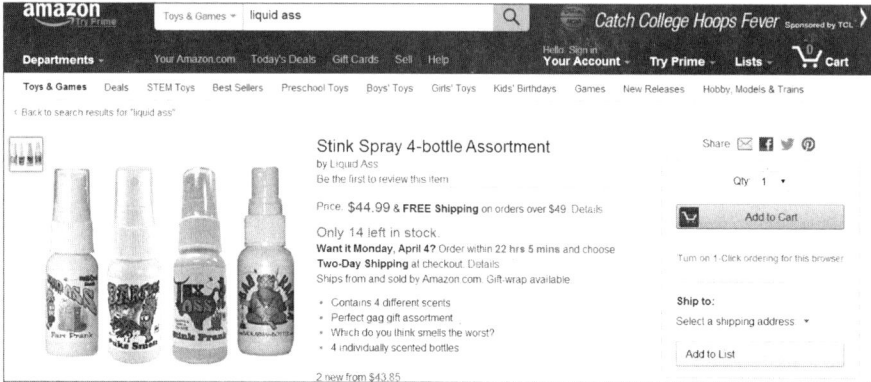

图 4.13 亚马逊网站屁液销售页面

每年的愚人节,是产品销量最火爆的时候,全世界的人们都来购买他们的产品,因为压缩屁液简直是最有效果的整蛊工具了。在别人购买产品的同时,那两位好友轻轻松松地把钱赚到了自己的口袋里。

看来,世界上能卖的东西真的有很多,任何不起眼的甚至是被人们视为糟粕的东西也可能蕴藏着无限商机。

第 5 章

如何打造实物产品

5.1 自主开发

自主开发产品的方法主要分两类：一类是自己发明创造；另一类是利用身边的天然资源。

5.1.1 发明创造

1. 生活中寻找灵感

在日常生活中，人们经常遇到很多不方便之处，比如衣架挂在晾衣绳上容易被大风吹跑，不锈钢餐具上面的不干胶撕下来后很难把残留的胶水洗净，插座无法实现定时断电等。这时，我们要多加思考，多加研究，有没有更好的方法来解决这个问题，或者能不能改进一下目前的工具让它更加便利。有时候一个小小的点子可能就是一个巧夺天工的设计，你设计的东西将可能成为一个拥有一定商业壁垒的畅销产品。

接下来，我们看几个经典的发明案例。

1978 年的一天，31 岁的英国男子詹姆斯·戴森家中的吸尘器坏了，如果是常人，他可能再买一台新的，或者拿去修理店维修。而对于喜欢钻研的戴森来讲，这个故障激发了他的好奇心，他决定搞清楚故障原因并自己修理。然而这个故障没有那么简单，这是一个自吸尘器发明以来就从未被攻克的技术难题：当脏东西被吸满的时候，就会堵住气孔，从而使吸尘器无法工作。

执着的戴森跟这个难题较上了劲，他一共制作了 5127 个模型，历时 5 年时间，终于发明了不需要集尘袋的双气旋真空吸尘器（见图 5.1），颠覆了传统吸尘器市场。凭借这个发明，戴森开办了自己的工厂，并以 10 亿英镑的资产荣登美国福布斯富豪排行榜。

也许你觉得普通人很难有如此的毅力和技能,那么接下来意大利小伙马里奥的发明则非常接近气。

马里奥的发明,得归功于他的那双臭脚,因为它们真的是实在太臭了,以至于马里奥自己都没有办法继续忍受。为了解决这个问题,他想到了一个绝妙的点子,那就是在鞋子上加一些小孔(见图5.2),以加强通风,减少臭气产生。他把这个想法申请了专利,然后找到了Nike 公司,企图出售专利,但是遭到了Nike 公司的拒绝。于是他干脆成立了自己的公司,自己生产和销售。如今他的财富已经达到了 30 亿美元。

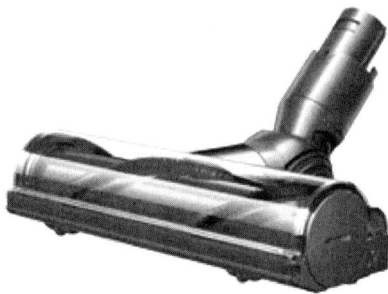

图 5.1　吸尘器

如果你觉得这个发明还是有点复杂的话,不妨再看一个案例。

还记得小时候用的带橡皮擦的铅笔吗? 最开始的时候,是没有这种铅笔的。铅笔和橡皮是分开的,而且没有人想到会把它们连在一起。

在美国的费城附近生活着一位名叫海曼的少年,因为家境贫寒,他通过卖肖像画赚钱来维持生活。在画画的时候,海曼老是会弄丢橡皮,而且频繁地找橡皮擦还会分散他的注意力。于是他突发奇想,能不能把铅笔和橡皮连在一起呢? 海曼立刻行动,在铅笔端上贴上橡皮(见图5.3),然后用铁丝缠上。这样,他在画画的时候,就不用再找橡皮,可以专心地画画了。

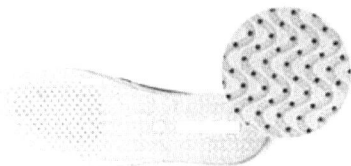

图 5.2　带孔鞋底

图 5.3　带橡皮擦的铅笔

后来,海曼在朋友的帮助下将该发明申请了专利,并且将专利授权给一家铅笔生产公司。海曼从中拿到了约 17 年的发明费,其数目高达 1000 万美元。

怎么样,这个发明够简单吧,仅仅是把铅笔和橡皮连接起来而已,这就是专利的力量。

我们可以参考以上例子的主人公,遇到生活中的问题时多去发散思维,多想一些解决之道。如果解决问题的方法操作比较简单，也可以自己动手制作一些样品，就像海曼有了想法之后把铅笔和橡皮用铁丝缠上一样。样品可以有助于绘制结构图，可以增加专利通过的几率。

构思专利的主要的切入点大致有以下几个方面。

（1）增加功能。在产品原有功能的基础上增加另外一个小功能，对原有性能进行补充和改善。比如在鞋上增加小孔就是在不改变鞋子原有功能的基础上多增加了一项透气功能。我们可以利用类似的思维推演，比如有孔帽子、有孔袜子等。

（2）多功能合一。将两种或两种以上的功能相关的产品合并为一体，合并后的产品兼具了两者的功能。比如带橡皮的铅笔，它就是把铅笔和橡皮以物理方式连接在了一起，让这个产品同时具有了铅笔和橡皮这两项功能。

（3）节约成本。最具有典型的节约成本的专利当属中国专利第一人邱则有的"空心砖"（见图 5.4）专利，该专利大幅度降低了建筑成本。

（4）机械代替手工。利用机械实现自动化，将人手解脱出来。最简单的机械代替人手的发明当属"鼓掌拍"（见图 5.5），它把"鼓掌"这个双手的动作用一个拍子来代替实现。

图 5.4　空心砖

图 5.5　鼓掌拍

灵感来源于生活，只要我们在平时生活中多观察、多思考，说不定也会有绝妙的点子产生。

2. 专利申请

一旦有了好点子或者已经做出简易样品，必须马上去申请专利，保护好自己的知识产权。因为谁也不敢保证，相同的点子已经在你想到的同时被别人想到。

可以获得专利保护的发明创造有发明、实用新型和外观设计 3 种。其中，发明专利是属于科学家级别的,外观设计专利需要美学及相关设计专业背景,我们普通人都是非专业人士,没有那么大的能力。我们为了改善日常生活便利性所做的发明大都是关于日用品、机械、电器等方面的有形产品的小发明,这类发明比较适用于申请实用新型专利。

在申请专利之前,先去"中华人民共和国国家知识产权局"(http://www.sipo.gov.cn)查询类似专利是否已经被人申请,如果没有被人申请,就可以去申请。如果已经被人申请,我们就考虑进行差异化改进或者放弃。

登录"中华人民共和国国家知识产权局"官方网站 http://www.sipo.gov.cn,如图 5.6 所示。

图 5.6　中华人民共和国国家知识产权局网站首页

点击"专利检索与查询"→"专利检索及分析"→"专利检索",如图 5.7 所示。

图 5.7　专利检索页面

输入关键字，以"蚊香盒"关键字为例，查询结果如图 5.8 所示。

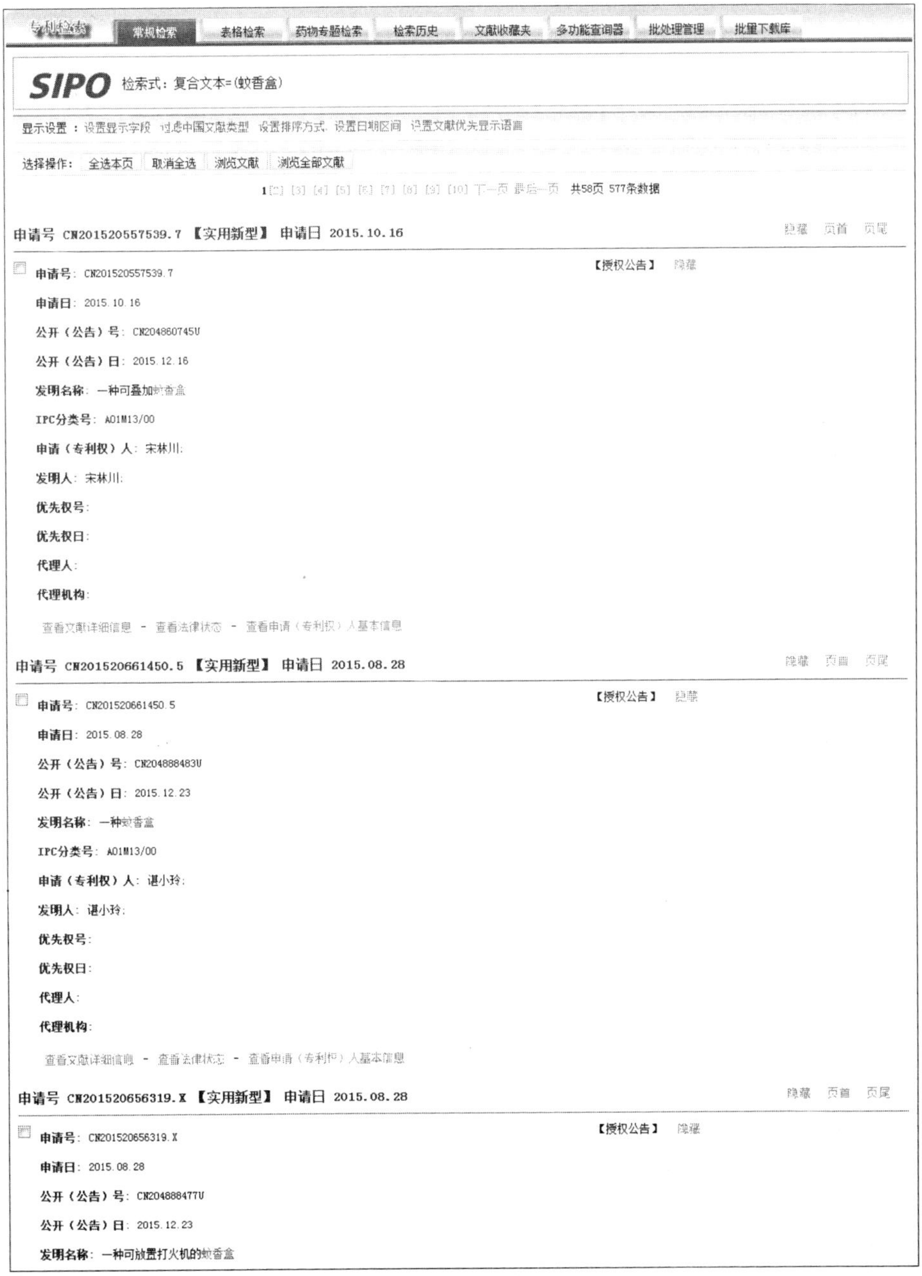

图 5.8 "蚊香盒"搜索结果

所有与"蚊香盒"有关的专利都出现了,点击"查看文献详细信息"按钮进行查看,如图 5.9 所示。

<< 　上一篇　摘要信息　全文图像　下一篇

CN204860745U [中文]

发明名称 —— 一种可叠加蚊香盒

申请号	CN201520557539.7
申请日	2015.10.16
公开（公告）号	CN204860745U
公开（公告）日	2015.12.16
IPC分类号	A01M13/00
申请（专利权）人	宋林川;
发明人	宋林川;
优先权号	
优先权日	
申请人地址	山东省淄博市桓台县中心大街2850山东省桓台第一中学;
申请人邮编	256400;

摘要

本实用新型涉及一种可叠加蚊香盒,包括母盒、转笔筒、子盒、蚊香支架;所述母盒包括第一环形侧壁、底板、吸盘;所述转笔筒设在所述第一环形侧壁上,所述转笔筒的内壁上方设有刀片;所述子盒包括第二环形侧壁、网状隔板,所述网状隔板下端面外沿还有环形套筒;所述蚊香支架包括连接杆、设在所述连接杆上端并沿所述连接杆长度方向延伸的插头,所述连接杆与所述插头的结合部还设有挡杆,所述挡杆至少设有三只,所述挡杆在垂直于所述连接杆长度方向的平面内等间角分布,所述底板中央、网状隔板中央均设有所述蚊香支架;本实用新型可以将多个子盒叠加使用,一次同时点燃多只蚊香,本实用新型还可以削铅笔。

摘要附图

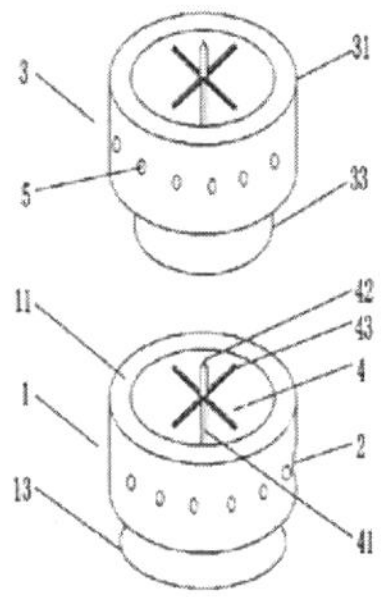

图 5.9　专利介绍页面

这个专利是一个"可叠加蚊香盒",一次可以同时点燃多个蚊香。如果我们申请的专利也是蚊香盒的发明,而且与这里面的都不重合的话,就可以申请专利。另外可以借鉴一下这些已经成功申请的专利的思路,帮忙我们完成自己的专利设计。在准备申请专利的图纸方面,也可以参考这些成功案例。

关于专利申请,笔者建议大家委托专业的代理机构去做,因为我们的重点在于产品的打造和营销,申请专利不是我们的强项。我们不熟悉有关专利的法律、法规,没受过专门训练,写好专利申请文件是有一定困难的,尤其是权利要求书和说明书。

法律对专利权的保护是通过要求书的描述来确定的,如果范围写得太窄,我们的合法权利得不到有效保护;如果范围写得太宽,又可能影响专利的授权,因此我们需要对这样的技术、法律文件有丰富经验的专业人士帮忙。

目前,提供这种服务的商家在淘宝上有很多,服务费大概在 800 元左右,加上官费(指国家商标局或知识产权局收取的办理相关商标或专利的费用)370 元,一共 1170 元左右。我们仅需要提供大致的构思和简单草图,其他的全部由代理商负责。

关于专利申请的时间,从开始提交到申请下来拿到证的时间在 6~8 个月。

3. 专利商业化

有了专利之后,就要将其商业化,利润最大化,让其为我们带来源源不断的财富。目前,专利商业化的主要途径有以下几种。

1) 直接出售专利

把专利本身当作一个产品来卖,主要对象是有需求的企业和投资商。我们可以去一些专利交易平台把专利挂上去或者直接找到相关企业主动进行联系。

2) 授权他人生产

比如前文中提到的带橡皮铅笔的发明者海曼,通过把专利授权给他人,从中获取授权费用。

3) 申请政府补贴和资助

这一项每个地区的政策都不一样,补助多少、如何补助建议去当地科技局咨询。

4) 自己创业

有了专利的保护,我们的产品就拥有了竞争壁垒,成为独一无二的产品。如果市场前景较大,而且自己有资金或者拉到了投资人,我们可以自己开办企业。就像上文中提到的马里奥和戴森一样,他们最终成为非常成功的企业家,拥有了巨额财富。

4. 暴利专利产品案例分析

以专利为壁垒的实物产品虽然在发明过程中不是很容易,但是一旦成功,将具有持续竞争力,完全可以改变你的人生。如果能够打造一款具有专利的暴利利基产品,它将会为你带来源源不断的财富。以下分析一个高利润专利产品案例。

百度搜索一下"口吃"这个词，结果如图 5.10 所示。

图 5.10　百度搜索"口吃"结果

搜索结果的前 5 个网站均是"口吃"这个词的推广网站，更不用说"怎么治疗口吃"、"口吃怎么办"这些长尾关键词了。这种情况说明这个行业是有利可图的暴利行业。

再去淘宝看看口吃矫正器的价格，如图 5.11 所示。

从图 5.11 可以看到，口吃矫正器最便宜的是 768 元，最贵的高达 1999 元。笔者曾经见过该类产品的实物，原理其实并不复杂，制造成本并不高。它之所以如此暴利，原因有二：一是用户人群对于解决这一痛苦的急迫性；二就是专利。有了专利的保护，同一工作原理的口吃矫正器只能有一家。

口吃矫正器目前已经被申请的专利约有以下几种。

(1) 信号延时口吃矫正器。

(2) 数字盒式口吃矫正器。

(3) 电子口吃矫正器。

(4) 汉语节奏诱导口吃矫正器。

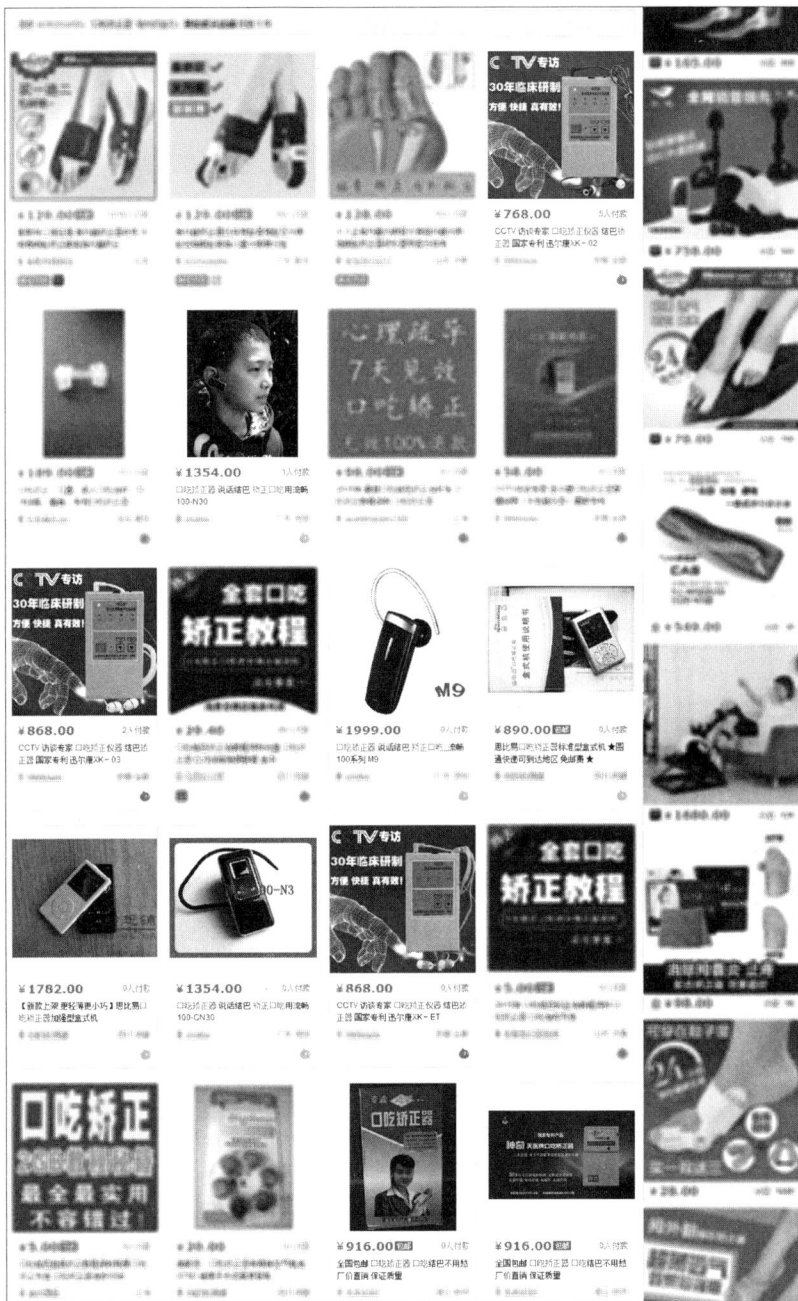

图 5.11　淘宝网搜索"口吃矫正器"页面

（5）振感口吃矫正器。

（6）口含式口吃矫正器。

（7）均匀振动口吃矫正器。

（8）具有发音曲线反馈的口吃矫正器。

如果我们能有不同于以上原理的解决口吃的方法并能够做出设备设想，完全可以去申请实用新型专利，然后去打样、生产和销售。

5.1.2 现有资源利用

发明创造不是一件容易的事情，历史上只有一个爱迪生。如果刚好灵光一现有了绝佳的主意，恰好又有大公司愿意重金收购，那么恭喜你，你发达了。实在发明不出来或者发明出来了但是已经有人申请了专利了，也不要紧，我们可以寻找一下手上现成的资源，将它们发扬光大。

图 5.12　CHOBANI 酸奶

全球最著名的酸奶品牌 CHOBANI（见图 5.12）的创始人 Hamudi 被称为是酸奶界的乔布斯，他在土耳其长大，他的家族以养羊、制作奶酪和酸奶为生。他从小喜欢喝酸奶，尤其是他的母亲用自家农场里的原料做的稠稠的酸奶。可是，当他长大到了美国之后，发现美国的牛奶又甜又稀，非常难喝，于是他买下一家濒临倒闭的酸奶工厂，从家乡请来奶酪师傅，开始创业。他的酸奶不添加任何防腐剂、味道纯正，很快占据了美国的大部分市场。如今，他的酸奶不仅成了最受美国家庭欢迎的牛奶，而且是美食家、大厨和营养学家的最爱。

现在的社会，三聚氰胺、毒豆芽、地沟油、苏丹红等有毒食品横行，纯天然的食品大受欢迎，参考 Hamudi 的模式制作一款原生态的美味食品应该是很有前途的，阿迪力·买买提吐热的切糕生意就是一个典型的例子。现在有很多朋友做微商卖自家产的土鸡蛋、蜂蜜，就是一个很好的选择。

我们平时要多分析和留意自己身边的资源，看看有没有现成的资源可以利用，能不能深度挖掘和开发。例如，家乡的土特产能否包装，能否简单加工后进行包装，是否可以打造一个品牌。家乡是不是有一些手工艺品或奇特的产品，比如布老虎、鸟笼、风筝，考虑能否收购成品然后贴牌销售等。

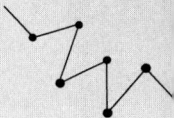

5.2　代理成熟产品

我们自己打造的产品虽然有一定的竞争壁垒来保证利润,但是如果稍有不慎,可能面临亏损的风险。市场上已经有很多经过验证的成功产品,我们可以销售这些产品,低买高卖来获取利润。但是这些产品既然是成熟产品,必然有很多商家在卖,我们只能利用信息的不对称性或者不同的营销手段进行销售。

百度竞价之所以有市场,是因为当年知道百度的人比知道淘宝的人多,尤其是主流人群(阿里巴巴卸任 CEO 卫哲曾经说过,电子商务分为 4 个阶段:第一阶段是非主流人群买非主流产品,也就是 80 后、90 后这些年轻人往往在买卖小玩意儿,如衣服、箱包这些;第二阶段是非主流人群买主流产品,还是 80 后、90 后这些年轻人,不过他们买的是手机、电视这些主流产品;第三阶段是主流人群买非主流产品,是中年人也就是社会财富的主要创造者尝试在网上买一些衣服、箱包这些非主流产品;第四阶段是主流人群买主流产品,即中年人群购买电视、冰箱等大件主流产品)。这些人都知道有问题去百度一下,但是并不会去淘宝搜索同类产品。尤其是 2008 年、2009 年的时候,当时的淘宝并不被主流人群所熟悉和使用,大家对网络的认识仅仅是“百度一下”。当他们遇到痛点的时候,往往去百度搜索,比如“怎么快速戒烟”、“怎样治疗口臭”等,这时百度排名第一、第二的产品销售页面深受大家的青睐,再加上当时对百度的信任,这么大的网站能排到第一名,东西肯定错不了。于是乎也就是 2008 年、2009 年那段时间,竞价成为了相当暴利的行业,每天赚十几万元的人大有人在。只要你去投放广告,不赚钱是不可能的。后来,随着国家对假药和假货的打击力度加强,以及竞价成本的大幅度攀升,竞价赢利已变得不那么容易。

淘宝客的兴起,让广大草根们代理暴利产品变得简单,只需要申请一个链接,就可以代理淘宝上面的高佣金产品,如果用户通过你提供的链接购买了产品,淘宝商家会支付你一定的佣金,而且佣金会自动结算到你的支付宝账户。但是由于淘宝的大平台属性,同类产品不可避免,用户往往会对比几家的产品后才做出购买决定,因此成交有一定的困难。

代理成熟产品要赢利,我们必须另辟蹊径。

1. 百度竞价仍然可以做,但是要针对农村市场

农民朋友刚刚换上智能手机,对比较简单的百度搜索有一定的认知,但是对淘宝网购尚有一定的距离,他们担心钱支付出去收不到商品怎么办,再加上

需要绑定银行卡,以及物流问题,这些都是他们的疑虑。而百度不同,输入信息搜索一下又不需要花钱,没什么损失。所以,我们把针对农民朋友的产品做成竞价单页,投放到百度上面,再加上货到付款的零风险承诺,仍然会有不错的市场。

典型的农民朋友需要的产品就是养殖技术。我们把这些资料刻录成光盘在百度上竞价销售,售价 299 元左右,转化率应当不错。另外,还有其他细分产品等待我们去开发,比如教农民注册申请支付宝的,教农民开网店的等,这些产品的形式可以是光盘,也可以是实体书。

2. 代理国外产品

代理国外产品,本质上是依托国外的独特产品(国内没有或者国内没有相应的技术制造的)以及跨国的信息不对称获取利润。

作者曾经看过一个日本短片,讲的是日本制造业老大在中国廉价劳动力的冲击下,已经无法依靠降低成本来取得突破,只得依靠高端技术来弯道超车。这个短片中列举了一个案例,就是我们常用的产品"牙签"。中国制造的牙签成本之低全世界无人能及,当然日本人也不奢望能够超越。但是,他们开发了一种高端牙签,这种牙签在剔牙的同时可以按摩牙龈,这个牙签的高科技部分就是它的牙签头的特殊的形状,这种形状必须依靠他们开发的专利技术才能生产出来。当然,中国没有这样的专利技术。所以,这种牙签在国内是买不到的。我们将这种牙签进口到国内,然后代理销售,只要找对适用人群,应该能有不错的销量。

著名财经作家吴晓波在他的一篇文章中提到一件事情,就是中国游客去日本旅游完之后往往会疯狂抢购大量的日用品,如电饭煲、吹风机、菜刀、马桶盖这些东西。究其原因,是这些东西真的跟国内的不一样:

电饭煲煮出来的米饭粒粒晶莹不黏锅;

吹头发的吹风机,吹过的半边头发果然蓬松顺滑,与没吹的那边不一样;

陶瓷菜刀、切肉切菜那叫一个爽,用不到以前一半的力气,轻松就可以把东西切得整整齐齐了;

马桶盖更神奇,有抗菌、可冲洗和座圈瞬间加热等功能,而且它适合在所有款式的马桶上安装使用。

国内的市场上有一个状况就是花钱也买不到好的东西,这是一个市场空白。我们可以进口一些日本的优质产品,或者成为它的中国区独家代理,通过差价获取利润。

　　除了日本产品,我们还可以考虑德国和美国的产品。笔者的一个朋友代理德国进口的烫发设备,每套售价 70 万元人民币,纯利润至少 20 万元,客户是国内的一些大型连锁理发店,它们为了吸引高端客户,往往会引入一些国内没有的高端设备。另外美国的 3D 打印设备目前也非常火,很多人不懂英语,更不懂那一套进口的报关流程,往往会去找一些国内的代理商合作。这些代理商的操作模式很简单,先收大额定金,然后去美国厂家下单,基本上没有任何风险。

3. 代理刚上市的新品

　　这里所说的新品指的是医药、化妆品、保健品这类暴利产品,这类产品的新品刚刚上市的时候,市场还没有饱和,我们如果抢得先机,市场空间会相当不错。那么,如何找到刚刚上市的新品呢?有以下几个途径。

　　1) 专业的招商网站

　　利用搜索引擎搜索“医药招商”、“保健品招商”、“化妆品招商”,可以看到一些以卖广告为业务的网站,以下为范例。

　　医药招商网站——环球医药网首页如图 5.13 所示。

图 5.13　环球医药网首页

　　保健品招商网站——中国保健品招商网首页如图 5.14 所示。

　　化妆品招商网站——中国化妆品招商网首页如图 5.15 所示。

　　这些网站的广告位有的厂家常年承包,一有新品,马上就会发布出来。经常关注这些网站,可以获得第一手信息。

　　值得一提的是,这些网站的广告位供不应求,而且价格不菲,少则每月几千元,多则每月上万元,由此可以推测出医药、保健品、化妆品的暴利程度。从这种网站上,我们可以直接联系到产品对应的厂家,然后和厂家合作,拿到最

图 5.14　中国保健品招商网首页

图 5.15　中国化妆品招商网首页

低价。

2) 代发货平台

如果我们拿货的批量不大,厂家是不太愿意合作的,这时我们可以去代发货平台或者阿里巴巴去找对应的产品,以代发货的形式合作。不过,这种合作方式,产品成本会比较高。代发货平台一般是在产品上市一段时间反映不错后才引入产品,而且已经制作成单页模板供客户使用,这时要注意,你能从代发货平台看到这款产品,别人也能,别人可以直接使用平台提供的模板去挂上百度竞价操作。所以,在这个时候操作这款产品,竞争程度已经相当高了。

代发货平台网站案例如图 5.16 所示。

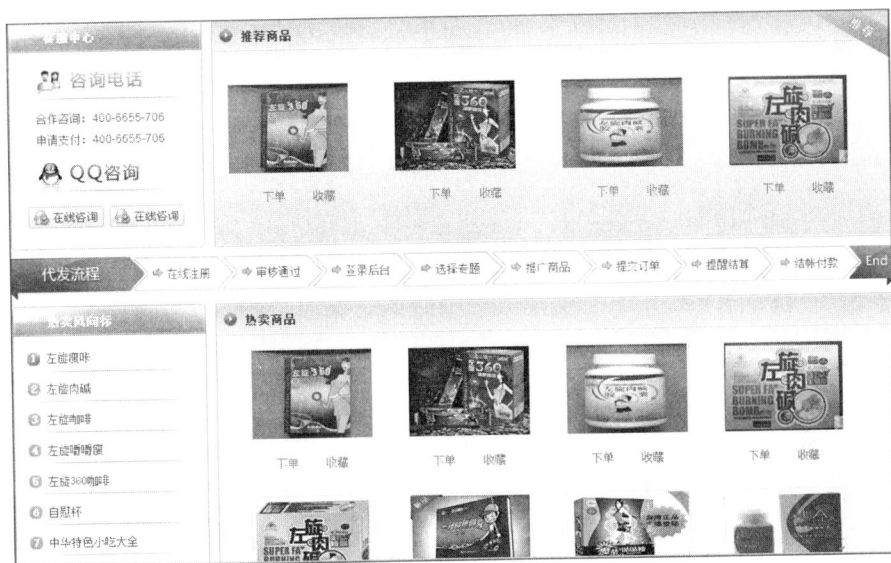

图 5.16　代发货联盟网站热卖产品页

从图 5.16 可以看出,目前比较火的暴利产品有"左旋肉碱"、"小吃大全"、"一分钟速算"这些。其中"左旋右碱"和"一分钟速算"这些产品已经泛滥,只有"小吃大全"属于新上架的产品。为了避开竞争,获得最大利润,可以通过网盟投放或者除百度以外的搜索引擎竞价进行推广。

4. 代理自家公司产品

这种方式对于打工一族来说,是一个绝佳的选择。员工本身对自家公司的产品非常了解,如果能够借助公司提供的开店平台开设自己的微店,通过朋友圈进行传播和销售,不仅能够获得额外收入,而且能够让公司产品加大传播途径,对公司也有好处。所以,这种方式是一个公司与员工双赢的销售手段。

对于一些员工数量庞大的公司来讲,这种方式具有明显优势,因为人多力量大。几万或几十万的员工,每人卖几千元的货,公司营业额就是几千万或几个亿的增加,效果相当明显。目前,国内的一些员工数量庞大的大型企业已经在尝试这类做法,比如苏宁、国美、富士康等。

苏宁鼓励员工兼职创业,开设个性化微店。员工只需要下载 App,选好销售的商品,然后进行朋友圈转发,商品卖出后即可获得相应的佣金。很多苏宁员工的微店经营得风生水起,有的人每月的佣金甚至超过了工资。

无独有偶,国美电器也推出"全零售战略",发展 10 万家员工微店,而且员工在微店上卖出产品得到的佣金与线下门店一致。

富士康作为"全球最大的代工厂"拥有其他企业无可比拟的员工数量优势。公开资料显示,其中国大陆地区员工超过 100 万人,也就是说,如果富士康一旦实现"全员开店",那么它将快速增加 100 万个零售终端,这是一个相当庞大的数字。早些年,富士康在其"万马奔腾"项目中已经尝试过员工开店计划,只不过当时开设的是实体终端。如今,借助"互联网＋"的契机,富士康正在积极推行新的"全员开店"计划,相信这会给富士康百万员工提供一个内部创业的大好平台。

如果你是这些公司当中的一员,建议你立即加入这些计划。相对于其他普通的个人微店,这些员工微店拥有更大的优势,无论从产品品质还是服务质量上来讲,你背后的公司是你强大的后盾。另外,员工店主更加了解自己生产的产品,能够给客户提供独特的产品信息,比如制作工艺、产品选材等。这些信息在很大程度上促进了用户购买。除此之外,员工还可以在第一时间获得内部消息,比如哪些产品销量较多,哪些产品佣金比较高,从而最大限度提升销量和收入。

5. 代理新概念产品

当某种概念或产品刚刚兴起之时,我们抢先代理,这时,消费者的好奇心会让我们所提供的产品或服务备受欢迎,财源也就随之滚滚而来。比如最近几年兴起的虚拟现实概念,很多人都感觉新鲜,想去体验一把。如果我们能够代理这样的虚拟现实体验产品,相信会有很多用户过来关注。我们抢先参与到这个新兴的市场当中,虽然不一定能赚得盆满钵满,但至少能分到一杯不错的羹。

目前,最适合大众创业者切入虚拟现实领域的方式是代理有雄厚科研和运营实力的大公司的成熟的虚拟现实产品。俗话说:"背靠大树好乘凉",依托大公司的丰富资源,我们也能搭上虚拟现实的顺风车。

国内首家也是最大的商用 VR 虚拟现实主题公园当属"身临其境 VR 主题公园",它是上市公司"身临其境"旗下的产品,拥有一流的产品和服务。最重要的是它投资少,占地空间小,在公园、景区、商圈、步行街等任何人流量大的地方都可以开店,非常适合大众创业者操作。

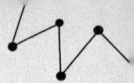

代理虚拟现实产品，我们不仅仅是依靠噱头和用户的好奇心，而是这个虚拟现实技术本身会给用户带来名至实归的"身临其境"的超级体验，让游戏玩家可以体验到各种丰富的、现实生活中难以获得的逼真的震撼体验，从而使游戏玩家情不自禁地不断产生重复消费，同时也为我们带来源源不断的收入。

所以，这类产品是众多可以代理的实物产品当中性价比最高的一种，投入低收益高，而且操作简单，是大众创业的首选项目。

5.3　OEM

如果你觉得 5.1 节和 5.2 节介绍的方法太费事，想快速打造一款暴利产品，那么 OEM 是一个最佳选择。你只需要专心品牌包装和营销策划就行，生产环节全部外包。但是，这样做难以保障产品质量，只能适合短期项目，因为售后服务和同行竞争将是两件非常棘手的事情。如果你想短期获取可观的收益，必须了解和熟悉 OEM 的各个重要环节。

5.3.1　OEM 概述

OEM 是英文 Original Equipment Manufacturer 的缩写，俗称代工，具体是指生产者不直接生产产品，只负责设计和开发、销售等关键环节，而把单纯的制造加工任务交给别的企业去做的商业方式。

最典型的例子就是 iPhone 手机，它的设计、开发、销售等均由苹果公司自己负责，而制造全部交给代工商富士康负责。

5.3.2　常见暴利产品的 OEM

目前市面上主要的暴利产品包含电视购物和百度竞价的产品大部分都有 OEM 厂商，在这个竞争已经白热化的市场，如果能够包装出新的概念，仍然可以获得不错的回报。比如"水果伟哥"、"美食减肥"这种新颖的概念。

任何事物都有两面性，左旋肉碱、P57 喝进肚子里确实能快速减肥，但是它们都不可避免地损害身体。于是，人们发明了"水果伟哥"，它就是由各种水果制成的，水果吃多了是对身体没有任何伤害的。还有"美食减肥"，我们不用饿肚子，不用吃药，吃着美食就可以减肥，多么美好的事情。

以下针对市场上主要的暴利产品进行分析。

1. 化妆品

女人爱美不仅是追求快乐，更是逃避痛苦。当一个女人被人说"丑"的时

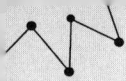

候,她一定感觉她在这个世界上没有活着的价值了。所以"美"对于女人来说重于生命,她通过"美"获取的是受人关注、让人羡慕的良好的自我感觉,这也就是化妆品这个行业经久不衰而且如此暴利的原因。从某种意义上说,只要有女人在,化妆品行业就不会萧条。

化妆品从产品功能上分,主要可分为美白、祛痘、保湿、防皱四大类,从产品形态上分,有面膜、水、泥、喷雾多种形态。

我们以面膜为例,探讨一下化妆品 OEM 的详细步骤。

1) 客户诉求分析及产品卖点确定

询问身边的面膜用户,老婆、老妈、女同事们,问问她们在使用化妆品过程中有何不爽的地方,比如太贵、没效果、有依赖性、鱼目混珠等。

国际大牌的面膜比较贵,国内的小牌子或者微商卖的那些不知名的品牌价格就相对便宜。在效果方面,尤其是微商卖的那些面膜大多效果神奇。但是,随着微商产品消费者的投诉,假货的曝光,问题来了。有记者暗访面膜生产商,揭露了一个惊人内幕:大部分面膜产品含有"糖皮质激素"。添加这种激素可让面膜使用后见效神速,不管是美白还是祛痘,用一两次就有明显的效果,于是该做法得到了面膜生产商和微商们的追捧。那些号称"一夜美白"、"特效嫩肤"的面膜大都含有这种激素。

"糖皮质激素"是由肾上腺皮质分泌的一种激素,可以在短时间内产生强大的抗炎和抑制免疫反应,可以使皮肤的毛细血管强烈收缩,临床表现出来的效果就是祛痘、祛斑、美白等。然而激素的作用治标不治本,并且会抑制肌肤的新陈代谢,久而久之会导致皮肤萎缩、变薄、毛细血管扩张、色素斑、炎性丘疹等皮炎症状。面膜一旦停用,这些副作用就逐渐表现出来了。

这个黑幕曝光后,女士们惊呼:不敢用面膜了,太吓人了。用户痛点出来了,我们赚钱的机会也就来了。我们可以打造一款纯天然面膜,比如水果面膜、羊奶面膜,总之是不添加任何激素的面膜。把营销概念包装好之后请人 OEM,我们自己以"无添加、纯天然"为卖点制作网站进行营销。

所以,第一步是对消费者进行调研,就像史玉柱当年做脑白金一样。史玉柱在做市场调研的时候,深入农村,走访了众多老头、老太太,发现了一个状况:老人家们愿意吃保健品,但是不会自己去买,希望自己的子女们送给自己。于是史玉柱得出了保健品必须以"送礼"为卖点的结论,紧接着想出了"今年过节不收礼,收礼只收脑白金"的经典广告语。正是抓住了这一独特卖点,脑白金的产品才能火遍大江南北。

我们要向史玉柱学习,花费大量精力做好市场调研,确定产品的卖点,因为这是产品营销成功的前提。这一步也可以理解为前文所述的寻找利基市场。

2）产品关键点研究

产品卖点出来以后，要对产品的关键点设计有一个初步的规划，比如广告语、包装等。

关键点是一个行业的潜规则，如果说产品的卖点必须有创新，必须与现有市面上的产品不一样，那么产品的关键点我们必须借鉴现有产品，借鉴它们的优点。产品关键点是这个行业存在多年以来最核心的东西，作为产品的推动者，我们必须把握这个核心。如果背离，很有可能会全面失败。根据黑格尔的"存在即有其合理性"理论，不合理的东西终会消亡，能保留下来的东西，就算不是精华，也应该有学习参考的价值。

记得有一期"非你莫属"节目中，聚美优品 CEO 陈鸥问一个应聘者，化妆品最大的成本是什么。应聘者说："包装和广告"。陈鸥听后非常赞同，并评价到："精辟"。所以，产品生产可以 OEM 出去，但这两个精髓我们必须仔细揣摩，做出最佳方案。所以，包装和广告是我们打造一款爆款化妆品的重中之重。

（1）包装。

中国有句古话叫"人靠衣装马靠鞍"，产品也一样，外在包装作为产品的一部分最先进入用户的视野，用户对外包装是否"感冒"，直接决定着他对产品是否"感冒"。在人际交往心理学上有一个"首因效应"，指交往双方形成的第一印象对今后交往关系的影响，也就是"先入为主"的意思。在产品营销尤其是化妆品营销当中，包装就是用户对产品的第一印象，这个印象的好坏直接决定用户是否购买产品。而且，化妆品的用户绝大部分是女性，女性是"感性动物"，具有吸引力的包装能够加快她们的购买决策。

化妆品包装包含材料和设计两部分。材料方面，内包装主要有玻璃瓶、塑料瓶、复合塑料袋、塑料软管等，外包装主要有纸盒、手提袋等。设计方面，也就是包装的整体设计，包含图案和文字两部分。

在材料方面，各品牌产品基本上没有太大差别，以面膜为例，内包装大都采用镀铝箔袋，包装盒材料一般采用 350 克白卡的纸张。

各品牌产品最关键的区别在于其包装的设计。包装的设计必须遵循先文案，后图案的原则。作为产品的打造者，我们必须亲自拟定文案。图案的表现可以外包出去，因为它们差别不大，而文案是包装设计的精髓，必须亲自拿捏。如果实在是文笔太差，也要自己列出文案的概要，再找别人写。否则，自己都不知道产品文案的侧重点，别人更无法揣摩了。

包装的文案设计要注意以下几点。

① 独特。我的产品与别人有何不同？是否有独特的品牌故事、独特的价值观、独特的创作灵感等。农夫山泉的设计（见图5.17）就是一个很好的例子。图5.17中左下角的文字为：长白山已知野生鸟类240种，鹗是国家二级保护动物。

我们的面膜产品在包装上可以向农夫山泉学习，呈现一些与众不同的东西。比如我们是蚕丝面膜，可以把蚕如何吐丝，吐多少层这些数据写上，或者附上蚕吐丝的图片，从而给用户一种与众不同的感觉。

② 细分。产品的细分功能要突出，用大号字体显示。比如洗发水，有去屑的、防干燥的、除油的、防脱发的等，这种细分功能必须放在显要位置。如果一个头皮屑多的用户去挑选洗发水，货架上一排产品当中，有去屑字样的产品肯定会引起他的注意。

（2）广告。

广告包含包装上的广告及网页广告、宣传册、名片等，如果我们专注线上电商而不去超市设专柜的话，那么主要的广告就是网页广告，网页广告就是营销的核心。如果我们主打的概念是纯天然、无添加，比如水果面膜或羊奶面膜、燕窝面膜，那么这些就是我们的卖点，必须大篇幅体现。这一点是重中之重。

以下是一个广告设计的经典案例，值得借鉴。

美国有一家啤酒厂商，想在激烈的市场竞争中提升市场份额，于是请了一位营销大师来做咨询。这位营销大师参观完工厂之后，了解了啤酒（见图5.18）生产的工艺过程。

图 5.17　农夫山泉

图 5.18　啤酒

① 打 400 米的深井用于取水。

② 测试 200 种酵母，从中选出最合适的一种。

③ 在 200 瓶成品啤酒中随机抽取一瓶，然后请 20 位品酒师品尝。

营销大师问工厂负责人：这么奇特的生产过程，为何不告诉消费者？工厂负责人说：每个啤酒厂都是这样呀。营销大师说：我们首先站出来把它告诉消费者，我们就可以在消费者心目中塑造出我们的独有价值。于是，营销大师帮助工厂设计了一套广告方案，讲述了啤酒的制作过程，让消费者知道工厂这么做都是为了一个目的，那就是让客户享受到最纯正的口感。该广告一出，工厂的啤酒销量迅速上升，最终成为啤酒行业的第一名。

我们也可以参考这个案例，在预算有限的情况下不用明星代言，而是把整个生产过程作为产品的独到之处，并用广告展现出来，从而塑造出独特的产品口碑，在激烈的市场竞争中脱颖而出。

3）OEM 厂家选择

由于生产环节全部外包给了 OEM 厂商，所以我们必须严格把控产品的质量。要保证良好的产品质量，我们必须与专业的、有实力的 OEM 厂商合作。对厂家的选择可以从以下几方面展开。

（1）基本要求：厂商的营业执照、固定办公地点这些基本信息必须核实清楚。

（2）化妆品生产许可证、成品的相关政府单位的检验报告等资质数据厂商必须能够提供。没有这些资质证明的产品法律是不允许销售的。当然，大部分 OEM 厂商都具备这些资质。

（3）厂商必须是阿里巴巴诚信通会员且会员年限不短。现在的企业如果没有阿里巴巴会员的话显然是落伍了，阿里巴巴的诚信评价机制可以辅助我们对厂家的实力进行评判。

（4）最好选择拥有自有品牌的化妆品厂商。如果这个 OEM 厂商本身有自己品牌，并且经营不错，那么它在化妆品生产当中是具有丰富经验的。

4）议价、拿样

合格的 OEM 厂商至少要选择三家，选好之后将我们的产品卖点及包装要求提供给对方，让三家厂商报价。厂商报价后，我们选取最低报价厂商索取样品。一般情况下，样品以零售价购买，后续批量下单后扣减。

以下为面膜成本预估，用于判断厂家报价是否合理。

面膜由面膜布和精华液两部分组成，简单而言就是一块布上面加点水。目前市场行情为面膜布 0.2～1.5 元、精华液 0.01 元左右（一千克售价 10 元的精华液可以生产面膜 1000 片),面膜铝袋 0.2～0.8 元。一般来说,市面上一款售价 200 元一袋五片装的中高端面膜的单片物料成本在 2 元左右。

5）面膜质量检验

拿到样品后,对其质量进行检验,要点如下。

（1）看包装。观察包装是否缺损和印刷错误,表面是否干净整洁。如果我们自行提供包装,此条忽略。

（2）看切工。观察面膜边缘是否整齐,眼睛、鼻子部位的分离部分是否整齐。该合的地方要合上,该分的地方要分开。

（3）用手摸。用手指轻轻摸面膜,如果感觉柔和且有液体黏连的感觉,那么质量就是可以的。如果感觉比较粗糙,那就是劣质面膜。

（4）看营养液。打开面膜后观看面膜袋底部是否有营养液残留,如果有,证明质量不差。

6）OEM 合同签订

验货可以后,即签订 OEM 合同。签订合同的时候重点注意以下几点。

① 质量约定。

② 交期约定。

③ 结算方式约定。

④ 运输仓储约定。

⑤ 违约赔偿约定。

7）储备第二供货商

永远要为自己留好后路。当选定的 OEM 厂商交期不能满足或者有其他违约行为时,必须启动替代方案。当网站已经做好,而且开始导入流量的时候,没有产品发货或者质量不合格,那对我们来说是一场灾难。所以,至少要储备 1 到 2 家 OEM 厂商,随时准备替换。

2. 保健品

保健品的暴利丝毫不亚于化妆品,这一点从史玉柱的脑白金就能看出来。健康和财富是人追求的两样东西,打健康牌是做大生意的首选方案。人对健康的需求有两种类型：雪中送炭式和锦上添花式。

治病、救人的药品属于雪中送炭,因为没有这个"炭"人就会被冻死。所以,国家对药品的管制相当严格。药品一旦达不到效果,或者效果减弱,就会影响人的生命安全,而人命是关天的。由此看来,药品这个行业我们难以进入。

第二种类型就是锦上添花。意思是用了这个东西会更好,不用也不会影响啥或者是用了达不到预期效果但也不会有什么负面影响。因为已经是锦了,就算花不漂亮也没关系。所以,保健品是我们可以切入的一个市场。

1) 保健品的分类

保健品可分为四类:营养型、强化型、功能型、功能因子型。

(1) 营养型。这种类型以补充营养为目的,如蛋白质、维生素这些,没有确切的功效。如果是营养缺乏,可以适当食用。

(2) 强化型。这种类型是用来有针对性地补充微量元素的,比如钙、铁、锌、硒这些。如果体内缺少这些元素,可以食用对应的保健品。比如黄金搭档就属于这种类型。

(3) 功能型。功能型保健品指的是能对某个器官如血管、心肺等进行功能调节的产品。卵磷脂、胶原蛋白、螺旋藻、深海鱼油就是属于这类型的保健品。

(4) 功能因子型。功能因子型也就是复合型,这种类型的保健品是保健品中最高级的一种。它拥有无依赖、纯天然、全面调理的特性。世界卫生组织认为只有这种类型的保健品才是符合要求的合格保健品。

2) 保健品批准文号

人们通常把药品的批准文号称为"准字号",把保健品的批准文号称为"健字号"。药品的包装上写的是"×卫药准字＋生产年份＋第××××号"6 位字样,保健品包装上写的是"×卫食健字＋生产年份＋第××××号"4 位字样。范例如图 5.19 和图 5.20 所示。

图 5.19　健胃消食片包装背面

3) 保健品 OEM 合作流程与方式

(1) 自己注册品牌且提供包装材料,OEM 厂商提供配方、加工。

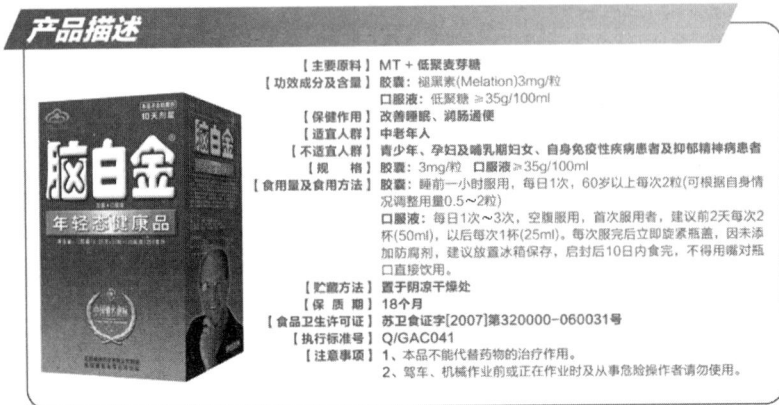

图 5.20　脑白金包装产品描述

（2）自己注册品牌，提供包装材料和产品配方，OEM 厂商提供原料、加工。

（3）自己注册品牌，提供包装材料、产品配方、原料，OEM 厂商负责加工。

（4）从注册品牌到加工全部外包给 OEM 厂商，自己负责销售。

（5）直接批发 OEM 厂商现有的品牌产品。

4）OEM 工厂实地考察要点

与化妆品不同，如果仅从网上了解，保健品 OEM 厂商可能存在一些欺瞒内容，而且质量无法保证。所以，在决定合作之前，必须对 OEM 厂商进行实地考察。具体要看以下几个方面。

（1）看实验室。如果没有实验室，则证明这个厂家没有研发能力，只能生产别人的配方。

（2）看研发团队。有的厂家有实验室，但是没有专业研发人员，只有工程师。这种情况下，工程只能进行简单的配方化验，而不能自行研发。

（3）看生产车间。观察生产车间设施是否齐全，洁净区域是否达到规定的级别。

（4）看成功案例。看该厂商是否为别人的品牌代工，代工的越多，客户品牌知名度越高，则证明该厂家实力越强。

第 6 章

如何制作虚拟产品

6.1　电子书

随着互联网的发展,电子书越来越受到人们的欢迎。早在 2012 年,美国的电子书销售额就超过了纸质书。

另外,有两个事件值得注意:一是近年来一些盗版小说站被封,站长被抓,包含盗版电影在内的侵权行为得到了严厉打击;另一个是在中关村,国内第一家知识产权法律服务商"知果果"受到了国家领导人的高度关注。种种迹象显示,国家对知识产权的重视和保护程度正在加强。

简言之,原创的东西越来越值钱。当然,原创电子书也不例外。

6.1.1　电子书内容创作

很多人看到这个标题,肯定会瞪大眼睛。什么?写书?我从小语文成绩差,作文不及格,半天憋不出一个字,怎么能写出书来。的确,在很多人眼中,写作是一件十分令人头疼的事情。

其实不然,电子书并不是让你去参加语文考试,也不是作文比赛,更不是参选诺贝尔文学奖。它只是把一个问题说明白而已,而且字数没有严格限制。只要是个正常人,平时说话别人能听得懂,你把它文字化下来,别人一样能看得懂。与说话不同的是,说话说完之后收不回来,也不能更改,而电子书写完后它的表达的先后顺序可以进行调整和修改,仅此而已。

中国有句古话,叫"万事开头难"。打字、游泳这些本领都不是与生俱来的,都是后天学习的结果。人们第一次学习这些本领时,都感觉非常难。第一次下游泳池时,我们紧紧抓着护栏,第一次把头埋进水里,被呛得眼泪都流了出来。然而,当掌握了游泳技能之后,我们畅游于水中,就像鱼儿一样,回到了大海的怀抱。慢慢地,这些本领和技能已经变成了我们生活习惯的一部分,就像吃饭一样。

电子书写作也是一样,什么都不用想,打开计算机,开启 Word 软件,就像面对一个老朋友一样,把你想说的写下来。如果你不会打字,甚至可以使用手写输入或语音输入。

当感觉自己脑汁已经绞尽,实在写不下去的时候,你就需要去补充精神食粮了。因为写作的过程其实就是一个文字的加工转换过程,信息输入大脑,然后经过加工后再次输出(见图 6.1)。

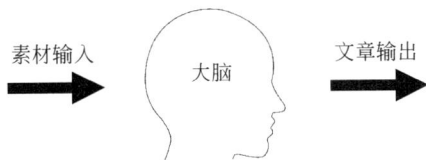

素材输入　→　大脑　文章输出　→

图 6.1　写作过程示意图

莫言在《檀香刑》中对施刑过程能有极其细腻的生动描述,与他多年的知识积累不无关系,所谓"读书破万卷,下笔如有神"讲的正是这个道理。在写电子书之前,先要阅读大量相关的同类电子书,这样在自己写的时候会更加得心应手。

为了帮助大家更好、更快地写出高水平的电子书,笔者为大家总结了以下七大步骤。

1. 题材选择

首先确定自己要写哪方面的东西,自己对哪些方面有独到的见解。如果是第一本电子书,应当以兴趣为导向,暂不考虑赚钱,先练练手。

先问问自己,我有什么特长? 我有什么爱好? 我对自己亲身经历过的哪些事情印象深刻? 这些都是可以选择的题材。俗话说"三人行必有我师",没有任何一个人是一无是处的。一个人在很多方面平淡无为,必然在某一个方面有非常突出的地方。老天把你所有的门关上之后,肯定会为你开启一扇窗。著名音乐指挥家舟舟从小是一名先天愚型患者,生活无法自理,但是他后来展露出了超越常人的音乐天赋,而且还与刘德华等名人同台演出。所以,不要认为自己是全面平庸的,要去找出自己的特长。

如果你实在没有什么特长,总有爱好吧,把这个爱好写出来。比如你的爱好是书法,虽然写得不太好,但你可以写书法的起源,写一手好字的重要性,现代社会书法的应用,练习书法时的笔墨纸砚怎么挑选等。虽然你书法写得不是特别优秀,但是别人看到你这本电子书,就会觉得你是专家。

我们每个人都经历过一些特别的事情，有句话叫"经历过，才会明白"，亲身经历才能让我们印象深刻。亲身经历的事情有两种：开心的事情和不开心的事情。开心的事情比如筹备婚礼、陪老婆生小孩这些。我们可以写筹办婚礼时的注意事项，比如如何防止被商家宰，如何拍出最好的婚纱照，室内的婚纱照好还是室外的婚纱照好等。筹备婚礼这件事对很多人来讲，一辈子只做一次，所以很多人在做这个事情之前都是没有经验的，商家们正是利用这一点，获取高额利润。一辈子就结一次婚，就拍一次婚纱照，为什么不用最好的呢？但是，最贵的不一定是最好的，就算是最好的也不一定是性价比最高的。我们把我们当时吃过的亏，告诉即将去做同样事情的人们，免得他们重蹈覆辙，这就是对别人的价值，也就是我们电子书的价值。

还有一类是不开心的事情，比如一些被骗的经历、上当的经历或者失败的经历。这些经历让我们从中吸取了大量的经验教训，这些对于后来者是宝贵的财富。笔者本人就有一次买二手房被骗的经历，惨痛的教训。当时因为前期准备工作不充分，交易的某个环节出现了失误，在付完 20 万元首付款给买家后发现房子的土地有问题，于是要求卖家退款，卖家坚持不退，于是展开了漫长的扯皮过程。后来笔者研究了相关法律，咨询了很多律师，费了很大周折，最终才化解了这场纠纷。虽然最后拿到了钱，但是无数次焦虑，无数次争吵，花费了很大的时间成本。

正是由于亲身经历了这个过程，在这个过程中熟悉了很多法律知识，明白了二手房交易的全部流程和注意要点。这个经验如果写成电子书，对那些想要购买二手房的人来说，肯定会有很大的帮助，因为可以让他们避开二手房交易的种种陷阱。

以上题材选择，是推动式的，是你能写啥，你就写啥，不考虑市场需求和赚钱空间。这类题材的电子书虽然不一定赚钱，但是可以提升作者的知名度，奠定作者在某一领域的权威地位，而这些东西都将成为将来赚钱的重要基础。

还有一种相对于推动式的选题方法就是拉动式，是别人需要啥，你就写啥，只要满足了别人的需求，你就能赚到钱。这种方式以赚钱为目的，选题方式有以下几种。

1）暴利实体产品虚拟化

在前文中，我们讲述了暴利实体产品的打造过程。这些产品之所以暴利，是因为它的受众人群正在面临极大的痛苦，比如口臭、狐臭、肥胖、口吃、痔疮等。我们如果能够搜集获取一些解决这些痛苦的方法，把它写成电子书，同样会有庞大的市场。

治疗口吃可以用口吃矫正器,也可以通过气息调整、心里暗示等方法。以下是一款在 CLICKBANK 上面发售的口吃虚拟产品,如图 6.2 所示。

图 6.2　CLICKBANK 上的口吃治疗产品

痔疮可以用药物治疗,也可以用一些日常生活中的材料自行配置的膏剂或者其他自主治疗方法进行治疗。CLICKBANK 上的一个利用营养食谱治疗痔疮的产品,如图 6.3 所示。

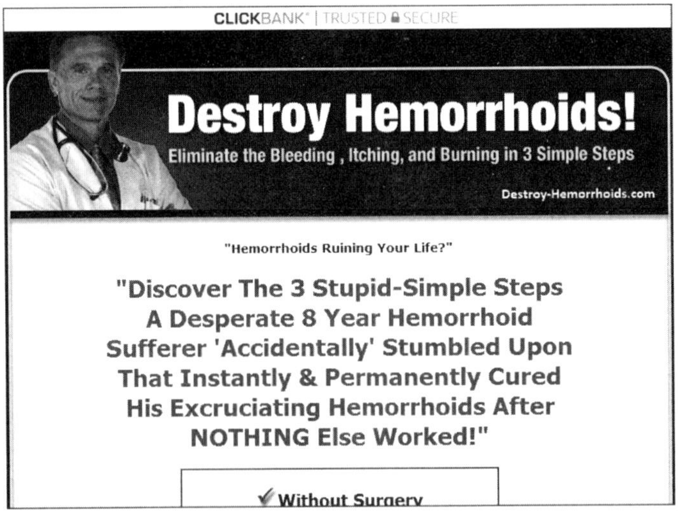

图 6.3　CLICKBANK 上的痔疮治疗产品

　　治疗肥胖的办法不一定必须吃减肥药，也可以通过自制食谱，甚至大吃大喝的同时减肥。以下是 CLICKBANK 上销量火爆的一个减肥虚拟产品，如图 6.4 所示。

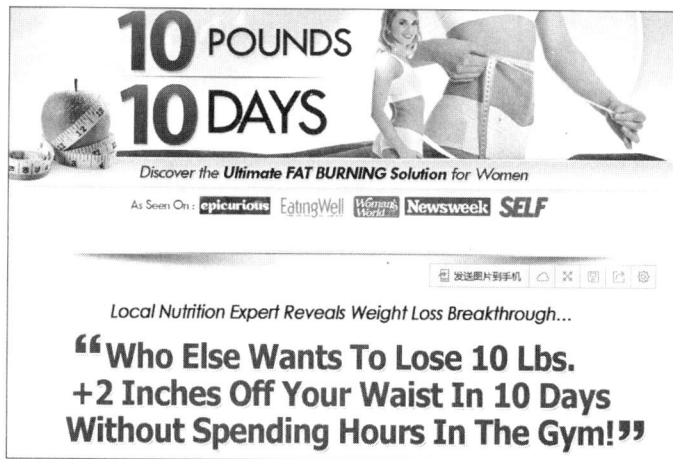

图 6.4　CLICKBANK 上的减肥产品

2）利用好在线文档分享平台

　　国内知名的在线文档分享平台有百度文库（见图 6.5）、豆丁网、道客巴巴、人人文库、MBA 智库等。在这些大平台上面，每天有海量的网友下载和上传文档，其中不乏高下载量的电子书。我们可以借鉴这些成功电子书的选题，掌握目前的热门方向。

图 6.5　百度文库首页

站在巨人的肩膀上,往往更容易成功。

3)细分、细分、再细分

不断挖掘细分市场,不断地将热门话题细分,每一次细分,就是一个新的选题。以"减肥"为主题的选题细分示例如图 6.6 所示。

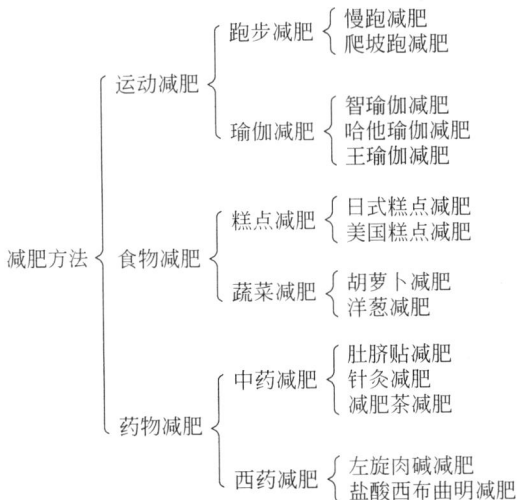

```
                           ┌ 慢跑减肥
              ┌ 跑步减肥 ┤
              │            └ 爬坡跑减肥
     运动减肥 ┤
              │            ┌ 智瑜伽减肥
              └ 瑜伽减肥 ┤ 哈他瑜伽减肥
                           └ 王瑜伽减肥

              ┌ 糕点减肥 ┌ 日式糕点减肥
减肥方法 食物减肥 ┤         └ 美国糕点减肥
              │            ┌ 胡萝卜减肥
              └ 蔬菜减肥 ┤
                           └ 洋葱减肥

              ┌ 中药减肥 ┌ 肚脐贴减肥
     药物减肥 ┤         │ 针灸减肥
              │            └ 减肥茶减肥
              └ 西药减肥 ┌ 左旋肉碱减肥
                           └ 盐酸西布曲明减肥
```

图 6.6 减肥方法细分提纲

4)向老外学习

国外网赚目前已非常成熟,借鉴和学习国外的虚拟产品售卖经验对我们有很大帮助。

CLICKBANK 是美国最大的虚拟产品零售平台,目前拥有 10 万以上的联署会员和 1 万以上的出版商,主要销售的产品是电子书和软件。

通过登录 CLICKBANK,点击 MARKETPLACE,然后在 Find Products 搜索框中输入关键字即可查找相关主题的虚拟产品,如图 6.7 所示。

2. 制定一个吸引人的标题

电子书的标题就好比实体产品的包装一样,一个好的标题能够决定用户是否购买以及其购买决策的速度。

以一本讲互联网赚钱的电子书为例,它的标题设定可以有以下几个方案。

- 《互联网赚钱宝典》。
- 《如何利用互联网月赚 10000 元》。

很明显,如果你是用户,你肯定会购买《如何利用互联网月赚 10000 元》这

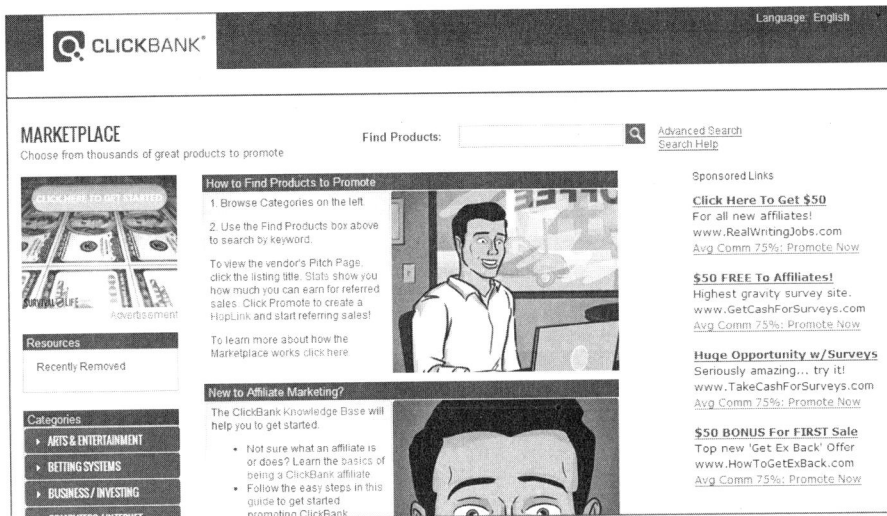

图 6.7　MARKETPLACE 页面

本电子书,而不是前者。第二个标题量化了这本电子书能够带给你的东西:月赚 10000 元。这个量化直击你的内心,勾起了你强烈的购买欲望。

酒香也怕巷子深,即使你的书写得再好,你的标题吸引不到用户,用户也不会购买,不去阅读,没人会知道这"酒"是香的。你的电子书的价值的 80% 体现在标题中,仅有 20% 体现在内容中。所以,电子书的标题必须不断斟酌,反复推敲。

以下为标题制定的原则。

1) 多用渲染类形容词

史无前例的、空前的、神奇的、免费的……,这些词语我们应当使用一个在标题中,比如"史无前例的减肥方法"、"神奇的瘦身术"。这些看起来夸张的修饰往往能成功吸引用户。

2) 用数字说话

数字会传输一个定量化的概念到用户脑海里,提升电子书的专业性。如"99% 的女人不知道的减肥秘密"、"每天 2 小时,月赚 10000 元"等。

3) 揭开用户的伤疤

如果是帮助用户脱离痛苦的电子书,必须在标题中把这个痛苦突出表现和强化。这样会放大用户的痛苦,加强用户购买的紧迫性。如"只因肥胖,我相亲失败无数次"、"狐臭让我痛不欲生"、"仅需 3 步,远离痔疮"等。

4)"第二人称"的应用

在标题中加入"你",让用户感觉作者仿佛站在他的面前跟他讲话,可大幅提升用户对作者的信任度。如"你的形象价值百万"、"你也可以年赚百万"、"你愿意一辈子打工吗?"等。

5)内容具体化

电子书能够为读者带来什么帮助,读者读完这本书后会有什么收获、提高,这些必须体现出来。标题必须具体、具体、再具体,比如"喝开水减肥,3 个月狂减 30 斤"、"14 个小时掌握电子书赚钱秘诀"、"中医按摩手法,3 个月根治脱发"等。

3. 第一次材料准备

在标题定好之后,即进入第一次材料准备阶段。这个阶段要做的事情是把所有与标题有关的资料收集起来,略读一遍。所谓略读,就是走马观花,了解大致意思就行,了解这个选题的横向、纵向的广泛信息。

以"中药减肥"这个题目为例,我们需要把减肥相关的数据全部收集起来。利用百度把所有与"减肥"、"中药减肥"相关的网页复制下来,利用百度文库把所有"减肥"、"中药减肥"相关的文档下载下来,利用淘宝把所有"减肥"、"中药减肥"相关的产品信息搜集起来。

把这些数据汇总起来,通读一遍,为下一步列提纲做好准备。

4. 列提纲

列提纲的第一种方法是思维发散(见图 6.8(a)),分为横向和纵向两个方向。纵向指的是以时间为导向轴阐述内容。

以"手机"为例,下面的提纲就是采用纵向发散思维来列提纲的方法。

(1) 手机的由来。

(2) 手机的现状。

(3) 手机的发展趋势。

如果采用横向发散思维列提纲的方法,则为:

(1) 美国手机市场与中国手机市场的对比。

(2) 韩国手机与国产手机的差异。

(3) 手机与其他通信工具对比。

第二种列提纲方法是分解法(见图 6.8(b)),同样以手机为例,列提纲如下。

(1) 手机屏幕。

(2) 手机主板。

（3）手机电池。

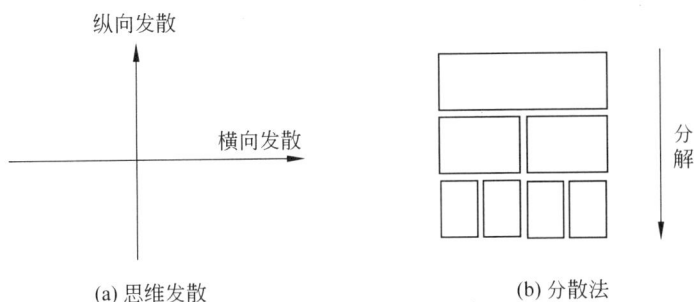

图 6.8　列提纲方法示意图

第三种列提纲的方法是步骤法，举例如下。

做饭的步骤如下。

（1）洗菜。

（2）切菜。

（3）炒菜。

第四种是针对以赚钱为目的的电子书的列提纲方法。这种电子书主要分为教授技能和解决痛苦两大类。教授技能类的可参考以下范例。

《如何练好书法》提纲：

（1）什么是书法。

（2）学好书法有什么用。

（3）学习书法前的准备。

（4）学习书法的步骤。

（5）后记。

解决痛苦类的可以参考以下范例。

《如何治疗口臭》提纲：

① 什么是口臭。

② 口臭的危害。

③ 口臭产生的原因。

④ 消除口臭的方法。

⑤ 防止反弹。

5. 第二次材料准备

列好提纲以后，进行第二次材料准备。这次材料准备是针对提纲中的每一项标题进行更有针对性的资料准备。以每一项标题为核心去搜集资料,去百度搜索、去图书馆查数据、去拜访专家等。资料搜集好之后必须仔细研读,了解其精髓,并形成自己的想法。

6. 写作,一气呵成

写、写、写,想到啥写啥,把自己的想法和观点写出来。不要斟酌,不要犹豫,不要停顿,将想到的东西一字不差地全部写下来。

读完每一个标题对应的资料后,归纳总结,用自己的话表达出来。这里提供以下小技巧供大家参考。

1) 并列项目顺序置换。

资料当中如果有针对某个问题的若干要素的并列分项说明,可以对它们的顺序进行调整。比如"不上班的 23 种活法",这 23 个章节是并列关系,谁先谁后无所谓,可以任意调整。

2) 换一个表达方式

比如原文为"煮着吃和蒸着吃哪个更好",可以换一种描述方式为"吃这个东西分两个方案,第一种是煮着吃,第二种是蒸着吃,哪一种方案更好呢"。

3) 中心思想提炼

精读原文,然后提炼,用自己的话表达出来,成为自己的原创内容。将一段话压缩成一句话,将一个章节压缩成一段话,将一本书压缩成一个章节。

4) 碎片化写作

现在移动互联网给人们写作提供了极大的便利,古时韩愈有"三上"文章,是讲抽出一切可能的碎片时间读书,厕上、床上、马上都抽出时间读书。现在笔者提出"三上"写作,利用手机记事本,在蹲厕所的时候、在床上躺着的时候、在公交车上的时候进行写作。平时吃饭的时候,走路的时候一有灵感马上打开手机记事本记录下来。

7. 修订

电子书就好比一件艺术品,需要逐步雕琢,没有最好,只有更好。初步完稿的电子书就好比一个毛坯,需要逐步加工。修改加工的次数越多,越趋近完美。

修订时要注意以下几点。

1) 理清段落

尽量多分段,每个段落不要太长,因为用户在阅读时对长篇的没有段落的文字有视觉疲劳。一般情况下 4~5 句话分一个段落为宜。

其实,写文章就像跟人聊天一样,没有人能一口气说下去。总会有停顿、喘气的时候,这些时候往往是分段的时候。把写的文字用跟人聊天的口气读一遍,哪里该分段,自然就明了。

2）检查标点符号

要注意句号的使用,一句话该结尾的时候就结尾,不要太长。切忌整个段落只有一句话,这样会把读者搞糊涂。我们平时跟别人面对面谈话的时候,你说一句,然后别人说一句,就按这个标准进行每句话的分配即可。而段落的设置就好比"鲁豫有约"一类的访谈节目,嘉宾侃侃而谈,一段话一段话地讲。

另外要注意中英文符号的切换。如果是中文文章,输入标点符号必须是在中文输入法状态下,否则就是中文字配着英文标点,这样会显得电子书太不专业。所以,如果是中文文章,标点符号必须统一成中文的,英文文章也是同样的道理。

中英文的标点符号有明显差异,中文的逗号为",",而英文的为",",中文的句号为"。",而英文的为".",这个要特别注意。

3）找亲友帮忙

把自己的初稿拿给亲戚朋友看,让他们帮忙审阅,提出意见。

4）外包

如果自己实在文笔太差,上威客网站找人帮忙润色也是一个不错的办法,不过需要花点费用。

8. 版面设计

电子书的文字内容定稿之后,对其进行版面设计,这里提供以下思路。

思路一：中心词提炼(见图 6.9)。

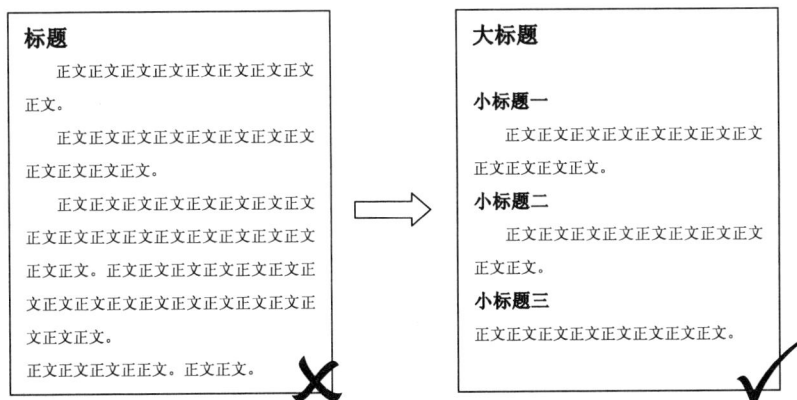

图 6.9　中心词提炼示例

思路二：用行间距分类（见图 6.10）。

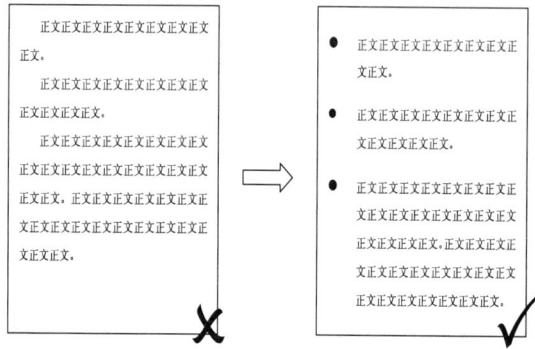

图 6.10　行间距排版示例

思路三：生动排版（见图 6.11）。

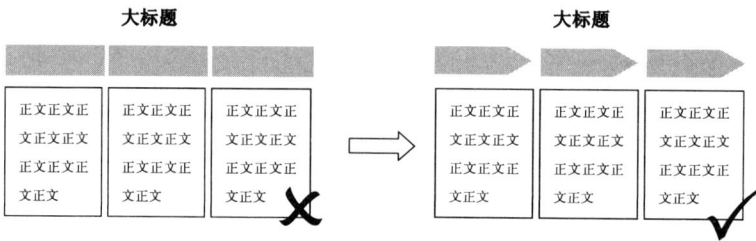

图 6.11　生动排版示例

思路四：先集中，后备注（见图 6.12）。

ECRS原则介绍：
(1)取消：取消不必要的工序、操作、动作，都是不需投资的一种改进，是改进的最高原则。
(2)合并：对于无法取消者看是否能合并以达到简化的目的。
(3)重排：通过取消、合并后通过重排达到最佳顺序。
(4)简化：经过ECR后的必要工作，可考虑能否采用最简单的方法及设备，以节省人力、时间及费用。

ECRS原则介绍

取消　　　　　合并　　　　　重排　　　　　简化

备注说明：
(1)取消：取消不必要的工序、操作、动作，都是不需投资的一种改进，是改进的最高原则。
(2)合并：对于无法取消者看是否能合并以达到简化的目的。
(3)重排：通过取消、合并后通过重排达到最佳顺序。
(4)简化：经过ECR后的必要工作，可考虑能否采用最简单的方法及设备，以节省人力、时间及费用。

图 6.12　先集中后备注排版示例

思路五：增加动感(见图 6.13)。

生活是不公平的，要学会适应它。

——比尔·盖茨

图 6.13　增加动感排版示例

很明显,改进后的方案具有了"说"这一动作,更具有视觉冲击力。

6.1.2　电子书制作

1. 电子书的格式介绍

目前市面上流行的电子书的主要格式有 EXE、TXT、PDF 三种,优缺点对比如表 6.1 所示。

表 6.1　电子书格式比较

格式	文件大小	易阅读性	防盗版性	功能性
EXE	中	弱	强	强
TXT	小	强	弱	弱
PDF	大	中	中	中

对于初学者,建议使用 TXT 格式,制作简便,易于扩散。对于有一定价值的免费电子书,建议使用 PDF,较低的防盗版性可以默许别人盗版,加大传播力度。对于收费电子书建议使用 EXE 格式,使用高强度加密禁止扩散,保障前期用户的利益。

2. 电子书的制作方法

1）利用常用办公软件

直接用 Windows 自带的软件制作,如记事本、Word。这里介绍几种 Word 生成 PDF 的方法。

① Office 2010 可以直接另存 Word 文档为 PDF。

② WPS 2010 可以直接输出文字版为 PDF 格式。

③ Office 2007 及 Office 2003 Word 文档的转换方法。

Office 2007 需要下载一个加载项:Microsoft save as PDF,Office 2003 则需要安装虚拟打印机。

2）利用在线应用

如百度应用(见图 6.14)、Google 应用等。

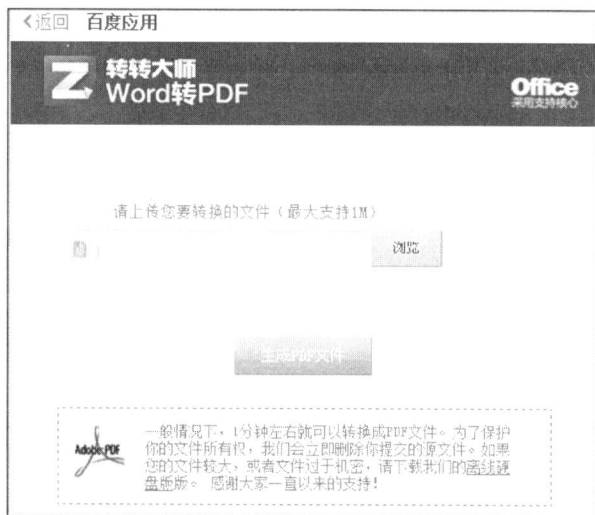

图 6.14　百度应用 Word 转 PDF 工具

3）使用独立转换工具

采用专门的 Word 转 PDF 格式转换软件,将 Word 转化成 PDF(见图 6.15)。

4）利用专业软件制作

专业的电子书制作软件有很多,功能最强大的当属 webCompiler,但是使用起来比较复杂。初学者可以采用如 Natata eBook Compiler、eBook workshop 这些较为操作简单的软件,也可以使用 iPhone 自带的 iBooks Author 电子书制作工具。

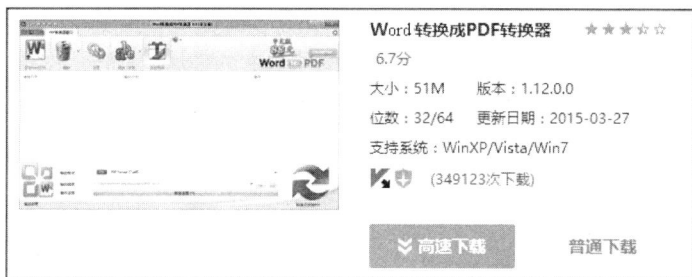

图 6.15　Word/PDF 转换软件

5）把电子书做成 App 形式

电子书 App 的制作工具非常多，比如 KM 盒子、AppMaker 等。建议初学者使用 APPSTAR 网站（见图 6.16）的一键电子书功能，只需要三步即可制成属于自己的 App 电子书。

图 6.16　APPSTAR 网站

App 电子书下载到智能手机里就能直接使用，作者可以进行一些个性化的设计，是一种效果非常不错的电子书形式。

6.2　视频

通过视频，用户可以看到服务提供者的图像或者听到服务提供者的声音，再配上动画或操作演示，用户获得信息或服务的效果比干巴巴的文字好很多。

而且,视频还可以提升自身影响力,打造个人品牌,实现良好的防盗版功能。

视频分为两种:一种是录制桌面的视频,大背景保持桌面不动,可以播放Word或者PPT讲义;另外一种是以真实场景为背景的视频,视频的主角是真人(授课者本人及嘉宾)。后者的效果更好,同时要求也更高。

6.2.1 桌面视频的制作方法

1. 录制视频的硬件准备

1)计算机

采用普通的计算机就行,配置不要求特别高,家用的就行,但建议用笔记本电脑,移动方便。

2)麦克风

不管你是录制桌面视频还是场景视频,都少不了麦克风。声音是视频的重要组成部分。可以想象,一个画面优美但音质很差的视频是多么地令人遗憾。

市场上的麦克风有耳麦自带式和独立式。独立式当中可细分为动圈和电容两种。

使用耳麦自带式的麦克风是个最简单的方法,但是效果太差。视频聊天时使用还凑合,但是要做专业的视频,就不敢恭维了。因为普通耳麦自带式麦克风使用的是驻极体咪头,只为聊天而设计,无法满足专业录音功能。

动圈麦克风采用的是电磁感应原埋,它的特点是抗噪音性强,但是灵敏度、清晰度不足,适合演唱会等高噪音场所。

电容麦克风采用的是电容器充放电原理,它的特点是清晰度、灵敏度高但是抗噪性差,适合在安静的环境中录音。

对于我们录制视频来讲,建议使用电容式麦克风。好一点的电容式麦克风市场价在 1200 元左右。

3)声卡

通常情况下,计算机在主板上集成了声卡,这种声卡称为集成声卡。它在主板出厂时默认了某种输出参数,不可以随意调节,一般由软件控制,不能实现一些对音频输出的特殊要求。

在录制视频时为了达到高质量的声音效果,建议选用独立声卡。独立声卡除了音质传输效果好之外,还拥有丰富的音频调节功能。特别要注意的是,现在市面上很多独立声卡是纯输出功能的,这种声卡对麦克风录音没有帮助。所以,一定要选购同时拥有输入和输出功能的声卡。另外,声卡的输入形式选用仿真输入的即可,数字输入太过专业,一般不需要。

按照安装方式,声卡又分为内置式和外置式两种,笔者建议大家选用外置式的,直接插在 USB 接口上使用,省去了在主板上找卡槽的麻烦。

2. 录制视频的软件准备

1) 屏幕录像专家

屏幕录像专家是一款不错的视频录制软件,支持 FLV、WMV、AVI、FLASH、EXE 等诸多格式。目前市面上很多视频教程都是使用它录制的。它可以显示鼠标的点击过程,用它来录制一些视频教程非常方便,比如软件的操作教程等。但是,如果要录制帧数较高的视频(如游戏视频)时,不建议使用。

2) Fraps

Fraps 是一款游戏辅助和视频录制软件,它可以录制高清晰度的游戏视频、计算机正在播放的视频等。也正是因为其高清晰度的特征,它录制的视频的体积非常大,几分钟的视频就高达 1GB。

3) 操作系统自带录制软件

如 Mac 系统自带的 QuickTime 和 Windows 10 自带的 Game Bar 工具条,这些小工具都可以满足一些简单的视频录制。

4) 其他屏幕录制软件

如 Microsoft Snip、超级捕快等。

3. 讲义的制作

讲义是视频录制内容的总体概要,可以是 PPT,也可以是 Word 形式。完整的讲义应当包含课程的目的和背景、课程主要内容、结论三部分。如果是系列视频,在每次视频结尾时要说出下集预告。

4. 备忘稿的制作

除非你的即兴演讲能力很强,否则强烈建议准备一份备忘稿。备忘稿就是把你将要在录制视频时说的每一个字都写下来,作为一个稿子,防止在演讲过程中忘词。备忘稿写好后要不断地模拟演练,不断地斟酌修改,以达到最佳效果。

备忘稿可以大幅度降低录制过程中出错或卡壳的几率,提升录制效率。另外,对备忘稿的模拟演练可以估算视频录制的时间,对各章节的划分提供参考。

5. 录制

录制开始前,先排查录制环境。关上房门并提醒自己的家人,一段时间内不要打扰自己,并且把手机调到关闭状态。

所有准备工作齐备之后,即开始视频的录制:首先将讲义、备忘稿保持在打开状态,然后点击"录制"按钮。

录制过程中如果遇到卡壳或出错状况,不要慌张,把卡壳的话重新录制即可。

6. 后期处理

一般情况下,很少人能够录制出一次成型的视频,大多数录制完的视频需要进行后期处理。后期处理包含通过视频剪辑消除卡壳部分、增加字幕、增加声音效果等。

一般的视频录制软件都带一些简单的后期制作功能,可以满足基本的后期处理要求。如果有高级的需求,可以采用专业的后期处理软件。

6.2.2 场景视频的制作方法

1. 前期准备

1) 硬件设备

(1) 摄像设备。

对于视频画面的捕捉,按性能由低到高分别为手机、相机、摄像机。手机基本上人人都有,1200 万像素的安卓手机 1000 多元就能买到,单反相机 5000 元左右,专业摄像机一万元以上。如果条件允许的话配备一个 2000 万像素左右的单反相机就行,资金有限的话用 1200 万像素以上的智能手机也可以满足需求。一般情况下,这两种设备的视频显示格式都能达到 1080P(P 意为逐渐扫描),能够满足要求。至于万元以上的专业摄像机用于拍摄微电影或者户外视频时使用,一般室内录制视频不需要达到这个级别。

录像设备可以用三脚架(见图 6.17)固定或者自己买一个床头手机支架固定在椅子上。

(2) 灯箱。

灯箱(见图 6.18)是保证视频亮度和清晰度的关键,灯光昏暗的情况下,再高端的录像设备也无能为力。所以,从某种意义上讲灯箱的重要程度甚至高于录像设备。

如果录制半身视频的话,建议使用 3 个柔光灯套装:两个侧灯和一个顶灯(见图 6.19)。

图 6.17　三脚架

图 6.18　柔光灯箱

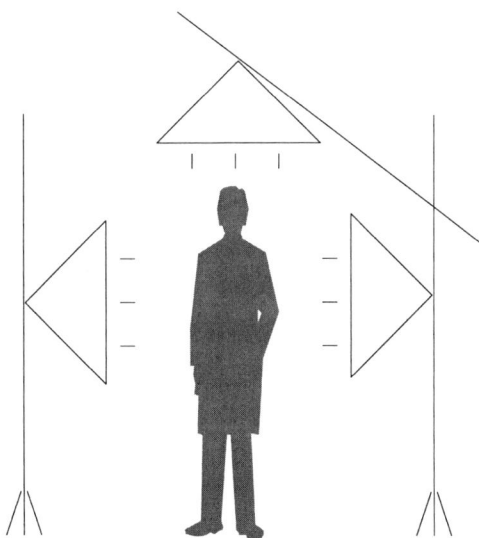

图 6.19　三灯箱配置示例

如果录制全身视频,建议使用五柔光灯套装:一个顶灯、两个侧灯和两个地灯(见图 6.20)。

目前,质量好一点的侧灯市场价每个为 150 元左右,地灯每个 130 元左右,顶灯每个 170 元左右,购买套装的话总价会再优惠一些。

(3)麦克风。

录视频首选领夹式麦克风(见图 6.21),领夹式麦克风分为有线和无线两种

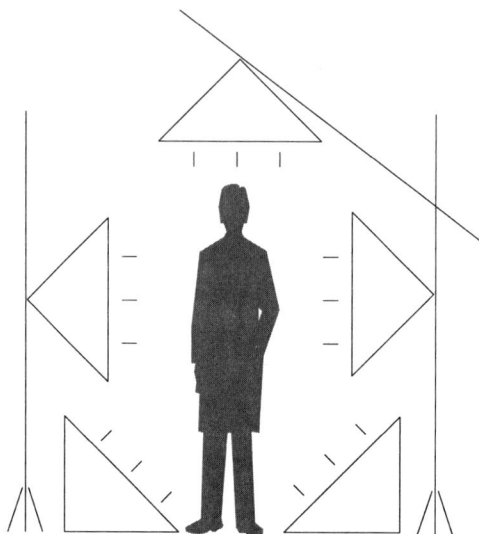

图 6.20　五灯箱配置示例

类型。一般情况下，如果是录制半身视频且无大的肢体动作的话，建议采用有线领夹。采用坐姿录制的话，3 米长的领夹就可以满足需求，采用站姿录制的话建议选用 6 米长的有线领夹。

如果是录制全身视频，或者肢体动作幅度较大的视频，建议使用无线领夹，这样较为方便。

有线领夹麦克风的市场价一般在 200 元左右，无线领夹麦克风市场价一般在 800 元左右。

图 6.21　领夹式麦克风

2）场景布置

（1）实物场景。

以真实的环境作为背景，可以是家里的客厅、一面墙壁、书柜，甚至是床。前提是家里的环境一定要整洁、干净，最好是精装修的房子。

（2）背景布。

利用背景布可以在家中的任何地方构建背景，只要能挂住一块布就行。不管家中的环境多么脏乱差，一块背景布统统解决问题。

（3）虚拟场景。

采用专业的抠像软件可以将人像视频植入各种个性化的虚拟场景中，前提是这个人像视频要以绿布为背景进行录制。

（4）户外场景

户外场景是指在大街上拍摄，或者在车上、海边等户外的地方拍摄，直接以拍摄地的实景为背景。在户外场景中，主讲人可以站着不动讲，也可以边走边讲。

2. 录制

1）形象设计

录制前除了录像设备及灯光调试外，主讲人的形象也要格外注意。女主讲人建议化淡妆，除非你天生丽质、皮肤白嫩。男主讲人也要打一些男士专用的粉底，好的粉底可以掩盖一些脸上的痘痘、斑点等，让你变得更加年轻、更加有精神。

关于服装方面应当依照节目风格进行匹配，如果是评论、杂谈或者搞笑类的节目，建议不要穿得西装革履，这样会显得不伦不类。一般情况下，在家中录制的视频都是比较偏休闲的，建议穿休闲装即可。着装方面，大家可以参考一下鸿观、吴晓波财经频道这些自媒体视频节目。

2）备忘稿与提词器

与录制桌面视频一样，录制前应当准备一份备忘稿并且要多演练几遍。即便是专业主持人，实现完全脱稿也很难，我们作为非专业人士，就更不用说了，能保证录的时候不卡壳就已经很不错了。

专业的主持人都采用提词器，一般性能的提词器市场价在 2000～3000 元之间，这对于业余人士来说有点太奢侈。笔者建议大家可以买一个几百元的家用投影仪将备忘稿投影到摄像机背后的墙上，由家人帮忙根据我们的语速调整墙上的投影内容，这样就 DIY 了一个自制提词器。

3）卡壳与出错处理

录制过程当中如果遇到卡壳或出错的情况，不要慌张，重读一遍即可，这些错误可以在后期剪辑时处理掉。

3. 后期制作

1）增加字幕

除非你的发音达到新闻联播播音员的水平，否则建议你增加字幕。字幕不仅会减轻观看者的听力负担，而且能凸显视频的专业性。另外，字幕可以让观

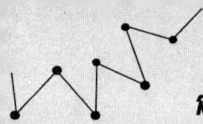

看者在静音状态下观看视频。

2）增加音效

音效可以增强视频的趣味性、生动性，从而增加视频的感染力。还记得《非诚勿扰》全场灭灯时的音乐吗？"可惜不是你……"全军覆灭时伤感的场面加上这伤感的音乐，把"伤感"这个气氛推向了高潮。

3）增加内容

为视频设置片头和片尾，以及在屏幕上增加动态解说字幕或者在视频中插入图片、电影片段等。

5）抠像

将录制好的视频植入到虚拟场景中。虚拟场景可以去淘宝购买，8GB 大小的虚拟场景库在淘宝的价格在 10 元左右。

视频制作的常用软件如下。

（1）会声会影。

这个软件将专业视频编辑软件中的许多复杂操作简化为几个简单的功能模块，用户只需按软件向导进行操作就可以完成设置，使用起来非常简单。另外，一些不很复杂的抠像功能会声会影也可以实现。

（2）Adobe Ultra CS3。

Adobe Ultra CS3 也称为虚拟演播室软件，是一款非常不错的专业抠像软件。人们可以自定义虚拟背景，设置人的阴影和光反射，并且只需要简单的拖放方式就可以实现高质量的效果。这款软件用于录制自媒体实在是再合适不过了，强烈推荐。

6.3 电子杂志

如果我们在某些领域积累了一定的阅历或经验，能够定期为用户提供有价值的内容，且在前期培养了相当数量的粉丝用户，则可以尝试收费电子杂志。

6.3.1 先免费后收费

收费杂志是建立在免费基础上的，具体模式可以是前几期免费后续收费，也可以是每期的前半段免费后半段收费。

免费在这里其实是一个成交过程。用户通过电子杂志的免费部分看到了我们杂志的价值，增加了对我们的信任。当免费内容满足不了其需求而且付费内容价格极其低廉远小于其给客户带来的巨大价值的时候，客户就会自然而然地去购买付费杂志。

6.3.2 做好调查

用户调查是收费电子杂志定价的重要依据。我们可以在目前免费电子杂志的网页页面上放置一个调查框,设定各类收费价格,让用户勾选,以获取用户对收费计划的意见。

一个电子杂志用户调查的统计结果范例如表 6.2 所示。

表 6.2 用户调查统计表

收费类别	支持人数	付费人数	总收益/元
免费	4500	0	0
1 元/月	2500	5500	5500
2 元/月	2000	3000	6000
3 元/月	500	1000	3000
4 元/月	300	500	2000
5 元/月	200	200	1000

从上面结果可以看出,参与调查的人数共计 10000 人,其中 4500 人的意见是免费,另外 5500 人支持不同程度的收费。假设支持收费的用户都愿意支付他所支持的类别和价格比它低的类别,那么可以计算出个类别的预估总收益,见表 6.2 最后一列。

由表中数据可以看出,2 元/月类别的收益最高,为 6000 元。根据这个数据,我们可以将电子杂志的收费标准定为 2 元/月。

6.3.3 合理收费胜过假装免费

人总是不去珍惜已经得到的东西,这是人性使然。免费的东西来得太容易,在用户眼中想必是没有多大价值的。

在这个盗版横行的网络上,原创的东西弥足珍贵。为我们的原创内容设置一个合理的价格反而能够凸显它的价值,增加用户的心理预期。如果价格设置得当,这样做不仅不会拒人于千里之外,而且能够取得很好的效果。

如果用户基数够大,即使很低的单价也能取得不错的收益。一本高质量的收费杂志定价为 10 元/年,想必已经很便宜了吧。假设它有 10 万的订阅量,那么一年的收益就是 100 万元,这是一个相当不错的收入。

6.4 其他虚拟产品

6.4.1 虚拟服务

最典型的靠出售虚拟服务赚钱的职业是威客,他们把自己的知识、智慧、经验、技能通过虚拟服务转化成实际收益。

在国内最大的威客平台猪八戒网上,各种各样的服务标价出售:创意设计、营销推广、程序开发、文案写作、商务服务等。

如果你有一技之长,可以尝试在威客网站上承接一些任务。

6.4.2 资源素材库

资源素材库是将网络上面某一类免费资源或者素材搜集整理并汇总起来,形成一个数据库。比如免费的 PPT 制作素材、视频制作素材、视频教程资源、企业分类名录等。这些数据库省去了人们自己去网上查找的麻烦,直接拿来使用,非常实用。

6.4.3 账号

一些特殊的账户在需要用的时候自己去申请往往比较麻烦,或者申请不下来。这个痛点为账号买卖提供了市场空间。

1. 老账号

为了做好社交平台的营销,我们有时需要一些注册年龄久的账号。这些账号不管对平台还是用户来讲,它的信任度都比较高,而且营销效果不错,比如新浪微博、豆瓣网老账号等。这些账号是在很多年之前注册的,我们急用的时候只能去买。如果我们打算做这个生意,现在可以注册一批账号,过几年后出售。

2. 高等级账号

各类账号不仅有时间长短之分,还有级别的差异。高等级的账号比低等级的账号营销效果要好很多。例如,新浪高等级的博客发布的文章的 SEO 权重比低等级账号发不的文章要高很多。

3. 付费账号

一些网站的 VIP 区需要付费账号才能登录,如果自己花钱注册一个很不划算。所以,很多人往往会去低价购买一些共享账号使用。

针对这个需求,我们可以去购买或者直接代理一些网站的 VIP 账号来出售,比如爱奇艺会员、优酷会员等。

4. 批量账号

有时候为了达到一定的营销效果,需要大批量的账号来操作。如果一个一个注册的话非常麻烦,所以很多人选择购买批量账号。我们可以用专业的软件去注册一批账号,然后出售。

5. 国外账号

有的人想去访问一些国外网站,但是由于英语不好,注册比较困难,他们更倾向于直接买来账号和密码使用。如果我们的英语水平还行,可以去比较火的英文网站注册一些账号来出售,比如 Weebly、Wikidot、Tumblr 等。

6. 特殊账号

很多人会去购买一些具有特殊意义的账号,比如和生日一样的 QQ 号码、8 位数 YY 号等。这些号码属于稀有资源,注册比较困难,只能从别人手上购买。

6.4.4　人脉

你也许会很惊讶,"人脉"也能卖钱?答案是肯定的。有句话叫"人脉就是钱脉",人脉是可以换成钱的。比如网络大师懂懂的收费 QQ 群、王通的秦王会等。

6.4.5　网站/域名

做出一个能赚钱的网站然后卖掉,这是很多职业站长们做的事情。一个月赚 1000 元的网站一般能卖到 1 万元左右,售出价是月收益的 10 倍左右。

域名投资就要看眼光和运气了。不过长期看来,随着互联网的发展,域名这个稀缺资源仍然有很大的升值空间。像蔡文胜和姚劲波这样的大佬,早期都是靠域名投资赚取第一桶金的。

6.4.6　软件

软件这个东西听起来比较专业,一般人没有编写软件这样的技术。不过,我们可以通过 OEM 的形式外包出去,让专业人士帮忙开发和维护,自己只负责营销。

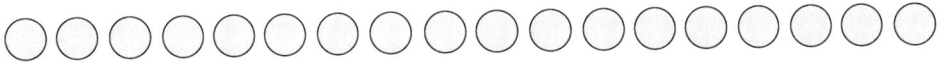

第 3 篇

精 准 流 量

第 7 章

SEM 搜索引擎营销

SEM 是英文 Search Engine Marketing 的缩写,中文名称为搜索引擎营销,意指利用一系列手法使目标网站出现在排名靠前的搜索结果当中的营销活动。SEM 主要包含 SEO 搜索引擎优化、PPC 付费排名、广告联盟营销、搜索引擎关联产品营销四大部分。

SEO 是指通过对网站内部调整优化及站外优化,使网站满足搜索引擎收录排名要求,从而使得网站在目标关键词搜索结果中排名提高。PPC 付费排名是指直接付费给搜索引擎购买排名,使网站在搜索引擎中关键词排名提高。广告联盟营销是利用搜索引擎的自动搜索匹配技术针对大量的网站进行广告投放。搜索引擎关联产品营销是针对搜索引擎的相关产品(如百度百科、百度地图等)进行的推广。

搜索引擎最早起源于 1990 年,后续经历了不断的改进和发展。直到 1999 年,两个斯坦福大学的学生在车库里发明了一个叫 PageRank 的新理论,他们用这个理论重新打造了一个新的搜索引擎,它就是现在的 Google。

同年,一位身在美国的华人搜索技术专家决定返回北京,因为他立志要创建一个属于中国人民自己的搜索引擎。他早在 1996 年就在美国申请了搜索引擎技术专利(将基于网页质量的排序与基于相关性排序结合的技术)。这个人就是李彦宏,这个搜索引擎就是现在的"百度"。

目前,Google 和百度是中国网民最常用的两大搜索引擎,我们研究 SEM,主要参照对象就是这两个搜索引擎。

7.1 搜索的真谛

7.1.1 搜索引擎不会消失

在互联网爆炸式发展的当年,搜索引擎应运而生并且高速成长,诞生了像

Google、百度这样的巨头。有数据显示,90%的网民在网上查找信息的时候使用搜索引擎,搜索引擎与网民已经密不可分。正因为如此,搜索引擎成为网络营销流量来源当中举足轻重的一部分。

　　然而,随着移动互联网的飞速发展,以信息检索低效率为特点的搜索引擎,因其貌似正在陷入一场逐渐无人使用的危机当中而备受争议。

　　最近有研究结果指出,将近一半的智能手机用户从来不使用网页搜索,取而代之的是手机上的 App 应用。以叫外卖为例,用户在家想叫一个麻辣豆腐的外卖,如果去百度搜索"麻辣豆腐外卖",结果如图 7.1 所示。

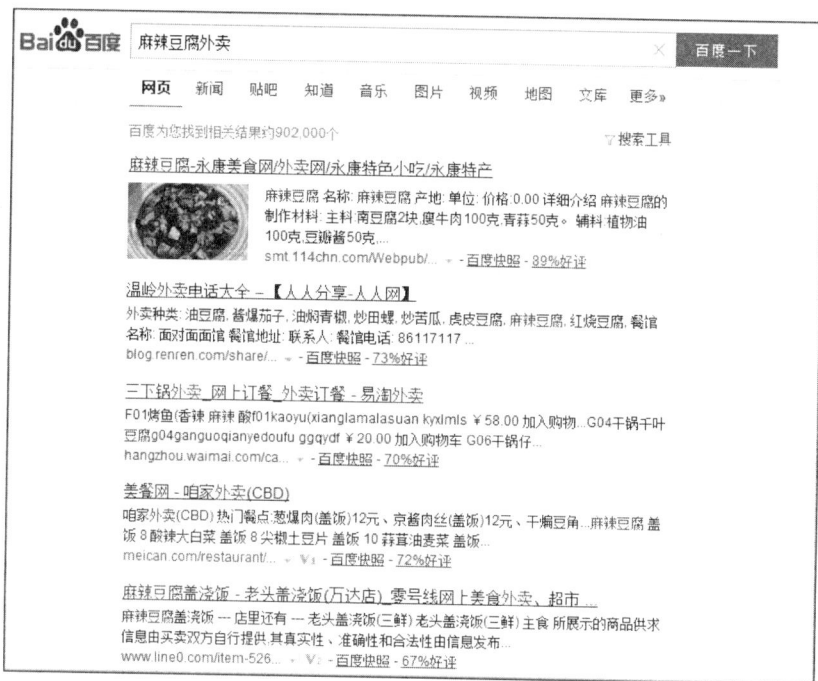

图 7.1　百度搜索"麻辣豆腐外卖"的结果

　　仅凭搜索到的这些信息是很难实现叫到外卖的,如果改为搜索"想吃麻辣豆腐",结果如图 7.2 所示。

　　这次出来的是麻辣豆腐的做法,你有没有感到绝望:看来,想吃只能自己做了,外卖是叫不到了。

　　如果我们打开手机上的百度外卖 App,这个目标则很快就实现了,如图 7.3 所示。

图 7.2　百度搜索"想吃麻辣豆腐"的结果

图 7.3　百度外卖

这意味着什么?这是否标志着搜索引擎已经走过了巅峰时期,开始从高位下滑?答案是否定的。

尽管搜索引擎在流量入口中所占比重逐步下滑(见图 7.4),但是搜索引擎在流量入口中的比重仍然占据大头,如图 7.5 所示。

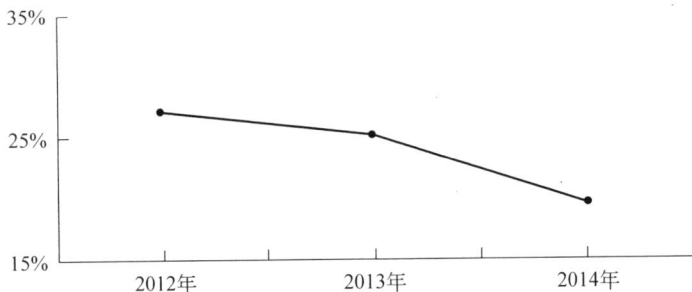

图 7.4　2012—2014 年搜索引擎在流量入口中所占比重

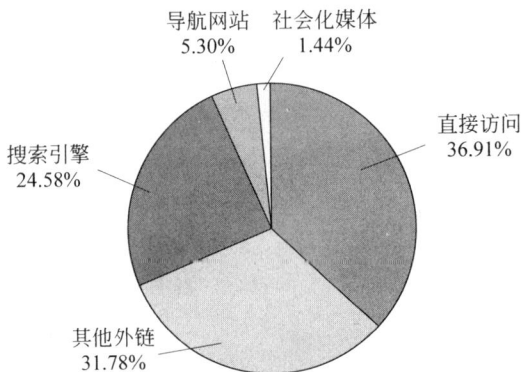

图 7.5　搜索引擎在各流量入口所占比重

所以,搜索引擎仍然是流量的重要来源,不可忽略。

另外,尽管出现了诸如 Facebook 屏蔽谷歌、淘宝屏蔽百度等事件,但是 Facebook 和淘宝自己并没有远离搜索,相反它们自行开发了搜索系统。所以,从某种意义上讲,这是一种细分的搜索引擎。相对于细分的搜索引擎而言,Google、百度是通用的搜索引擎。它们之间的竞争是细分搜索和通用搜索之间的竞争,而不是非搜索和搜索之间的竞争。搜索服务是不可能消失的。

所以,从广义上讲,搜索引擎不会消失,搜索引擎营销也不会消失。

7.1.2　研究用户的搜索行为

1. 眼睛轨迹

2006 年 4 月,美国著名网站设计工程师杰柯伯·尼尔森在长期研究了大量网站后发表了一项《眼睛轨迹的研究》报告。该研究报告是从 232 名读者阅览几千张网页的实验中得出的结论。他在报告中用热度图来表明眼睛的运动轨迹并且用色彩来显示眼光聚焦程度的高低。越高的地方颜色越热,分别为红色(最热)、黄色(较热)、蓝色(不热)和灰色(没有温度)。

从图 7.6,尼尔森得出了网民大多不由自主地以 F 字母形状的模式来阅读网页的结论。当人们打开搜索引擎时,处于 F 形区域的搜索结果将得到绝大部分访客的关注。非 F 形区域将被人们所忽略。

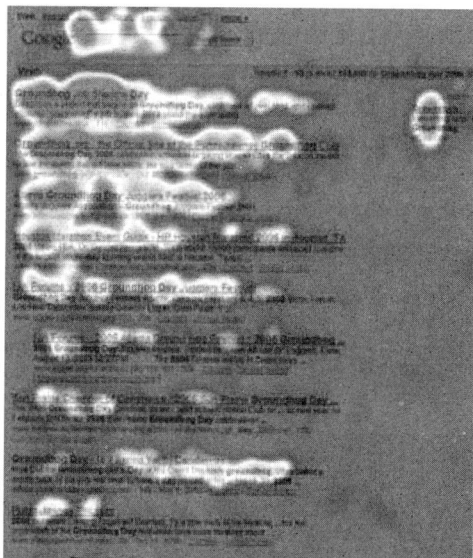

图 7.6　尼尔森的眼睛轨迹模型

该理论对我们有重要的指导意义,我们做 SEM 的目标应当使得我们的目标网站成功位于 F 区域。没有实现这个目标,我们的 SEM 就是不成功的。

值得一提的是,在尼尔森发表《眼睛轨迹的研究》报告近十年之后,Mediative 做了一个类似的研究:其召集了 53 位参与者,要求参与者完成 43 项搜索任务,然后捕捉参与者的眼球运动轨迹。所有操作都在加拿大的 PC 上的 Google 搜索引擎完成,结果如图 7.7 所示。

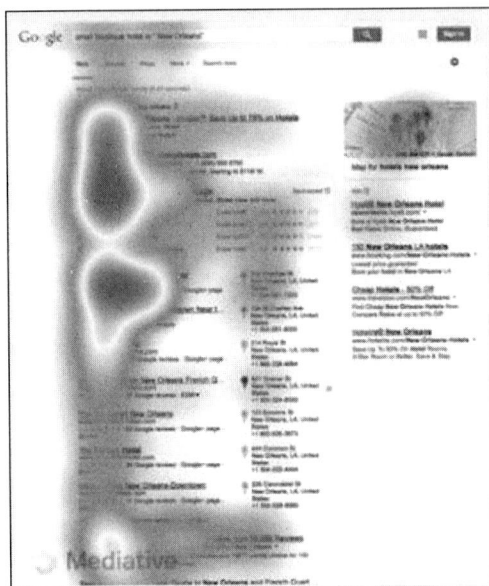

图 7.7　Mediative 的眼睛轨迹模型

从图 7.7 可以看出,人们的眼球轨迹焦点更垂直,原来的 F 被拉长了。引起这个变化的原因是手机等移动设备使用的普及让人们浏览网页的时候形成了垂直浏览的习惯。

这个变化使得马太效应更加明显,自然搜索结果排名前 4 的网站获得了更多的点击。十年前,前 4 位的网站被点击的比例是 47.8%,如今这个比例增加到了 62.6%。

强者越强,弱者越弱。排名只有两种,前 4 和非前 4,第 5、第 6、第 7 其实没有差别。只有进入前 4,才能获得流量,非前 4 的网站所获取到的流量寥寥无几。

2. 标题及摘要

你的站点处于"F 区域",并不意味着用户一定会点击你的网站,你需要给用户点击的理由。用户在搜索结果页面上看不到网站全貌,只能看到标题和摘要。用户选择点开网页是因为用户认为网站能够满足他们的需求,而影响用户的判断的唯一指标就是搜索结果中的标题和摘要。

用户查看结果列表是一个瞬间的过程,大多数用户从中看到符合要求的链接到点击它的时间只有几秒钟。一旦判断出不符合,用户就会马上跳过。

所以,标题和摘要中要尽可能加入促使用户点击的理由,比如价格、产品独特卖点等吸引用户点击的元素。百度搜索"减肥"的结果如图 7.8 所示。

图 7.8　百度搜索"减肥"的结果

3. 长尾偏好

当用户搜索之后,没有找到想要的结果,用户会有何反应呢?

大约 50％的用户不会点击搜索结果第一页上的任何东西,因为这一页没有为他们提供合适的网页。他们会翻到第二页吗?不会,用户没有耐心。25％的用户会更换搜索引擎,70％的用户会调整搜索的关键词,将关键词具体化。比如用户搜索"减肥"没找到目标时,他们会搜索"怎么减肥""怎么快速减肥""怎么快速用中药减肥"这些更加具体化的词,即长尾关键词。

4. 厌恶广告

用户是来找信息的,不是看广告。当用户知道这是一个广告时,用户是不会去点击的。自然搜索结果是长期的各种因素和指标的综合反映,而广告是花钱就可以取得排名的。所以,用户更加偏爱自然搜索结果,自然搜索结果获得的流量质量会高于付费排名所获取的流量。

7.1.3 你的关键词价值百万

关键词是用户搜索所需信息时所使用的词,这些词将目标客户带到我们的站点。本章所讲述的 4 种营销方法全部都是基于关键词的。不论客户是在 Google 还是百度进行搜索,都需要输入关键词,百度网盟和 Google AdWords 的自动广告匹配也需要关键词。关键词在 SEM 当中扮演着极其重要的角色。可以说,关键词选择的成败直接决定 SEM 的成败。

1. 关键词的两大类别

关键词主要分为两大类:免费关键词和付费关键词。免费关键词指的是用户希望通过该词从搜索引擎获取免费资讯的关键词,比如"美国国土面积多大""喜马拉雅山有多高""红烧肉怎么做""北京天气"等。用户在搜索这类词时,潜意识中并没有任何为此付费的准备,搜索引擎对他们来说是一个免费工具而已。换句话,用户压根就没打算付钱。所以说这类词的转化率几乎为零,它们不在我们的考虑范围之内。

另外一类是付费关键词,即用户以购买产品为目的进行搜索的关键词。对于这些词,用户可以接受付费或者已经做好了付费的准备。比如"北京婚纱摄影"这个词,搜索它的用户绝大部分是想去拍婚纱照的用户,他们用搜索引擎搜索的目的只是寻找一家好的婚纱摄影机构而已。同类的词还有"上海律师""深圳公司注册"等。这类关键词可以带来潜在的客户,是我们进行关键词营销的目标。

2. 关键词的三大特性

关键词包含三大重要特性:搜索量、竞争度、转化率(见图 7.9)。

图 7.9 关键词三大特性示意图

关键词的搜索量可以通过百度指数这个查询工具查询。以"学生兼职"这个词为例,查询结果如图 7.10 所示。

图 7.10　"学生兼职"百度指数

从图 7.10 可以看出,"学生兼职"这个词近 7 天的平均搜索次数为 905 次,其中 635 次来源于移动设备。

另外,通过下方的指数趋势可以看出,每年的 7 月份左右呈现一个波峰状态,这是因为这段时间正好是学生放暑假时间,很多学生在这段时间去寻找兼职。根据这个数据,我们可以在 7 月份左右这段时间加强针对关键词"学生兼职"的营销。

关键词的竞争度可以通过以下手段来判断。

1）自然搜索状况

在搜索引擎搜索某个关键词时,搜索引擎会显示出所有它认为与这个关键词有关的所有页面,页面的数量会显示在搜索结果上方,如图 7.11 所示。

这个搜索结果与竞争程度之间有一个大致的关系,如表 7.1 所示。

表 7.1　搜索结果数与竞争程度的关系

搜索结果数	＜10 万	10 万～99 万	100 万～1000 万	＞1000 万
竞争程度	小	中等	大	极大

值得注意的是,对于高度暴利的行业,搜索结果数很少,但竞争度非常高。以"联邦优克"这个产品为例,仅仅 5930 个搜索量,但是光推广竞价的网站就有 4 个,可见其竞争程度(见图 7.12)。

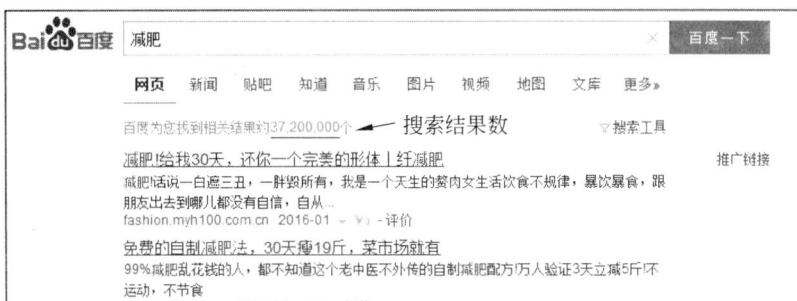

图 7.11　百度搜索"减肥"的结果

图 7.12　百度搜索"联邦优克"的结果

2）付费排名状况

付费排名的个数反映了针对某个关键词的参与者的数量,参与者越多,竞争越激烈。在搜索结果的最上方标注"推广"的链接均属于竞价排名的参与者。当仅有一个竞价链接或者没有推广链接时,这个关键词的竞争比较小。如果推广链接数达到上限 8 个的时候,说明竞争已经白热化。推广链接数与竞争程度的关系如表 7.2 所示。

表 7.2　推广链接数与竞争程度的关系

竞价链接数	≤1	2～3	4～7	8
竞争程度	小	中等	大	极大

相对于付费排名链接的个数,关键词付费排名的价格更能体现竞争的程度。付费排名的个数反映的是竞争参与者的个数,而付费排名的最高出价将这些参与的竞争最终体现到了真金白银上。当出价高于利润时,很多参与者选择退出,使得价格回调,最终达到一个合理的价位。所以说,竞价价格是关键词竞争度的最准确直观的体现。

关键词的竞价价格可以通过谷歌关键词工具查询:https://adwords.google.cn/select/KeywordToolExternal。

搜索不同关键词的用户的动机存在差异,他们对产品的购买欲望也有不同,所以导致不同的关键词的转化率不同。

大体上讲,关键词的转化率随着关键词的长尾程度的增强而增强,转化率曲线如图 7.13 所示。

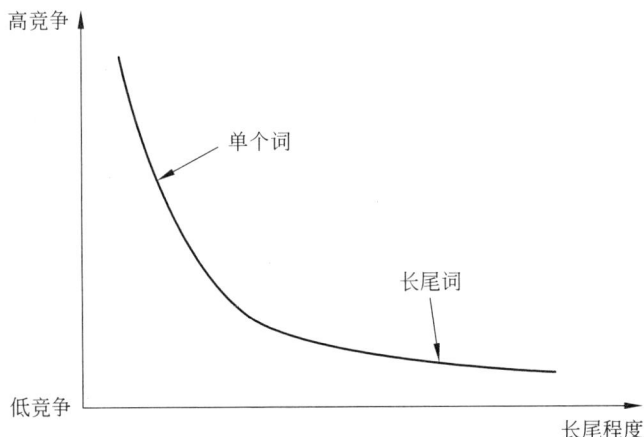

图 7.13　转化率曲线

有统计数据显示,来自搜索引擎的平均转化率为 1.5%,在此基础上,我们根据长尾关键词的扩展程度对各类长尾词的转化率进行预估,如表 7.3 所示。

表7.3 转化率估算表

项目	词干	1阶	2阶	3阶	4阶
		功能词	强化功能词	紧迫强化	细分紧迫强化
举例	肥胖	减肥	如何减肥	如何快速减肥	如何用中药快速减肥
	狐臭	治疗狐臭	如何治疗狐臭	如何快速治疗狐臭	如何用中药快速治疗狐臭
转化率	0.2%	0.5%	1%	1.5%	2%

以上分别讲述了关键词的三大特性：搜索量、竞价价格、转化率。将这三大特性综合起来考虑,我们提出关键词价值指数的概念。

$$关键词价值指数 = \frac{搜索量}{竞价价格} \times 转化率$$

在前期制定关键词的过程中,由于转化率预估时偏差较大,暂时可不考虑此因素,故将其默认为1(在后期关键词的更新优化过程中,可以计算出每个关键词的准确转化率)。于是得出关键词价值指数简化形式为

$$关键词价值指数 = \frac{搜索量}{竞价价格}$$

这个公式也有人称为"关键词效能",这个指标与国外发明的关键词指标KEI所表达的意思大同小异。

3. 关键词选择原则

1) 不可太热也不可太冷

谁都梦想着有一天,成千上万的流量涌入网站。热门关键词太具有吸引力了,如果这个词能排到第一的位置,那真的是梦寐以求。但是别高兴得太早,事实往往不一定是你想的那样。热门关键词有以下缺陷。

(1) 受众太广泛。

搜索"减肥"的人可能是想减肥的人,但是也可能是为别人提供减肥服务的人或者是研究减肥,甚至可能是写一篇以减肥为主题的毕业论文的大学生。你想要的仅仅是想为减肥买单的肥胖人群而已。

(2) 歧义。

歧义容易对搜索者造成误导,可想而知,被误导过来的搜索者是绝对不会是目标客户的。比如IE,对企业管理人士来讲,它是"工业工程"的简称,但是对大多数人而言,这是一款浏览器。当你想查询IE浏览器的信息时,结果出来的是企业管理的知识,你还会继续看下去吗？

（3）性价比低。

由于搜索热门关键词的人当中只要很少一部分是目标客户，所以大部分流量是无效流量，转化率极低。但是这些词要获得排名往往需要付出很高的代价，如果去做这些词，往往会得不偿失。

一些搜索引擎营销人员在热门关键词碰壁之后，往往会走向另一个极端：冷门关键词。冷门关键词会让你很快获得不错的排名，但是这个排名会不会带来经济效益就是另一回事了。比如企业名称，除非你是大公司品牌，否则没人会去搜索你的企业名称的。

如果你想让冷门关键词创造效益，必须对用户搜索心理理解得非常透彻。有时一些含义相似的词往往体现着截然不同的意图，需求营销人员精确揣摩。

2）必须与产品相关

曾经在 SEO 界有一种做法是利用不相关的一系列热门搜索词排名将流量导入目标网站，这种做法在一段时期内取得过一定的成效。比如在某个时期，"艳照门"是个搜索热词，每天都大量的搜索流量，一些人将自己的链接利用一些手法排到搜索结果的前面，然后转到自己的目标网站，比如电影站、资讯站等。

这种手法获取的流量是一种典型的垃圾流量，搜索者的意图跟目标网站没有任何关联，一个搜索"艳照门"的宅男被强行拉到一个卖减肥产品的网站，后果是什么可想而知。

垃圾流量的手段很容易被大部分网民识别，用户是不会进行深度点击的。当今时代，用户越来越聪明，欺骗的手段很难再获得收益，只有精准流量才有价值。

3）关键词是一个计划

是不是选好一个关键词就一劳永逸了？不是的。关键词是处在不断地变化中的。关键词研究必须持续进行，而不是前期做一次就不管了。我们要定期观察所选关键词的搜索量、竞争度、转化率这三大特性是否发生了变化，是否要加入新词，是否出现了更好的长尾词。因此，关键词不是一个词，而是一个计划。

随着新产品的流行，每隔一段时间，往往会有新词产生。尤其对于售卖产品的网站而言，产品的变化也就意味着关键词的变化。

其实，这个时代唯一不变的就是变化，网络世界里不断地有新的网站涌现，它们都是我们潜在的挑战者和竞争者。有意无意之间，一些网站经过搜索引擎优化之后，开始挑战我们的排名位置。所以，必须要根据竞争环境不断调整自己网站的关键词分布和比重来巩固和加强自己的领先地位。

4. 关键词选择步骤

1）确定主关键词

主关键词是关键词计划的核心，它可以是一个词，也可以是多个词的组合。制定主关键词的步骤如下。

（1）列出所有关键词

① 自己想。站在用户的角度想出关键词并记录下来。比如你的产品是美白产品，可以假定自己是用户，皮肤比较黑，想变得白一点。

② 问别人。直接问你的潜在用户，把用户计划用的搜索词记录下来。同样以美白产品为例，也可以问身边的女性朋友：你们如果想买美白产品，会去搜索什么词，然后把这些词全部记录下来。

③ 分析竞争对手。中国有句古话叫"知己知彼、百战不殆"。直接将竞争对手的网站链接输入 Google 关键词工具，它直接会为你提取出网站当中的关键词。

（2）查出每个关键词的 3 个特性。

利用前文中所述的方法，查出关键词的搜索量、竞争度、转化率。其中转化率可以暂时忽略。

（3）计算各个关键词的综合指数。

利用关键词的综合指数简化版计算各个关键词的综合指数，挑选指数最高的前 3 个关键词。关键词综合指数范例如表 7.4 所示。

表 7.4　关键词综合指数范例

关键词	搜索量	竞价价格	综合指数
美白的方法	1599	0.92	1738
美白针	1686	1.64	1028
美白丸	506	1.58	320
美白护肤品排行榜	241	2.31	104
美白小窍门	730	0.8	913

参照表 7.4，初步选定 3 个关键词："美白的方法""美白针""美白小窍门"。

2) 辅助关键词扩展

仅仅有 3 个主关键词是远远不够的,必须在选定主关键词之后,进行关键词词群的扩展。前文讲过,关键词是一个计划,是一整套关键词的组合。辅助关键词扩展的方法主要有以下几种。

(1) 搜索下拉框。

在搜索框搜索一个关键词之后,搜索引擎会提供一些下拉参考,如图 7.14 和图 7.15 所示。

图 7.14 百度搜索下拉框示意图

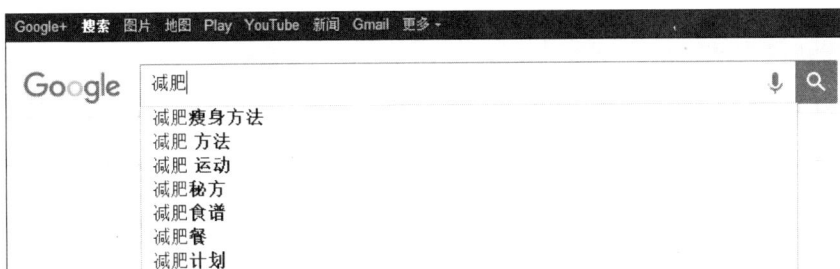

图 7.15 Google 下拉框示意图

(2) 相关搜索。

搜索引擎在显示搜索结果的同时,会在其页面的下方提示一个"相关搜索"的信息,这里面的关键词很有价值,值得利用(见图 7.16 和图 7.17)。

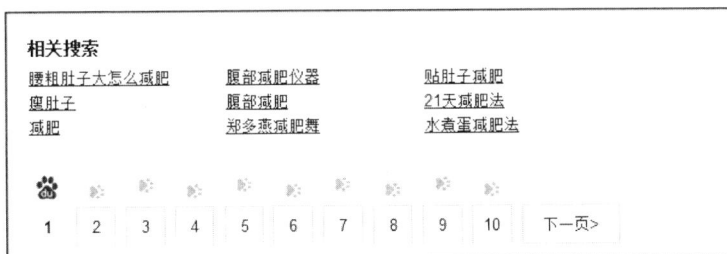

图 7.16 百度相关搜索示意图

图 7.17　Google 相关搜索示意图

（3）关键词工具。

① 百度指数。

进入百度指数"需求图谱"，查看"相关词分类"，如图 7.18 所示。

图 7.18　百度指数相关词分类

　　"相关词分类"反映的是用户在搜索中心词之前和之后还有哪些搜索需求，其中去向检索词更具有参考价值。当用户搜索"减肥"没有得到想要的结果时，他会改变关键词重新搜索，比如改成"腹部减肥""郑多燕减肥舞"等，后搜索的词比之前的词更加细分，更具有转化价值。

② 谷歌关键词工具。

输入关键词后点击"关键词参考提示"即显示出在输入的关键词基础上扩展出来的关键词，如图7.19所示。

关键字（按相关性排序）		平均每月搜索量 ?	竞争程度 ?	建议的出价 ?	广告展示次数份额 ?	添加到草案
瘦身		22,200	中	¥ 5.09	–	»
减肥瘦身		170	低	¥ 9.69	–	»
减肥药		880	低	¥ 2.20	–	»
减肥方法		3,600	低	¥ 1.65	–	»
瘦身方法		2,900	中	¥ 1.59	–	»
如何减肥		2,900	低	¥ 1.62	–	»

图 7.19　谷歌关键词扩展

③ 其他关键词工具。

市面上有很多长尾关键词挖掘工具，比如站长之家和爱站上面的关键词工具，还有像百度统计、CNZZ等统计工具，都是可以加以利用的不错的关键词工具。另外网络上还有一些别人开发的免费的关键词挖掘工具，可以自动挖掘长尾词，还可以批量查询它们的百度指数，然后导出文档，这些都可以去利用。

（4）利用发散思维进行长尾扩展。

① 本地化扩展。

大部分用户会对本地的产品或服务更为信赖，用户搜索某些产品或服务时，会偏向于本地化，如"北京律师""青岛 SEO""深圳二手车"等。

② 用户分类扩展。

• 性别扩展："男人减肥""女人减肥"。

• 年龄扩展："老人羽绒服""小孩羽绒服"。

• 职业扩展："白领相亲""公务员相亲""企业家相亲"。

③ 时间扩展。

如"暑假兼职""寒假兼职"。

④ 疑问扩展。

在关键词前面或后面加上疑问的词语。如"怎样能快速减肥""口臭怎么办""如何治疗少白头""哪个医院看痔疮最好"等。

⑤ 后缀扩展。

在关键词后面加上一些名词,比如"减肥好方法""美白产品排行榜"一类的词。

⑥ 产品特性扩展。

在关键词前边把产品的材料或者功能加上,如"不锈钢保温杯""纯棉内裤"等。

⑦ 服务细分扩展。

比如"汽车维修"可以扩展为"大众汽车维修""奥迪汽车维修""宝马汽车维修"等。

（5）从问答平台和即时通信工具获取。去百度知道、天涯问答、新浪爱问、搜搜问答这些地方收集用户关心的问题,从中提取有价值的关键词。通过即时在线聊天工具(如 QQ、客服系统、微信等)把用户所关心的问题当中涉及的关键词提炼出来。

（6）搜索偏好和搜索错误

不同的人有不同的搜索偏好或者搜索习惯,全国范围内具有某一搜索偏好的人累计起来也是一个不小的数字。

① 拼音搜索。

有人是故意搜索拼音,有人是因为输入法没有调过来就直接输入,导致原本打算输入的汉字变成了拼音,比如 dangdang、youku 等。

② 顺序倒置。

例如,"学生兼职"很多人倒置成"兼职学生"、"北京律师"倒置成"律师北京"、"深圳酒店"倒置成"酒店深圳"等。

③ 添加符号。

比如有人搜索一本名为《企业管理》的书时,会输入"《企业管理》",这样的搜索方法比较冷门,但是流量仍然相当不错。

④ 同义词。

比如"医生"和"大夫"、"酒店"和"旅店"、"饭店"和"饭馆"、"蝇头小利"和"绳头小利"等。

⑤ 错误输入。

* 输入法错误：本来打算输入"口吃"，结果输入了"口齿"。
* 拼写错误：本应输入 lvyou 来拼写"旅游"，结果输入了 luyou，导致拼出来的结果成了"陆游"。
* 记忆错误：用户将搜索词记错。比如联想的公司名是 Lenovo，但是很多人记不住怎么拼写，就会去搜索 lianxiang。

⑥ 简写词。

比如"工业工程"的英语简称为 IE，业内人士都会直接说 IE，而不会去叫"工业工程"。"搜索引擎优化"的简写为 SEO，SEO 这个词的使用率远远大于"搜索引擎优化"。

所有的辅助关键词都列出来之后，同样需要进行关键词综合指数计算，选取指数排名靠前的关键词。

5. 关键词词群的持续优化

在前文中讲过，关键词不是某个词，应该是针对一个词群的计划。在主关键词和辅助关键词词群确定完之后，要定期对其进行调整和更新，以实现持续优化的目的。

针对关键词词群的持续优化策略如图 7.20 所示。

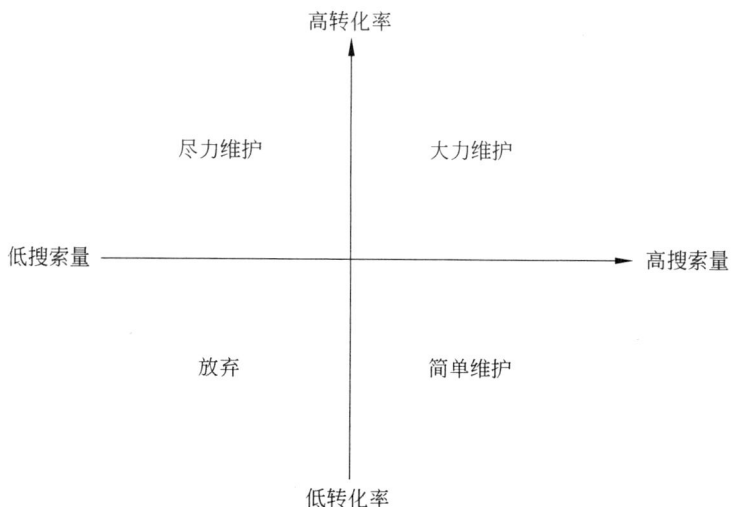

图 7.20　关键词持续优化策略

7.2 SEO 搜索引擎优化

在 7.1 节中已讲过,用户更加偏爱自然搜索结果,65％的用户不会去点击付费结果。这一现实决定了我们必须采用以 SEO 为主、PPC 竞价为辅的 SEM 营销策略。SEO 与搜索引擎并不矛盾,它们有共同的目的,那就是服务用户。如果你的网站用户喜欢,搜索引擎应当给予不错的排名,因为为用户提供有价值的信息也是搜索引擎的初衷。现在的搜索引擎也在正在朝这个方向努力,它们的每一次算法的调整都是朝这个目标迈进。如果我们本着服务用户的原则去做网站,不管暂时的排名如何,最终搜索引擎肯定会接纳我们,给我们很好的排名。

然而,理想和现实是有差距的,那一天会实现,但是我们等不到。谁能在自己网站 3 年没有排名的情况下坚持原创更新,谁又能在没有赢利的情况下坚持为用户提供服务十年？中国有句古话"是骡子是马,拉出来遛遛",你没有出来遛遛,别人怎么知道你能日行千里。所以,在实现为客户服务之前,首先要让客户知道我们的网站和产品。在制作网站时要按照搜索引擎的喜好去做,搜索引擎并不是人,有些东西无法识别,有些东西会判断失误。我们要根据搜索引擎的识别规则去做网站,这样网站才能最大限度地暴露在目标客户面前,最终实现为用户服务的目标。

我们要利用搜索引擎的规则,但是不能太投入进去,比如关键词的密度、外链更新频率,这些东西没有一个标准。只要你是自然的原创文章,不要刻意去注意关键词密度。恰恰相反,你刻意去保持关键词的密度,反而会被搜索引擎认为是不友好的,怎么可能有原创文章每次关键词密度都相差无几呢。在搜索引擎优化时只需要注重一些根本性的大原则,比如避免出现 Flash 页面、避免过度优化等,不必去吹毛求疵,在一些小问题上斤斤计较。因为,那样不仅浪费大量的精力,反而在搜索引擎算法更新时让所有的努力毁于一旦。

7.2.1 网站设计及制作

很多网站在建站之前以及建站过程当中没有考虑 SEO 因素,包括在网站设计和制作的时候对域名、空间、程序的选择都比较随意,直到网站运行之后才进行考虑。而这时,往往为时已晚,不是说没有机会进行 SEO 了,而是已经输在了起跑线上。

为了后期 SEO 的便利,在网站设计及制作时,就应该充分考虑网站对搜索引擎的友好性，而不是等到网站建好之后。这就好比培养小孩一样，不是等到小孩生出来之后再去做智力开发，而是从备孕的时候就考虑到，从食物方面、环境方面、情绪方面按优生优育的标准去执行，这样才能真正实现高质量的育儿梦想。

网站设计是以用户为考虑对象，对网站呈现的样式、目录分布及功能进行整体策划，最终的结果是通过艺术手法呈现一个设计稿，相当于一个只能观赏不能使用的道具网站。所以，本质上讲网站设计是一个艺术设计。为了展现艺术性，往往需要引入大量图片、Flash 动画等。然而这些与搜索引擎优化的宗旨相背离。目前的搜索引擎技术看不到图片，看不懂 Flash，它对"美"没有感觉。所以，网站设计时要把握艺术与实用的平衡，尽量减少图片、动画使用的同时让网站达到最大的美观效果。能把艺术性与实用性达到平衡，也是网站设计艺术的最高境界。

网页制作通常就是将网页设计做出来的设计稿，按照 W3C 规范用 HTML 将其制作成具体的网页格式。

网站制作的三要素如图 7.21 所示。

1. 域名选择

1）域名的内容

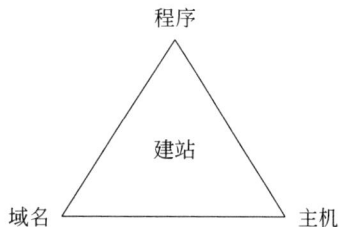

图 7.21　网站制作黄金三角

如果网站是英文站，最好能够包含关键词。例如，关键词为 english club，那么域名就选为 www.englishclub.com（见图 7.22）。

图 7.22　Google 搜索 english club 的结果

中文站可以包含关键词的拼音，例如，以"减肥"为主题的网站域名选择为 www.jianfei.com（见图 7.23）。

域名中包含关键词并非绝对有好处，如果是大型公司，最好是以公司品牌作为域名，比如优酷的域名为 www.youku.com，百度的域名为 www.

图 7.23　百度搜索"减肥"的结果

baidu.com。

2）域名的后缀

通常情况下,以.edu(教育)、.gov(政府)为后缀的域名在搜索引擎中的权重比一般的域名高。因为教育和政府网站相比其他网站而言具有更大的社会意义,而且这些域名不能被买卖、出租。这些因素,搜索引擎排名时会考虑在内。但是,对于商业从业者而言,这些后缀的域名根本申请不到,不在我们的考虑范围之内。

其他的后缀,.com因为其是国际域名,所以得到较高的权重。.cn曾经一度因为其低至1元/年的价格导致大量被用于垃圾站,使得搜索引擎对其的权重降低。

所以,中文站域名后缀建议优先选择.com,.cn及.net次之。

3）域名的年龄

搜索引擎对老域名会给予较高的权重,而且抓取速度快。通常运营两年或以上的站点才能称得上老站点,它们由于长时间地存在于搜索引擎当中,搜索引擎对其产生了一定的信任积累,如果重新启用,相对于新站而言,更容易被收录以及获得排名。

另外,在外链方面,如果老域名对应的网站一直在正常运营,那么通常该域名的外链应当是稳步增长的。也就是说,老域名拥有不错的外链,这些外链对于SEO来讲,是一个不可多得的好资源。所以,如果可能的话,建议购买老域名搭建网站。

但是这里有两点必须注意:一是老域名外链必须与新站内容有一定的相关性,而且老域名的外链不是死链;二是购买老域名之前必须慎重,如果买到被搜索引擎惩罚过的站点用过的域名,效果会适得其反。以下提供一些鉴别方法。

（1）打开百度,在百度的搜索栏里分别输入 domain:***.com 和 site:***.com。如果 domain 有记录而 site 无记录则说明域名被搜索引擎惩罚了。

（2）打开 http://web.archive.org/web/,输入自己想要查询的域名然后点击 Take Me Back,即可查询该域名曾经做过的网站资料。如果其中有色情或赌博等非法内容,那么这个域名就不能使用了。

4）域名续费时间

如果域名的续费时间较长,比如 5 年或者 10 年,也会影响搜索引擎对网站的判断。但是,这个影响非常轻微。

5）域名服务商

购买域名时应当去找那些国内顶级域名商。可想而知,如果是不靠谱的域名商中途跑路,对网站的 SEO 效果影响非常大。

2. 主机选择

1）主机的地理位置对 SEO 的影响

搜索引擎会根据主机的地理位置和用户的地理位置调整搜索结果,主机尽可能地和主流用户处于同一个国家。如果你的主机在美国,美国的用户去 Google 搜索的排名肯定优与中国的用户去 Google 搜索的排名。

2）选择有实力的主机提供商

如果我们的站点是中文站,建议大家使用国内的大商家的服务器,如国内的老牌虚拟主机商万网、新网这些。现在阿里云、百度云、腾讯云、盛大云这些巨头公司推出了云服务器,大家也可以选择。大品牌的服务器相对于国内鱼龙混杂的小商家来说还是比较稳定的。

如果是做英文站的话,可以选择美国知名主机商（如 Bluehost、HostGator 这些商家）,它们拥有海量的客户,托管着成千上万的网站,有很好的口碑。

总体而言,存放网站的主机必须提供快速、稳定、安全的服务,避免搜索引擎算法在索引时因出现网页打不开或下载速度缓慢的情况而放弃索引的现象发生。

另外,主机服务商最好有 24 小时客服支持和技术维护,以保证你的网站运行万无一失。

3）避免使用免费主机

最好避免使用免费主机,主要原因有以下几点。

（1）免费主机的服务无法保证,常常出现服务器超载导致网速很慢以及死机频繁等问题,这些问题直接影响网站的 SEO 排名。

（2）搜索引擎目录很难收录来自免费主机的商业站点。

（3）搜索引擎不愿意索引免费主机上的网站,因为此类主机上有太多的垃圾,比如镜像网站、桥页等。

4）避免主机更换对 SEO 的影响

更换主机时最重要的事情是不能出现网页无法打开的空档。要在取消原来的服务提供商之前,先找好新的主机商。必须注意以下两点。

第一要确保所有的文件都正确无误地转移到新服务器上而且顺利运行一段时间后没有问题。

第二要保证新的域名解析生效后再告知原主机商停止合作。

3. 建站程序选择

现在市面上有很多建站程序,直接拿来使用即可,不需要为了建网站而且专门写代码,除非你要实现某些特殊功能或者自己有专门的开发团队。我们在选择建站程序的时候,除了功能性、实用性等方面的考虑外,还应考虑其对 SEO 的友好性。选择对 SEO 友好的建站程序,可以省去一些 SEO 最底层的技术工作,并且有利于网站的持续 SEO 优化。

以下推荐几款对 SEO 友好性较好的建站程序。

1）WordPress

WordPress 是一款使用 PHP 语言开发的免费开源博客程序,也可以当作内容管理系统来使用。

WordPress 的功能强大,插件众多,易于扩充功能,而且能非常好地处理与搜索引擎的关系。当你熟练学会 WordPress 的使用方法并掌握几种插件后,对于搜索引擎优化不用过多地考虑,因为它会帮你考虑。以 Google 为例,它对 WordPress 网页的收录处理能力会比其他建站程序更优一些。

目前,国内的很多个人站长使用 WordPress 程序建站。如果你想建一个博客或者内容站,建议选择 WordPress 程序。

2）DedeCMS

DedeCMS 是一款非常知名的 PHP 开源网站管理系统,它集内容发布、编辑、管理检索等强大功能于一体。它在中国拥有较高的声望,深受站长们推崇。

最值得注意的是,DedeCMS 为用户提供了强大的动态静态部署功能,用户可以在后台栏目中进行统一的设置,也可以对单独某一篇内容进行静态部署。这种静态部署直接加强了搜索引擎对网站的友好程度,非常有利于 SEO。

如果你想建一个资讯站、企业站,建议选择 DedeCMS。

3）Discuz

Discuz 是国内最顶尖的开源 PHP 论坛系统,用户众多。它让论坛搭建变得相当容易,你不需要有任何技术知识就可以轻易搭建一个漂亮的论坛。

Discuz 系统搭建论坛风格非常适合中国用户，而且拥有有完善的模板、插件、扩展功能、支付系统、等级设置等。

如果你想建一个与用户互动和交流功能的网站，那么建议选择 Discuz。

4）ECShop

ECShop 是一款 B2C 开源网店系统，适合企业及个人快速构建个性化网上商店，让用户快速开展网络销售业务。

如果你想做一个购物网站，建议选择 ECShop。不过要注意两点：一是要使用 SEO 优化程度高的模板；二是如果条件允许的话能够修改代码进行二次开发，这样可以开发一些让 SEO 体验更友好的功能，包括自定义 title、自定义 url 等。

7.2.2　网站站内优化

1. 网站页面优化

网站页面优化在英文中称为 On page optimization，指的是通过对网页的标题、描述、网页内容等因素进行优化，以达到让搜索引擎在访问网页时能快速识别、迅速抓取的目的。

搜索引擎是在对比完一个又一个网页后才做出结果排名，所以我们网站中的每一个网页都要认真地进行 SEO 工作，丝毫不能马虎。当一个网站拥有成百上千页面的时候，这是一项庞大的工作。所以，从这个意义上讲 SEO 是一件枯燥无味、需要极大耐心的艰苦的体力活。

1）网页标题

网页标题在英文中称为 Page title，它对于浏览网站用户来讲可能不太在意，但是对于搜索引擎来讲非常重要，它是被搜索引擎当作确定当前网页主题的最主要的参数，搜索引擎通过它来判断网页的主题内容。

网页标题就是网页打开时浏览器视窗上方的文字，如图 7.24 和图 7.25 所示。

图 7.24　搜狐网首页

图 7.25　当当网首页

网页标题的优化要注意以下几点。

（1）title 标签的注意事项。

title 标签切记不要插入 JavaScript 代码，而且尽量紧跟在＜head＞标签后面，便于搜索引擎抓取，示例如下：

```
<head>
<title>网页标题</title>
 ⋮
</head>
```

需要说明的是，实际操作当中，排在＜head＞标签第一的是 http-equiv 属性：

```
<meta http-equiv="content-type" content="text/html; charset=GBK" />
```

这里的 http-equiv 属性是 HTTP 的响应头报文，它是用来回应给浏览器一些基本的信息：文件为 html 文件，且使用了 GBK 编码。这些重要的声明必须第一时间告诉浏览器，否则会出现浏览器无法解析的问题。比如将 http-equiv 属性放在＜title＞后，示例如下：

```
<head>
<title>网页标题</title>
<meta http-equiv="content-type" content="text/html; charset=GBK" />
 ⋮
</head>
```

这种情况下会出现浏览器页面空白的问题，直接导致用户无法观看网页。所以，正确的顺序如下：

```
<head>
<meta http-equiv="content-type" content="text/html; charset=GBK" />
<title>网页标题</title>
```

```
⋮
</head>
```

例如，搜狐网的网页源码头部就如图 7.26。

```
<head>
<meta http-equiv="content-type" content="text/html; charset=GBK" />
<title>搜狐</title>
<meta name="Keywords" content="搜狐,门户网站,新媒体,网络媒体,新闻,财
<meta name="Description" content="搜狐网为用户提供24小时不间断的最新
以及论坛、博客、微博、我的搜狐等互动空间。" />
```

图 7.26　搜狐网头部源码

（2）title 标题字数要适中。

title 标题不是越长越好，搜索结果列表中只展示搜索词部分，不能展示的部分将用省略号代替。这样会导致用户想获取的信息中断，让用户失去兴趣。以下是一个 title 字数较长的范例（见图 7.27），从中可以看到，"健"字之后的内容用省略号代替，用户无法看到。

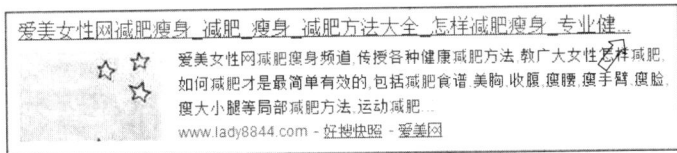

图 7.27　爱美女性网在搜索引擎中的显示结果

title 标题也不是越短越好，这样不便于全面展示网页的内容。

title 标题应该控制在一个合适的字数。因为百度和 Google 的搜索结果最多都只能显示 30 个中文字符，所以结合内容展示的需要，笔者认为应当保持在 20～30 字为宜。

（3）title 标题内容要精心制定。

① 言简意赅。标题内容不能太啰嗦，要简明扼要概括出网页的核心内容。

② 有吸引力。虽然说主要是给搜索引擎看，但是如果用户被其所吸引，可以为网站带来更多的流量。

③ 关键词要首当其冲。关键词要放在标题的最前面，让搜索引擎第一时间看到。例如：

<title>创业信息-创业故事-创业项目-A5站长网</title>

（4）每个页面的 title 必须独一无二。

每个页面的标题是对每个页面的内容的概括，除非每个页面的内容一模一

117

样,否则每个页面的标题应该是不同的。很多人嫌麻烦,每个页面的标题弄成了一模一样,殊不知,这是 SEO 的大忌。重复的页面标题对 SEO 来说是一个极大的浪费,因为搜索引擎无法判断网页中的真实内容。

2) heading 标签

heading 标签是起强调作用的标签,它的作用仅次于 title 标签,是用来告诉搜索引擎网页中哪些是重点的。当搜索引擎抓取网页时,会把 heading 标签的内容作为重要部分。

heading 标签以<h1>、<h2>、<h3>、<h4>、<h5>、<h6>作为标题标签,一共 6 个级别,重要性依次降低。实际使用中,一般使用<h1>、<h2>、<h3>,<h4>、<h5>、<h6>很少使用。

heading 标签的使用要把握以下要点。

(1)<h1>只能使用一次。

(2)<h1>尽量靠近<body>标签,越近越好,目的是让搜索引擎尽快理解主题。

heading 标签建议按照如下方案合理使用。

① <h1>用来修饰网页的主标题,一般是文章标题,<h1>中部署主关键词。

② <h2>表示一个段落的标题,或者说副标题,<h2>中部署辅助关键词。

③ <h3>表示段落的小节标题,<h3>用在段落小节。

下面看一个名站的代码范例,如图 7.28 所示。

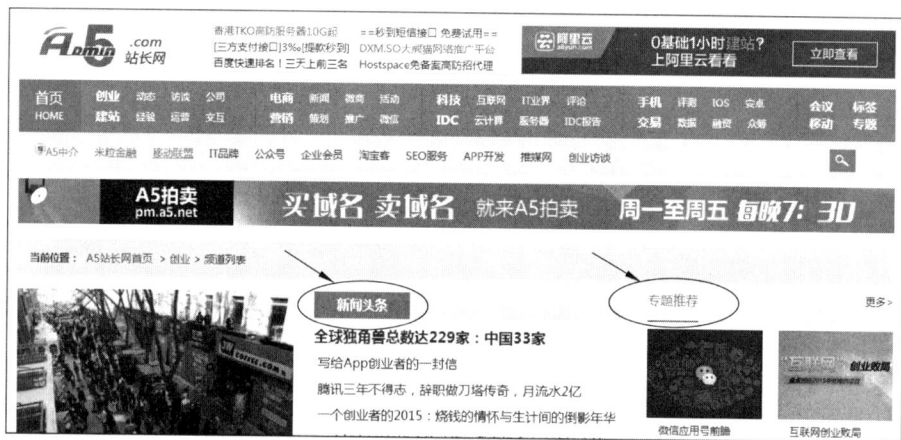

图 7.28　A5 网首页

其中,"新闻头条"用<h1>强调:

```
<div class="top_text_title">
    <h1>新闻头条</h1>
</div>
```

"专题推荐"用<h2>强调:

```
<!--专题推荐-->
<div class="content_right_title clear_fix">
    <h2 class="left">专题推荐<span class="tltle_span">
</div>
```

3) description 标签和 keywords 标签

除了 heading 标签外,比较重要的还有 description 标签和 keywords 标签。其他标签如 copyright、author 等对 SEO 无关紧要,这里不一一详述。

description 标签对 SEO 的重要性比 title 标签低很多,但是它的内容会显示中搜索引擎的搜索结果列表当中,如图 7.29 所示。

图 7.29　360 搜索"创业故事"结果

对应的 description 标签如图 7.30 所示。

```
<title>创业信息-创业故事-创业项目-A5站长网</title>
<meta name="keywords" content="创业,创业故事,创业项目,风险投资,融资,天使投资,路演,VC" />
<meta name="description" content="A5站长网为互联网创业者和风险投资人提供最新的创业信息资讯
<meta name="author" content="A5站长网" />
<meta name="Copyright" content="A5站长网版权所有" />
```

图 7.30　A5 网的 description 标签

119

虽然 Google 和百度已经明确表示搜索引擎算法已经不受 description 标签和 keywords 标签的影响了,但是 description 标签必须要设置,而且要认认真真地花心思撰写,因为它对于用户体验有很高的价值。只要你的描述写得好,能够切中用户痛点,用户会直接过来点击你的网站,你的网站可能获取比你排名靠前的网站更加多的点击量。

至于 keywords 标签,因曾经被人滥用,导致今天被人冷落。当今搜索引擎已经非常先进,它更加倾向于自己判断,所以网站笔者建议直接放弃掉 keywords 标签。

4) img 标签的 alt 属性

由于搜索引擎不能识别图片,所以网站必须通过一个途径来告诉搜索引擎图片的信息,这个途径就是 img 标签的 alt 属性。alt 属性是搜索引擎判断图片与文字是否相关的重要依据。以下以一个新浪的新闻页面(见图 7.31)举例说明。

首页中的新闻"泰国前女总理英拉年轻时有多美"以图片形式显示。

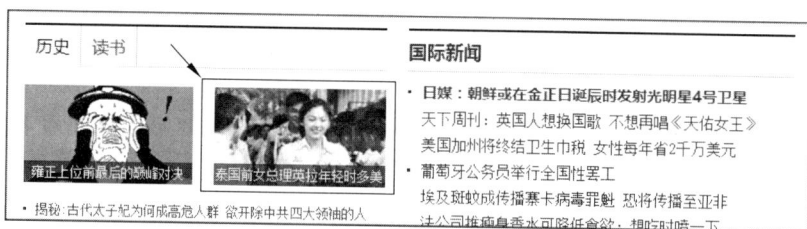

图 7.31　新浪网新闻页面

对应的 alt 属性如图 7.32 所示。

图 7.32　新浪网新闻页面的源代码

5) 内文中的关键词分布

(1) 关键词密度。

关键词密度是指在某个网页内容中所有文字中关键词的占比,比如一个网页内容共有 100 个词,其中关键词有 5 个,那么这个网页内容的关键词密度就是 5%。

$$关键词密度 = \frac{关键词数}{总词数} \times 100\%$$

关键词出现太多,会被搜索引擎判断为堆砌的嫌疑,导致惩罚。关键词出现太少,又可能被搜索引擎判断为网页与目标关键词无关。所以,关键词密度是 SEO 人员比较揪心的问题。

其实,关键词密度不是一个绝对的概念,一般情况下大家认为 2%～8% 比较适合。但是据笔者的观察,排名靠前的网页有的关键词密度低至 1%,有的高达 20%。所以,关键词密度不必刻意为之,自然写作就行。随着搜索引擎算法的不断进化,搜索引擎的智能程度越来越高。如果网页内容真的是围绕关键词展开的,即使网页内容中没有关键词,搜索引擎也会根据各方面的信息来判断出内容与关键词是相关的。

(2) 关键词位置。

以下几个位置布置关键词,对搜索引擎的抓取较为重要。

① 正文第一句话必须出现主关键词。

② 正文中间出现 1～2 次关键词。

③ 文章结尾处出现关键词。

(3) 同义词和相关词。

搜索引擎目前已经能够实现利用一系列同义词或相关词判断网页关键词。所以,我们可以在内容当中使用一些同义词或相关词。比如一篇以"减肥"为主关键词的内容,其中可以出现一些与"减肥"同义或相关的词。比如"瘦身"、"苗条"、"瘦肚子"等。即使文字没有出现"减肥"一词,搜索引擎也会自动判断该网页内容与减肥具有很大的关系。

2. 网站结构优化

要按照搜索引擎算法的习惯和爱好来优化整个网站的结构。

1) 网站架构

为了便于大家理解网站架构,请看图 7.33。

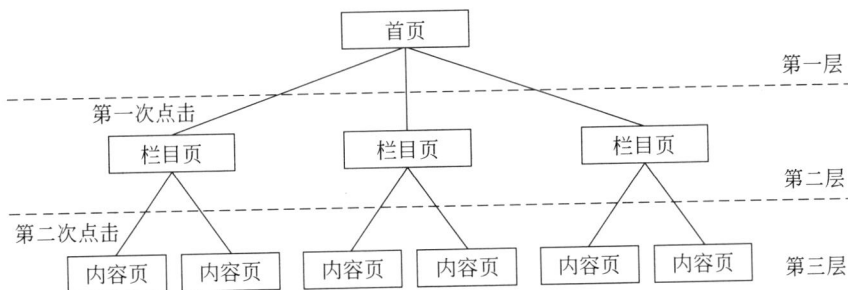

图 7.33　扁平结构的网站架构示意图

这是一个典型的网站架构,第一层是首页,第二层是栏目页,第三层是内容页。网页架构的设置要清晰,要有逻辑。一个架构混乱的网站,不仅用户体验差,搜索引擎识别也困难。

按形状分,网站架构分为两种:扁平结构和纵深结构。图7.33就是典型的扁平结构,纵深结构的网站架构示意图如图7.34所示。

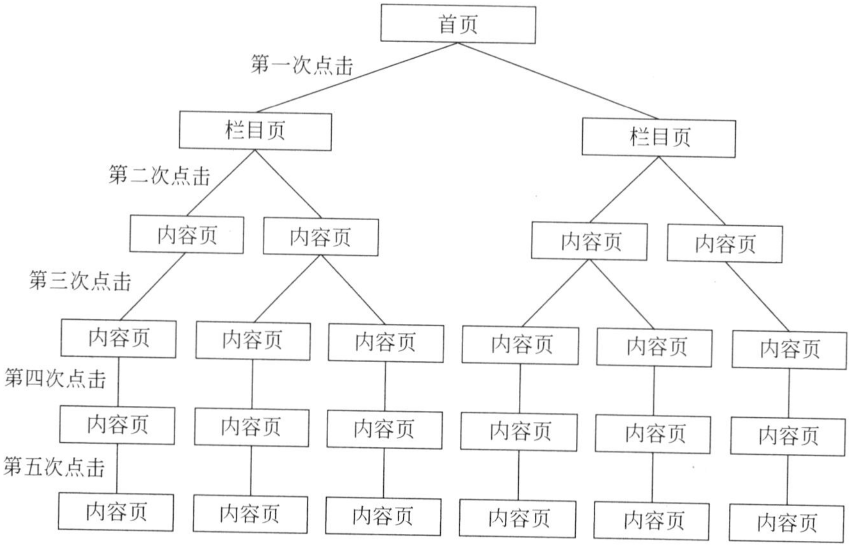

图7.34 纵深结构的网站架构示意图

从以上网站架构示意图可以看出,扁平结构的网站可以用最少的点击数到达内容页。如果点击次数太多,搜索引擎便不容易到达目标网页,这个因素会极大降低排名权重。所以,建议大家规划网站架构时选择扁平结构,保证最多3次点击即可到达目标网页。

目前市面上大多数网站程序都提供扁平化的网站架构,一般无须我们费太多精力。

2)内部链接和锚文本

内部链接是站内优化的重点,通过内部链接优化可以提升搜索引擎在我们网站的爬行效率,加快收录,增加权重,从而提升排名。这种方法同时也可以提升用户体验,而用户的行为也是搜索引擎考虑的重要因素之一。

(1)网站导航。

网站的首页不论从用户体验还是SEO角度讲,必须要有导航栏。导航栏是首页指向各个栏目页的内部链接。一般情况下,网站的导航在其顶部,如图 7.35 所示。

图 7.35　网易首页导航栏

这个导航可以让搜索引擎顺利抓取网站页面,以提高页面权重和排名。

目前,越来越多的网站使用面包屑导航,将它作为网站主导航的补充。面包屑导航这个名称来源于西方一个童话故事,讲的是两个被丢在森林里的小孩通过洒在地上的面包屑找到回家的路。面包屑导航告诉用户的就是用户在网站中所处的位置,并提供给用户返回主页的路径。用户可以通过该导航快速达到上级页面。

主导航就是网站首页上最醒目的导航,一般位于首页头部,如图 7.35 所示。面包屑导航相当于是主导航的延伸,它会列出用户所处页面的所有上级页面的名称,如图 7.36 所示。

图 7.36　当当网的面包屑导航

关于面包屑导航的设置,要注意以下几点。

123

① 基于 SEO 的考虑,面包屑导航中尽量出现关键字。

② 面包屑导航不是绝对的来路的路径,所以它显示的不是浏览历史,而是网站的层次。

③ 面包屑导航的层次建议不超过 4 层,再往下的话搜索引擎抓取会十分困难。

(2) 页面链接及权重分配。

页面链接的一般结构如图 7.37 所示。

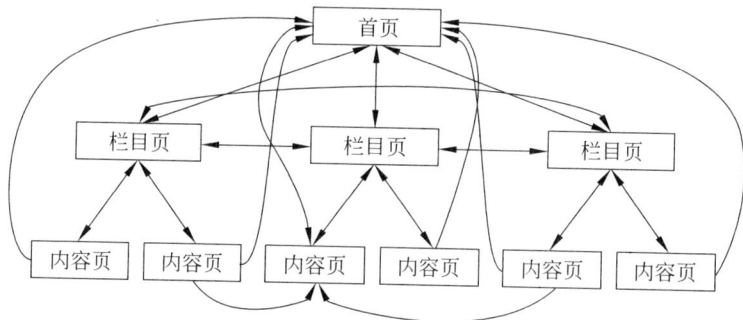

图 7.37　页面链接结构示意图

经典的链接网络包含以下几点。

① 所有页面都指向首页。

一般情况下,可以将左上角的网站 logo 使用 ALT 文字,使其包括主要的首页关键词,并链接到首页。

② 所有内容页都指向其对应的栏目页。

③ 内容页可以指向同一栏目的其他内容页,也可以以其中的某个词指向其他栏目的内容页。

④ 所有栏目页均指向其他栏目页以及本栏目的所有内容页。

⑤ 首页指向所有栏目页。

在这种情况下,首页获得的链接最多,权重最高。栏目页次之,最下层的内容页获得的权重最低。

但是,实际需求并非如此。有些内容页我们想给予它比较高的权重,有些栏目页对我们无关紧要,我们不想给予高的权重。在这种情况下,需要对权重进行重新分配,分配方法如下。

① 给予某一内容页高权重。

当某一个内容页是网站的重点页面,比如新产品、促销信息或者阅读推荐的时候,只要在首页建立一个指向该内容页的链接即可。依托首页的高权重,这个内容页获得了仅次于栏目页的权重,从而有利于排名。

如"卢松松博客"中首页加入了"今日推荐"的链接(见图 7.38)。

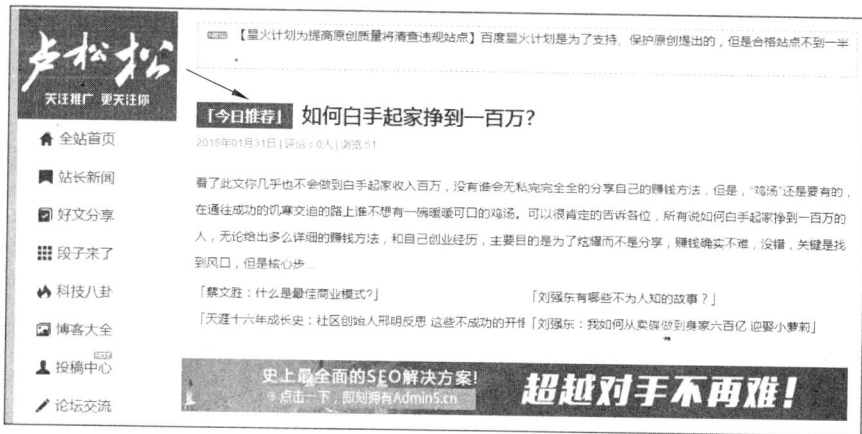

图 7.38　卢松松博客首页

② 给予某二级分类高权重。

经典链接网络当中所有二级分类(栏目页)的权重是平均分配的,但是实际上如果网站后期陆续增加一些业务均放首页的话,就会导致原来的二级分类的权重被稀释掉。如果某个分类拥有远远高于其他分类的产品数量时,为了突出该分类,在导航栏中采用下拉菜单模式,将二级分类显示出来。

以"聚美优品"的导航栏为例,美妆商城下的分类直接从导航页显示出来(见图 7.39)。

③ 避免权重浪费。

如"公司简介"、"联系我们"这些页面底部的链接没有 SEO 的必要,但是它们仍然占到一定的权重,而且其权重仅次于首页。所以,我们需要对这些页面使用 JavaScript 链接或者 nofollow 标签,以限制搜索引擎对其抓取和跟踪,防止权重浪费。

(3) 文章链接方式。

① 相关文章引导,增加用户的黏性。比如相关文章、文章排行等。以知名博客"月光博客"为例,其内容页如图 7.40 所示。

② 针对文章写文章。

以博客为例,每月或每年对之前的文章进行一次总结,推荐其中的一些文

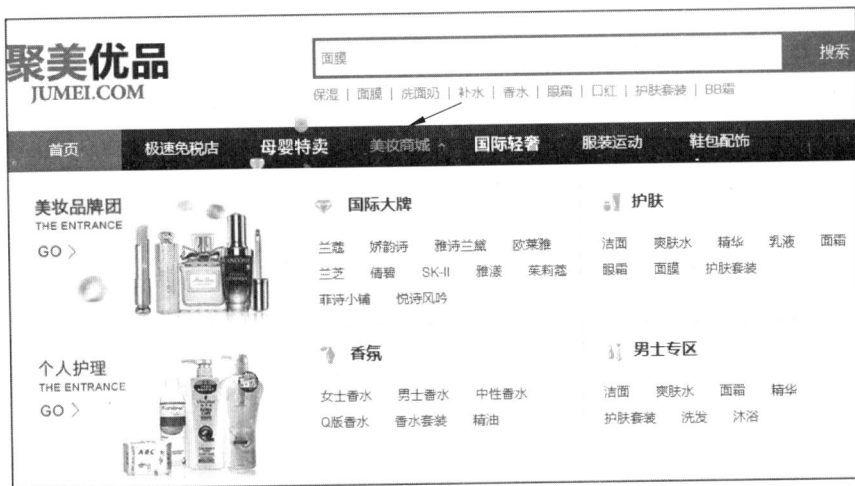

图 7.39　聚美优品首页

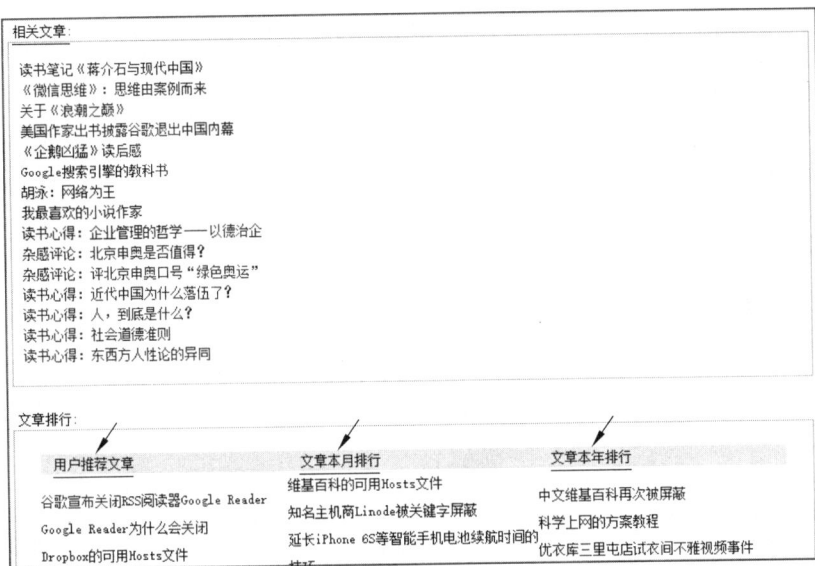

图 7.40　"月光博客"内容页

章给用户看。这个方法也可以起到优化内部链接的作用(见图 7.41)。

(4)锚文本的注意事项。

网站内部的锚文本链接和面包屑导航的作用有相似之处,都是对搜索引擎

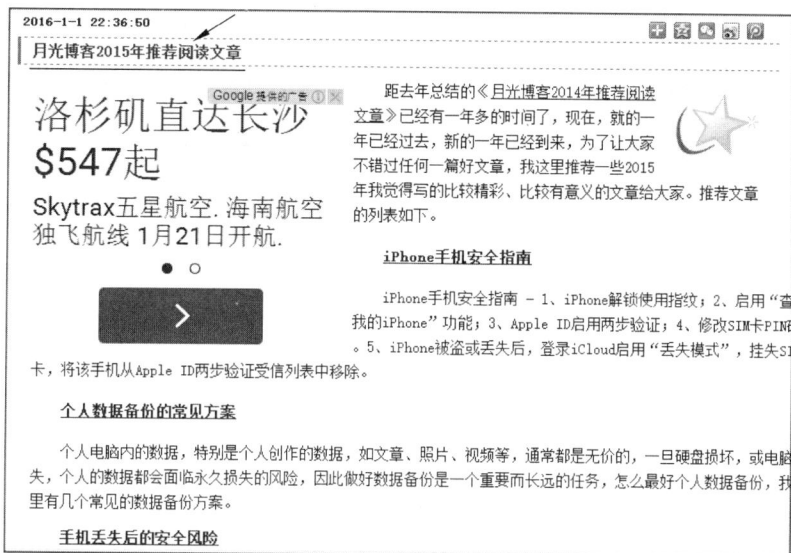

图 7.41　月光博客推荐阅读文章

起到引导作用,使搜索引擎更快地爬行。另外,合理的锚文本会让搜索引擎更准确地识别网页内容,提升锚文本关键词排名。

一个好的锚文本链接设置不管是对其指向的页面还是其所在的页面,都会在收录和权重方面起到极大的促进作用。

以下为锚文本设置方法及注意事项。

① 如果内容页出现主关键词,那么将其链接到首页。如果文章中有很多关键词,只对第一次出现的关键词做链接。

② 所有的链接,都采用绝对地址。这样别人在转载时可以为你增加一个外链。

③ 内容页与内容页之间的链接需要注意文字技巧,要做的自然。

④ 同一内容页锚文本链接最好不要超过 5 个。

⑤ 同一内容页下关键词和链接必须是一一对应关系。

⑥ 切忌所有页面底部都放上相同的锚文本链接,这样很可能会导致处罚。

(5) 网站地图。

搜索引擎非常喜欢网站地图,因为网站地图为搜索引擎提供了概览整个网站的便利,达到了"会当凌绝顶、一览众山小"的效果。另外,网站地图为搜索引擎难以到达的页面提供了访问的链接,比如动态页面。

腾讯的网站地图如图 7.42 所示。

图 7.42　腾讯的网站地图

网站地图的设置建议如下。

① 如果是中文网站,建议使用 HTML 格式;如果是英文网站,建议使用 XML 格式。

② 千万不要使用图片来做网站地图里的链接,蜘蛛程序抓取不到。

③ 将网站地图放入每一个内容页。具体放在上面还是下面,视具体情况而定。

④ 定期更新和检查,保持每个链接准确、正确。

(6) 404 错误页面。

一般情况下,当搜索引擎或者用户访问一个网站内不存在的页面时,服务器会返回一个 404 错误的网页提示。这个网页如果没有设置的话,就是服务器默认的形式,如图 7.43 所示。

图 7.43　默认的 404 错误页面

这个默认的 404 错误页面对搜索引擎和用户很不友好,搜索引擎找不到去路,而用户此时很可能直接关闭网站。

所以站在 SEO 的角度，必须设置一个属于自己的 404 页面。比如下面这两个案例："卢松松博客"的 404 页面，给用户提供了一个休闲游戏和返回上一页的链接，如图 7.44 所示。

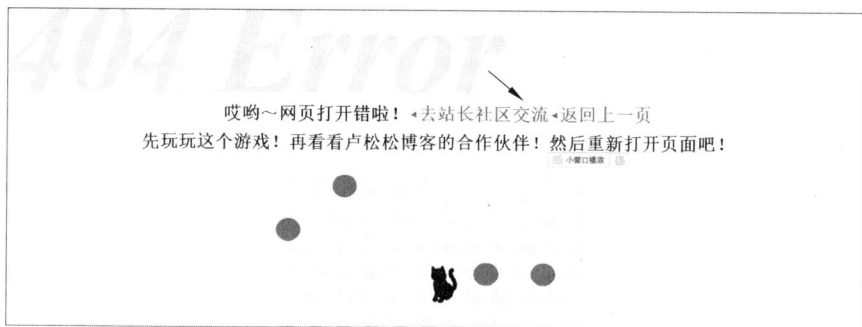

图 7.44　"卢松松博客"的 404 页面

腾讯的 404 页面，提供了公益广告以及倒计时自动返回首页的链接，如图 7.45 所示。

图 7.45　腾讯的 404 页面

404 页面的设置非常简单，页面制作好之后，把 HTML 文件上传网站根目录，然后去服务器后台设置页面的路径就可以。

这里要注意一点，不要将 404 页面设置为自动跳转回主页，这样很有可能会被搜索引擎判定为作弊行为。

（7）页脚。

页脚一般情况下用来设置公司简介、联系我们、隐私政策、版权信息等内容。这里可以适当植入一些主关键词，并做一个指向首页的链接。不过千万不要所有的页面都放页脚，有人做过实验，所有页脚都指向主页的网站被 Google 降权，后来把这些内容删除之后又恢复了排名。

3）基于 SEO 的技术规范

（1）避免使用框架结构。

一般情况下，一个网页只能显示一个网址，而框架网页中一个单页中显示几个网址，这种情况可能导致搜索引擎出错。目前状况下，大部分搜索引擎无此技术能力识别框架，更不可能抓取其中内容。所以，建议大家避免使用框架结构。

（2）合理对待 JavaScript 代码。

JavaScript 是当今网络上最流行的脚本语言，它的易用性、动态性可以让网站更加生动。但是目前的搜索引擎的技术水平还无法读懂 JavaScript 脚本的内容。

一般情况下，遇到 JavaScript 代码时，搜索引擎会跨过后继续爬行。如果在页面中大量出现 JavaScript 代码，搜索引擎算法会跨越很多次。如果页面中出现很长的一段 JavaScript 代码时，搜索引擎算法跨越很多行才能接触到正文。这就使得搜索引擎阅读网页时非常吃力。

因此，我们要对 JavaScript 代码敬而远之。

① 网页导航和内部链接当中严格禁止 JavaScript 代码。

② 内容页中尽量避免使用 JavaScript 代码，否则会稀释关键词密度。

③ 必须要使用的 JavaScript 代码放在页面代码的最低端，让搜索引擎在读取完网页正文后再发现它。

④ JavaScript 代码合并。

事实证明，加载两个 JavaScript 代码比加载将它们两个合并在一起的一个 JavaScript 代码速度要慢很多。

所以，要尽量把多个 JavaScript 代码整合成一个 JavaScript 代码。

一方面，要尽量避开 JavaScript 代码；另一方面，在避开 JavaScript 代码的同时，也可以巧妙利用它，为我们的网络营销助力。

① 给网站加上分享代码。

现在非常流行的分享按钮多数是采用 JavaScript 代码调用集成在网站页面，只需要将一小段 JavaScript 代码放到内容页面，就可以实现一键分享到诸多社交平台的目的。

　　以下是优酷和搜狐视频的分享按钮案例，如图 7.46 和图 7.47 所示。

图 7.46　优酷的分享按钮

图 7.47　搜狐视频的分享按钮

　　分享按钮服务商会为我们提供一段 JavaScript 代码。以分享服务商 bShare 为例，它提供了如下一段 JavaScript 代码，如图 7.48 所示。

　　只需要把这个代码放置在网页源代码<body>和</body>之间的任意位置，即可在网页上添加这个按钮。这个小小的按钮能让用户快速把我们网站的信息发布到各大社会化媒体上，不仅能带来不错的流量，而且还可以提供导入链接。

```
<div class="bshare-custom"><a title="分享到QQ空间" class="bshare-qzone">
</a><a title="分享到新浪微博" class="bshare-sinaminiblog"></a><a
title="分享到人人网" class="bshare-renren"></a><a title="分享到腾讯微博"
class="bshare-qqmb"></a><a title="分享到网易微博" class="bshare-
neteasemb"></a><a title="更多平台" class="bshare-more bshare-more-icon
more-style-addthis"></a><span class="BSHARE_COUNT bshare-share-
count">0</span></div><script type="text/javascript" charset="utf-8"
src="http://static.bshare.cn/b/buttonLite.js#style=-1&amp;uuid=&amp;pop
hcol=2&amp;lang=zh"></script><script type="text/javascript"
charset="utf-8" src="http://static.bshare.cn/b/bshareC0.js"></script>
```

图 7.48　bShare 提供的分享按钮代码

② 对网站进行数据分析。

现在常用的统计工具如百度统计、CNZZ 都是通过 JavaScript 代码调用集成到网站上面。通过这些工具提供数据分析,可以更好地去改进我们的 SEO 策略。

以上是 JavaScript 代码对 SEO 有用的一面。

(3) URL 规范化。

① URL 唯一化。

很久以前,Internet 提供的服务包括网页服务(WWW)、文件传输(FTP)、电子邮件(E-mail)、远程登录(Telnet)等。受限于当时的服务器技术水平,每一种服务需要一台专门的服务器。所以为了区分,用户在访问的时候就需要加上子域名,如 www. abc. com、ftp. abc. com、mail. abc. com、gopher. abc. com 等域名形式。

现在随着技术的发展,已经不需要专门使用不同的服务器来处理不同的任务了。在 http://abc. com 这个域名后面运行着无数个服务器。只需要输入 http://abc. com,就可以使用所有的服务。

但是,因为习惯问题,人们仍然使用 www,www 成了 Internet 所有服务的代名词。于是,针对首页就出现了两个相同的 URL:http://www. abc. com 和 http:// abc. com。

目前,大部分 Web 服务器都将 index. html 默认设置为目录主页,这种情况导致打开我们网站的首页时,URL 会显示为 www. abc. com/index. html。

这样一来,网站首页就拥有了 4 个不同的 URL:

http:// abc. com

http://www. abc. com

http:// abc. com/index. html

http://www. abc. com/index. html

这几个 URL 都可以指向首页,我们在做内链的时候不管使用哪一个,对于用户来讲,效果都是一样的,但是对于搜索引擎,同一个页面拥有这么多的 URL,它会产生极大的困惑,到底哪个才是真实的。所以,要切记,做链接之前就定好使用哪个,从头到尾都是这一个,不要随意更改。

为此,分别针对内链和外链,笔者提出两点建议。

- 对于内链,坚持使用一个 URL。对于某些网站程序或服务器,URL 是默认的,我们要进行设置更改。以 dede 程序为例,默认生成首页后,首页的链接后面会多出一个 index.html。如果想要取消的话,只需要在主机里面设置默认首页顺序:把 index.html 提到最前面即可。
- 对于外链,使用 301 转向。把所有可以是指向首页的 URL 都做 301 转向到我们所使用的唯一 URL。

② URL 静态化。

虽然 Googel 明确声明,它的搜索引擎技术可以理解动态页面。但是,为了对所有搜索引擎的友好性,我们仍然提倡 URL 静态化。

目前,最常用的方法是使用服务器 URL 重写模块将动态 URL 转化成"伪静态 URL",让搜索引擎当作静态 URL 进行读取。

市面上一般的建站程序都支持 URL 静态化的,比如 WordPress、DedeCMS、Discuz 等。我们可以按照这些程序的要求一步一步地将 URL 设置成静态的。

③ 其他 URL 规范手法。

- 删除空查询串的"?":

由 http://www.abc.com/test? 变为 http://www.abc.com/test。

- URL 协议名和主机名小写化:

由 HTTP://WWW.ABC.com/test 变为 http://www.abc.com/test。

- 删除 Fragment(♯):

由 http://www.example.com/test/index.html♯seo 变为 http://www.example.com/test/index.html。

- escape 序列转化为大写:%3a 变 %3A。

(4) 使用 nofollow。

nofollow 是一个 HTML 标签的属性,它的作用是告诉搜索引擎"不要抓取此网页"。

使用 nofollow 可以防止搜索引擎算法抓取一些不重要的页面,比如网站底部的"联系我们"、"隐私政策"等。对于博客而言,可以防止垃圾评论和留言中的链接指向垃圾站点,这些留言和评论往往是垃圾站获取链接的方法,它们在一定程度上影响博客的排名。

使用 nofollow 有两种方法。

① 放在超链接中,让搜索引擎不抓取此条链接,举例如下:

```
<a href="http://abc.com/" rel="nofollow">锚文字</a>
```

② 放在 meta 元标签当中,让搜索引擎不抓取整个页面,举例如下:

```
<meta name="robots" content="nofollow" />
```

(5) 遵循 W3C 标准。

W3C 即 World Wide Web Consortium,中文名称为万维网联盟。为了能让不同开发者、不同平台、不同技术之间的 Web 信息顺利和完整流通,克服它们的不兼容问题,W3C 制定了一系列标准并建议 Web 参与者们遵循这些标准。

有人说,遵循了 W3C 标准就相当于 SEO 工作完成了一半。虽然说有点夸张,但是 W3C 标准对 SEO 的作用也不可小觑。以下几点在建站时应该留意。

① W3C 标准针对网站建设提出了网页的结构、表现、行为分离的理念,这一理念要求网站建设不能滥用标签,不允许出现代码冗余。如果按照此标准建站,可以大幅度减少代码数量,加快了网页的加载速度。更重要的是,短小精悍的代码,极大地方便了搜索引擎蜘蛛的爬行,这对于 SEO 网站优化非常有好处,也促进了网页的收录。

② W3C 标准要求所有的浏览器都必须严格按照其标准设计,如果网站按照 W3C 标准建设,就可以在大部分浏览器下显示:如 IE、Chrome、Firefox、Opera 等,从而不会由于兼容性出现部分浏览器页面显示不一样的问题,不会对用户体验造成负面影响。

③ W3C 标准要求网站必须要添加链接标签和 alt 属性,按其标准制作的网站因其结构清晰,利于搜索引擎抓取,会被搜索引擎列为"友好"网站。不论是权重提升还是关键词排名,搜索引擎都会给予这类网站不错的待遇。

网站完成后,可以去 W3C 组织网站进行验证:http://validator.w3.org/(见图 7.49)。

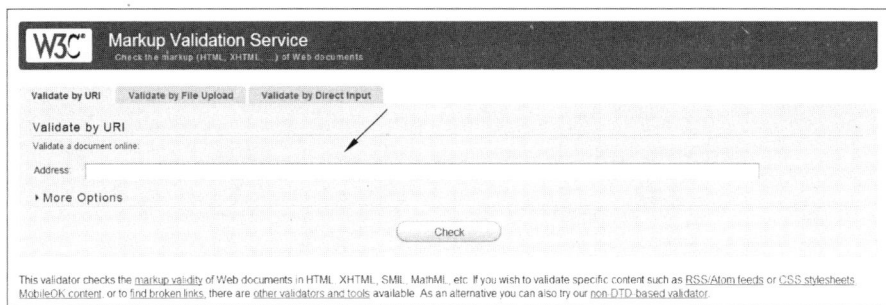

图 7.49　W3C 组织网站验证框

7.2.3　提交搜索引擎

网站站内优化完成后,接下来就要让搜索引擎发现我们的网站。一般情况下,搜索引擎不会主动来读取刚刚建立的网站,所以需要我们自己去向搜索引擎提交。

1. 提交前的准备

1)全面检查网站

(1)依照前文所述的 SEO 技术标准检查网站,确保各项指标符合 SEO 要求。

(2)检查网站内容,确保内容完整,确保网站无违法内容。

2)先搜索

提交网站之前去搜索引擎搜索一下网站,看看是否已经被收录了。如果已经被收录,那么就无须提交了。

2. 提交

以向百度提交为例(见图 7.50),提交入口链接为 http://www.baidu.com/search/url_submit.html。

在"请填写链接地址"栏填入网站首页,点击"提交"按钮即可完成提交,如图 7.51 所示。

注意事项:

(1)只提交首页即可。

(2)提交一次即可,不必重复提交。

图 7.50   百度链接提交页面(提交前)

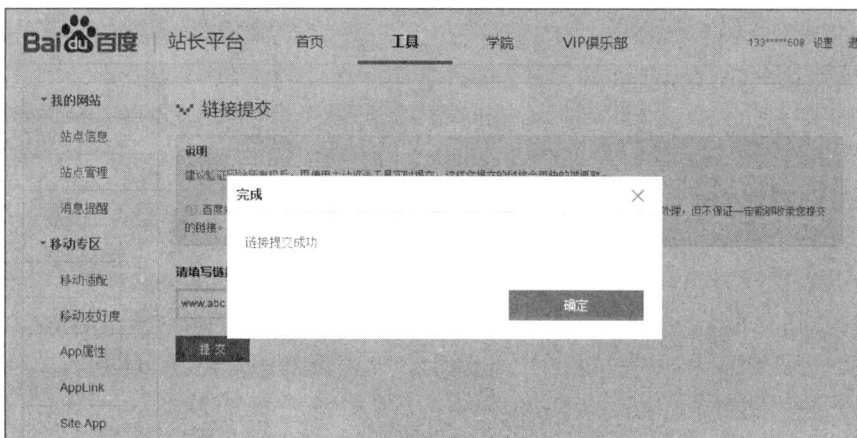

图 7.51   百度链接提交页面(提交后)

3. 等待通过

等待的时间大约为 3~15 天,这段时间内可以做一些外部链接。

提交一段时间后,在搜索引擎搜索网站名称或者搜索网站的关键字,如果返回的结果中包含网站链接,说明已经被收录。

4. 未通过的解决办法

如果提交一段时间后发现网站没有被收录,那么采取以下办法。

1）多做外链

多去论坛发帖,推荐自己的网站,或者找人与自己做友情链接。当搜索引擎从外部链接光顾自己网站时,很有可能自动收录。

2）完善内容

多增加一些原创内容,搜索引擎对原创的东西非常感兴趣。

3）继续提交

再次向搜索引擎提交网站,但是要注意时间间隔,至少要一个月以上,不要高频率地重复提交。

5. 其他主流搜索引擎提交地址

Google 提交入口:https://www.google.com/webmasters/tools/submit-url。

360 搜索提交入口:http://info.so.360.cn/site_submit.html。

搜搜提交入口:http://www.soso.com/help/usb/urlsubmit.shtml。

搜狗提交入口:http://www.sogou.com/feedback/urlfeedback.php。

必应提交入口:http://www.bing.com/toolbox/submit-site-url。

以上的搜索引擎加上百度占据了大约 95% 的搜索市场,在这些搜索引擎提交即可,其他的搜索引擎不必考虑。

6. 自动提交工具使用建议

如第 5 点所述,主流搜索引擎数量有限,而且有的搜索引擎已经封杀了屏蔽了很多自动提交工具。所以,没有必要使用批量提交工具。

7.2.4　内容更新

1. 坚持原创

1）伪原创不是原创

就好比伪君子不是君子一样,伪原创也不是原创。伪原创的工具再先进,也动不了文章筋骨,就像是整容一样,再厉害的易容大师也是改变的你的表面,就算把你的指纹也给改了,你的 DNA 还是你的 DNA。所以,你还是你。

真正的原创是从无到有的过程,工具是永远达不到的。只有把信息汇总到人脑,重新产出,才是真正的原创。这和人工智能无法替代人脑是一个道理。

搜索引擎存储文章的最小单位早已不是按"篇",而是按"段",甚至"句",所以,单纯的拼凑,修改虚词,同义词替换等伪原创方法早已失效。搜索引擎越来越智能,甚至已经开始会判断句子的语义。

所以,最好的原创方法就是找十篇相近的文章通读一遍,然后形成自己的观点,把它写出来。

2)差异化

要提出与同类网页不同的观点,具有自己鲜明特色的文章才能更吸引搜索引擎。当所有网站都在说"内容为王、外链为皇"的时候,你提出独树一帜的观点如"外链不再为皇"、"内容未必为王"。这种观点对用户来说,耳目一新,大家都想一看究竟。对于搜索引擎来讲,也会把它列为高级别的原创内容,给予高的权重。

3)图文并茂

在文章当中插入图片是一个不错的写作手法。搜索引擎对于文字、图片、视频三者的权重是逐步递增的,因为图片的创作难度高于文字,而视频的创作难度又高于图片。

搜索引擎对于文字原创的判定仍然没有达到高度智能的水平,图片的鉴别就更不用说了。可以利用一些图片处理软件,对图片进行简单处理后放到我们的文章当中。

不过,特别要注意,图片必须加上 alt 属性。

2. 定期更新

更新内容不能三天打鱼,两天晒网,要持之以恒,否则搜索引擎很容易把网站判定为死战。每天或每周更新一篇,没有严格的频率限制,但是不能低于每周一篇。如果一旦确定了更新频率,就应该坚持下去。

所以,要制订一个更新计划,包含更新的周期和每次更新的文章数量,都要确定下来。有了计划之后,坚定不移地去执行就可以了。从这个意义上说,SEO 不是一个技术活,而是体力活,是长年累月地重复做一件事情,是在平凡的岗位上干不平凡的事。

7.2.5　站外优化

前文中提到过"内容为王、外链为皇",这是 SEO 不变的铁律。站内优化完成后,SEO 就是主要围绕着这两点展开。

在本节,我们重点讨论"SEO 之皇"——外链。

外链,也就是外部链接的意思,指的是从别的网站指向到自己网站的链接。

1998 年,拉里·佩奇(Larry Page)发明了 PageRank,即根据网页的外链计算其排名的技术。PageRank 通过链接关系来确定某个网页的级别，以此作为决定它的排名的因素之一。当 A 页面中有一个链接指向 B 页面，那么相当于 A 页面给 B 页面投了一票，Google 根据票的张数、投票者的权威性、票的相关性等来综合计算页面 B 的等级。

事实上，搜索引擎给予外链的权重非常大。世界级 SEO 专家 David Viney 在其著作《登上 Google 之巅》一书中曾提到了令人惊奇的案例：在 Google 搜索 Click here 一词，排在第一位的竟然是 Adobe 的下载页面。笔者为了验证这一说法，分别去 Google 和百度搜索了一下，果然如此。

Google 搜索结果如图 7.52 所示。

图 7.52　Google 搜索 Click here 的结果

以下为百度搜索的结果（见图 7.53），结果中除了百度翻译、百度地图之外，紧接着就是 Adobe 的下载页面的链接。

点击进去后如图 7.54 所示，果然是 Adobe Acrobat Reader 的下载页面。

这个页面没有包含任何关于 Click here 的东西，网站的其他页面也没有，而且 Adobe 也并不是与 Click here 相关的公司或者组织。那为什么会排到第一？

答案只有一个，超级庞大的外链（见图 7.55）催生了这个结果。

因为成千上万的网站上面都有一个链接：Click here download Adobe Acrobat Reader。

由此案例可以看出外链的威力之大。

图 7.53 百度搜索 Click here 的结果

图 7.54 Adobe Acrobat Reader 的下载页面

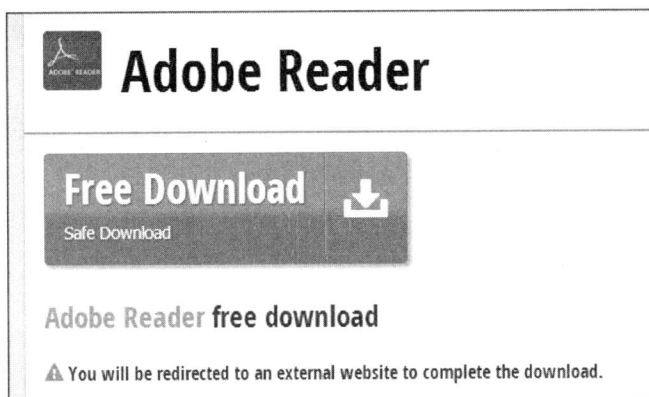

图 7.55　Adobe 外链来源图片

1. 外链的三大特性

搜索引擎会对页面的外链进行综合判断,针对外链的数量、质量、相关性(见图 7.56)3 个方面进行综合评估,从而给出网页的级别。

1) 链接的数量

链接当然是越多越好,但是根据 David Viney 的建议,我们主动构建的链接最好介于 250~1500 条之间,太少不行,太多又成了优化过度。外链最合适数量符合正态分布,示意图如图 7.57 所示。

图 7.56　外链三大特性示意图

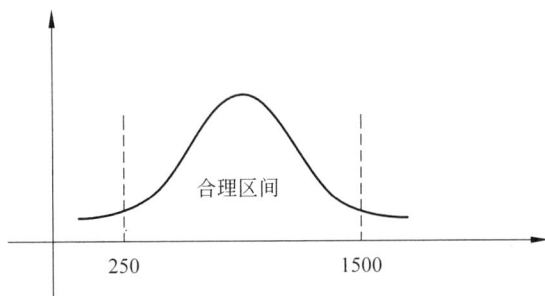

图 7.57　外链最合适数量正态分布示意图

141

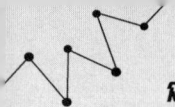

2）链接的质量

一个高权威站点链接到了你的网站,就会将它的权威性传递过来,这个链接就是高质量链接。一个政府网站给你的链接和一个垃圾站给你的链接显然是有天壤之别的。

3）链接的相关性

不是权威站点的链接就一定好,必须有内容的相关性。如果你的站点是一个讲烹饪的网站,那么一个权威的电影网站给你的链接肯定比不上一个权威的烹饪网站给你的链接。

2. 外链的种类

外链分为两种:主页链接和内页链接。主页链接指的是指向网站主页的链接,如 www.abc.com。内页链接是指指向网站内部页面的深度链接,如 www.abc.com/efg/hij.html。

如果网站侧重于长尾关键词,那么在主动构建的链接中至少有 1/5 应当为内页链接,也就是说 250 个链接当中,至少有 50 个是指向网站内页的。

3. 增加外链的方法

增加外链的方法大体上分为两种:一种是主动增加;另一种是被动增加。主动增加是指网站自己去主动寻找别的网站,请别人增加对自己网站的链接。被动增加是设置好某些东西之后,自动引导别的网站对自己的网站进行链接。

1）主动增加外链的方法

（1）友情链接。

友情链接是一种公平的链接互换方式,我链接你,你链接我,互惠互利。当然,你必须要找到与你站点相关的站点,而且网站差距不要太大。如果你的网站是做养花知识的,那么你去找一个汽车保养的网站友情链接显然不太合理。而且对方也不会同意,就算链接上了也没有啥用处。如果你是新站,找别人十年老站做友情链接,肯定是不行的。做友情链接要讲究门当户对。

很多网站都有友情链接栏,A5 网站底部的友情链接栏如图 7.58 所示。

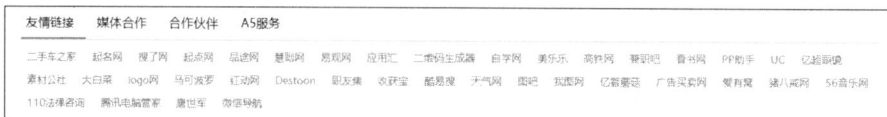

图 7.58 A5 网站底部的友情链接栏

这是首页底部所显示的友情链接,点击"友情链接"进去会看到它的所有友情链接的分类,如图 7.59 所示。

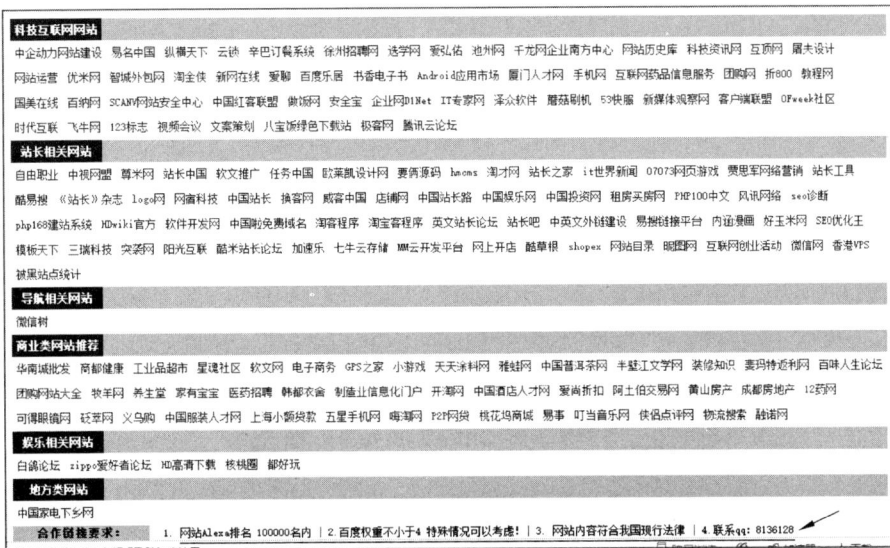

图 7.59　A5 网站友情链接内页

链接分类的最下方大家可以看到,它给出了友情链接的要求以及联系方式。

很多跟我们有同样需要的网站也在寻找友情链接,我们可以去主动去联系一些和我们的网站相仿的网站的站长,跟他们互换友情链接。

我们也可以去一些站长活跃的论坛以及专门的友情链接交换平台发布友情链接的消息,等待别人上门与我们互换链接,或者在这些平台上面直接联系对方,进行友情链接交换。

不过,防人之心不可无。在做友情链接时一定要谨防欺诈:第一要仔细检查对方是否真的给你的网站做上了链接;第二要定期排查,看对方是不是悄悄把你的链接拿下了。

(2) 提交到导航网站。

像 hao123 这样的导航站不仅能带来不错的流量,而且它的链接也具有很高的质量。当然,我们的站点不是大站也不是名站,肯定很难上 hao123 这样的大导航站,但是可以尝试其他的专业的分类导航站。

提交时要准备好网站的标题、描述以及关键词,一般的导航站都需要填写这些东西。准备好之后,就开始去寻找适合的导航网站。

上不了大型导航站,我们就针对中小型的导航站。以减肥网站为例,借助百度,我们找到了一些网站目录,如图 7.60 所示。

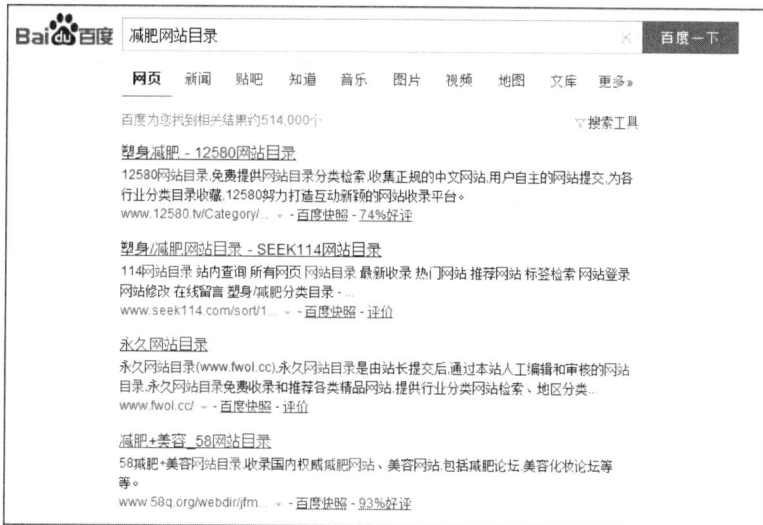

图 7.60　百度搜索"减肥网站目录"结果

以 SEEK114 导航站为例,进入其"塑身/减肥"栏目,页面如图 7.61 所示。

图 7.61　SEEK114 导航站"塑身/减肥"的页面

这些是已经被其收录的减肥网站。点击"网站登录"后即可提交我们自己的网站，显示如图 7.62 所示。

图 7.62　SEEK114 导航站网站提交页面

在以上栏目填入我们的网站信息后提交即可，当然想要被收录快一点或者要获得其他增值服务的话，可以适当付费成为 VIP 会员。

（3）论坛留言。

经常去一些知名论坛针对热门话题及时回复并留言，加上自己的链接。以下面这个话题为例，它讲述了站长在创业过程中的辛酸经历，如图 7.63 所示。

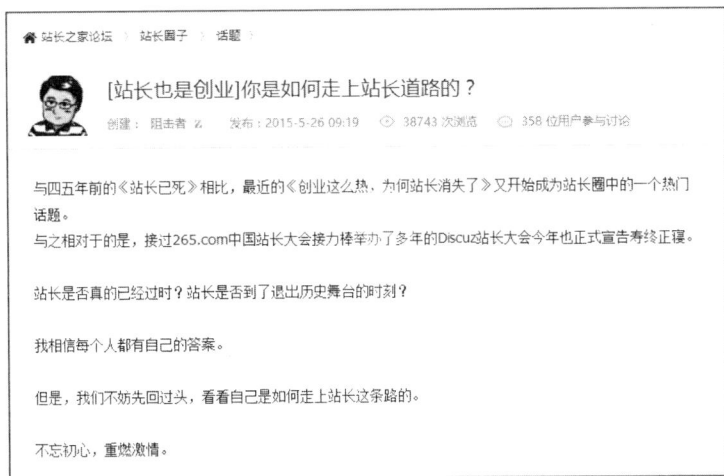

图 7.63　站长之家论坛热门话题范例

下面有很多留言评论，截取其中一个举例，如图 7.64 所示。

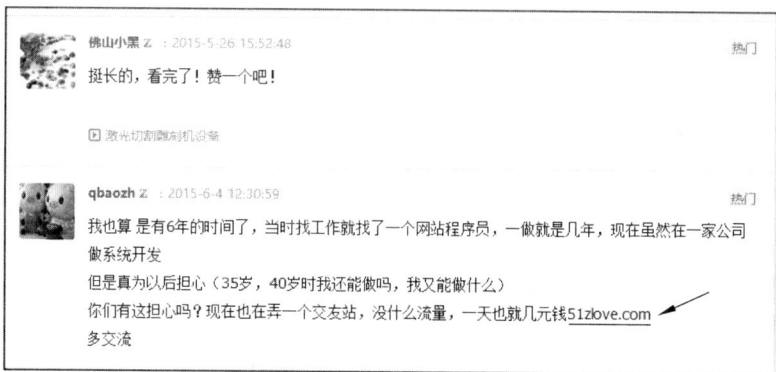

图 7.64 话题评论帖子

qbaozh 这个访客也写了自己的经历，感同身受，最后加上了自己正在做的交友网站的链接。这个外链做得恰到好处，如果不加链接反而觉得缺少点东西似的。

（4）文章发表。

以下面这篇文章为例，它讲述了域名选择与 SEO 的关系，如图 7.65 所示。

图 7.65 文章范例

在文章的结尾，作者提到了自己的网站，如图 7.66 所示。

整篇文章读下来，收获颇丰。在结尾处，作者顺其自然提到了自己的 SEO专业网站，非常合情合理。如果读者想更深入地了解 SEO 知识，就可以上这个网站去看。这是一个很不错的链接方式。

我们可以去类似 A5、站长之家这样的拥有大量用户群的站长信息平台去

　　总之，网站的域名与seo之间存在密切的关系。只要我们充分理解搜索引擎的意义很作用，充分站在搜索引擎的角度去考虑，以后遇到的很多的实际的问题我们就可以多加分析、判断和测试，一切都会得到和好的理解和验证。

搜索引擎优化(www.seo2008.cn)拥有一批国内知名的SEO专家，真正为客户着想，力争做中国最好的SEO服务商。作者：范少晖 (转载请保留版权信息)

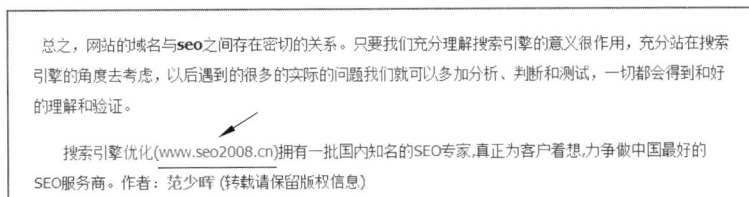

图 7.66　文章范例结尾

发表一些有价值的文章，然后自然而然地带上我们的链接，这种方式获得的外链质量相当不错。

　　（5）购买链接。

　　中国有句古话"有钱能使鬼推磨"，不想自己做苦力的事情可以花钱请人来完成。外链也是一样，有一个简便的方式是去花钱购买高质量链接。

　　在一些大型的链接买卖平台上面，各种行业的、各种级别的网站的链接都有出售，如图 7.67 所示。

图 7.67　某链接买卖网站

　　从图 7.67 可以看出，只要肯花钱，没有买不到的链接。

　　不过，要注意，搜索引擎明确表示反对以排名为目的的链接交易活动，一旦被发现会有很严厉的惩罚。

　　所以，为了以防万一，建议不要在链接买卖平台购买链接，而是直接找到与网站内容相关的高质量网站，然后去联系站长，商讨能不能购买链接的事宜。

（6）其他外链建设方法。

除了以上方法，还有在百度知道等问答平台回答问题提交链接的方法，在分类信息网站发布信息加链接的方法，提供免费电子书下载服务加链接等众多方法。

最后要切记，增加外链应该平稳匀速增加，不可以短时间内突然增加大量链接，这样的话就成了过度优化，会受到搜索引擎的惩罚。

2）被动增加链接的方法

让其他网站主动链接到我们的网站即可实现被动地增加链接，这种方法称为"链接引诱"。为了实现"引诱"，我们要创建一些有趣、吸引人的内容或工具，这些内容或工具称为"链接诱饵"。

以下介绍几种常见的"链接诱饵"。

（1）列表文章。

现在网络上有些推荐优质网站或文章资源的文章，很受欢迎。比如"中国十大自媒体博客""你不可不看的十佳 IT 博客""吐血推荐八大视频素材下载站"等。

在文章资源列表中，加入自己的链接，再让其他网站转载。比如"十大草根创富指导网站"这个题目，找 9 个不错的网站，把自己的网站加上，或者直接找到"十大草根创富指导网站"同类的文章，从中拿出一个网站来，换上自己的网站，然后发表文章。这类文章很受欢迎，复制传播得越多，你的外链就越多。

（2）使用强制链接功能。

在文章页面底部增加一段代码，就可以实现当别人复制你文章内容时，系统会自动将版权信息和原文地址加入到复制内容中的功能。

以 WordPress 为例，对 themes 下的模板文件 single.php 进行编辑，将以下代码放在底部即可：

```
<script type="text/javascript">
document.body.oncopy= function(){
event.returnValue=false;
var t= document.selection.createRange().text;
var s="本文来自于<?php bloginfo('name'); ?> <?php echo get_settings('home'); ?>，原文链接：<?php the_permalink() ?>";
clipboardData.setData('Text','\r\n'+t+'\r\n'+s+'\r\n');
}
</script>
```

（3）巧妙使用分享工具。

现在很多新闻类、视频类网站以及个人博客中都添加了分享功能,这些功能可以让用户快速将他们感兴趣的文章分享给自己的好友,这是一个非常不错的外链建设方法。

新浪网的新闻页面的分享按钮如图 7.68 所示。

图 7.68　新浪网分享按钮

（4）赞助公益组织。

一些公益组织如"动物保护组织""大自然保护组织"的网站会为献爱心者做链接。如果你提供资助的话,你网站的链接可能出现这些公益网站,而公益网站一般拥有不错的权重。如果有其他站长在公益组织网站上看到了你的网站,那么这些站长认为你的网站是值得尊敬的,他们很有可能链向你的网站。

（5）争议性话题。

针对焦点事件,制造一些争议性的话题。比如针对前段时间的快播被查事件、春节租女友回家等热门事件,在不违法的情况下,提出尖锐的观点。观点直截了当,而且必须要能够煽动起大众情绪,比如题目为"快播无罪"或者"女友租赁? 道德沦丧谁之过?"等。这种观点很容易挑起观点激烈冲突的两派的辩论。大家辩论的时候肯定会不断引用你的文章链接,这样你的外链就会飞涨。

（6）免费工具。

如果网站能为用户提供一些免费的查询服务,很多其他网站如果想要集成这个服务直接做单向链接,就可以链接到我们的查询页面,这样就相当于为我们的网站做了一个链接。

以站长之家的站长工具（http://tool.chinaz.com/）为例，它在百度拥有高达 519 万个的外部链接，如图 7.69 所示。

搜索引擎	百度	谷歌	360搜索	搜狗
收录数量	3 640 000	11 600	6 970 000	16 071 688
反向链接	1 270 000	0	13 600 000	2 748

图 7.69　站长工具外链查询结果

7.2.6　SEO 效果监测与改进

没有最好，只有更好。在 IE 界，有句话叫"改善永无止境"。用在 SEO 上面也同样适用：SEO 永无止境。时代在进步，搜索引擎在进步，用户搜索行为在变化，SEO 也必须与时俱进。

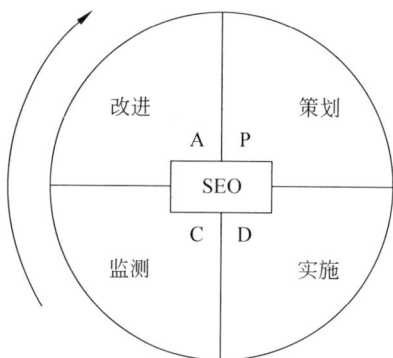

图 7.70　SEO 的 PDCA 循环

总体而言，SEO 过程符合 PDCA 循环，如图 7.70 所示。

P 可以理解为 SEO 策略和计划的制订；D 可以理解为执行已经制定的 SEO 策略和制订的计划；C 可以理解为监测已经实施的 SEO 的效果，检查出不合理之处；A 可以理解为对 C 检查出的不合理结果的改进。

这是一个不断循环、持续进行的过程。所以说，SEO 的工作没有终点，只能不断向前。

SEO 的工作成果本质上可以分为三步来展现：第一步是搜索引擎收录网页以及网页外部链接的增加，网页被收录和外链增加之后才有可能获得排名；第二步是关键词排名的展现，有了排名之后才有可能获得流量；第三步是获得流量，这是 SEO 的最终目标。反过来讲，一个好的流量的前提是有一个好的排名，一个好的排名的前提是有好的收录和好的外链。SEO 三步进阶示意图如图 7.71 所示。

当然，也有人说流量要转化成销售才是 SEO 的最终目标，在本书中，转化会作为专门的一章来讲，SEO 仅仅理解为获得流量的一种方式。

综上，SEO 监测因素包含以下几点。

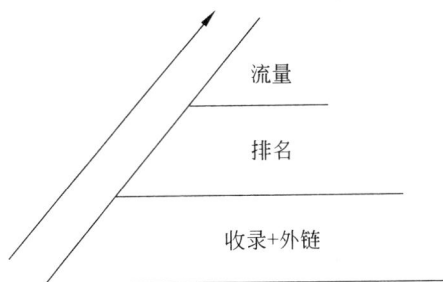

图 7.71 SEO 三步进阶示意图

1. 收录数量

当搜索引擎来我们的网站的网页搜索后，如果认为该网页有价值，就会把它收录到搜索引擎的服务器目录中。

查看收录数量有以下方法。

1）site 命令

在搜索引擎搜索框输入"site：网站域名"即可查询该网站的域名收录数量。百度对 Google 的网页收录数量约为 1703 万条，如图 7.72 所示。

图 7.72 百度收录数量查询范例

2）第三方网站

通过专业提供查询服务的第三方网站，可以一次性查询出网站在各个搜索引擎的收录数量，而不必去每个搜索引擎去输入 site 命令。

常用的有 123 查（http://www.123cha.com/search_engine/）和爱站网（http://www.aizhan.com/siteall/），123 查的查询界面及结果如图 7.73 和图 7.74 所示。爱站网的查询页面和查询结果如图 7.75 和图 7.76 所示。

图 7.73　123 查的查询界面

图 7.74　123 查的网查询结果

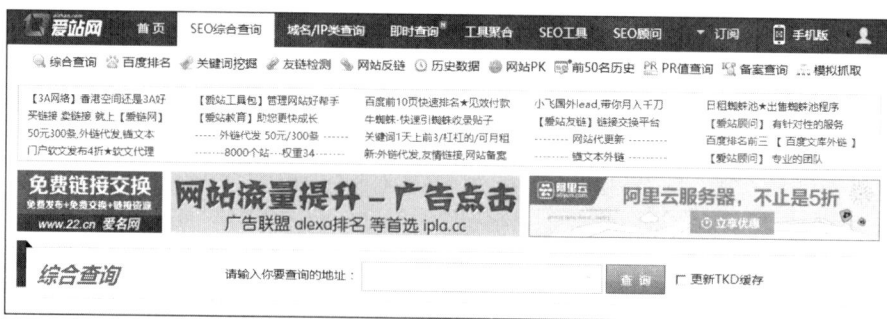

图 7.75　爱站网的查询页面

搜索引擎	🔵 百度	Ⓖ 谷歌	🔍 360搜索	Ⓢ 搜狗
收录数量	18,000	14,000	0	986,097
反向链接	5,380,000	0	0	3,000

图 7.76 爱站网的查询结果

查询到收录数量后,计算网页收录率:

$$网页收录率 = \frac{收录数量}{网站总页数} \times 100\%$$

注:网页的总数量可以通过站长工具的死链统计功能查询到,或者建站程序的统计功能查到。

网页收录率为 60%算合格,80%为中等,最终目标是 100%。如果网页收录率低于 80%,就应该分析和查找原因了。

一般情况下,网页收录不完全的原因有以下几点。

(1) 内容原创度不高。

(2) 内链分布严重不均匀。

(3) 使用 Flash、框架结构或者过度使用 JavaScript 代码。

针对以上问题的解决方法如下。

(1) 增加绝对原创内容,拒绝伪原创。

(2) 调整内链分布,对权重薄弱单页面多增加链接。

(3) 减少使用 Flash、杜绝框架结构或者调整 JavaScript 代码位置。

2. 外链数量

查询外链数量的方法有以下几种:

1) domin 和 link 指令

在百度搜索框输入"domin:网站域名"或者在 Google 搜索框输入"link:网站域名"查外链。不过,这两个指令均不太准确,不建议大家使用,尤其是 link 指令,只能查出一部分链接。

2) 网站管理工具

使用百度的站长工具或 Google 的网站管理员工具查询外链。

以百度站长工具为例:在百度站长工具"优化与维护"栏选择"链接分析"后(见图 7.77),提

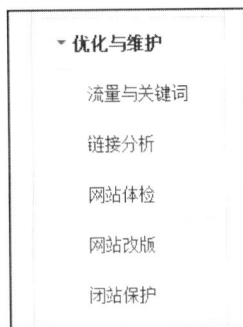

图 7.77 百度站长工具外链查询步骤(一)

153

交网站,验证通过后即可使用(见图7.78)。

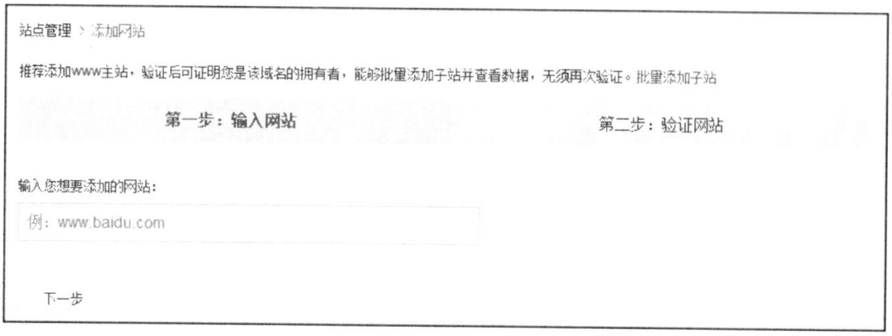

图 7.78　百度站长工具外链查询步骤(二)

不过,目前这些工具仅能查询自己网站的外链,不能查询别人网站的外链。

3) 第三方平台

如前文所述,可以去123查或者爱站网等提供第三方服务的网站进行查询,一般查询收录数的同时,也可以查出外链的数量。

从查询到的外链数据可以分析哪些获取外链的手段最有效,然后加强这些手段;哪些外链手段无效,直接放弃,免得浪费时间。

同时,还可以分析竞争对手的外链状况,知己知彼,百战不殆。

3. 排名状况

排名状况可以说是 SEO 的最直接成果,当客户指定关键词后,SEO 服务商将关键词排名排进约定好的名次内,即算作完成任务。

最简单的排名状况查询方式是,直接在搜索框输入关键词进行查询。但是如果查询很多个关键词并记录每天的排名的变化,就需要专业的工具了。

排名状况同样可以通过站长工具或者第三方平台查询,如图 7.79 和图 7.80 所示。

如果检测到排名大幅度下降的关键词,必须调查分析原因,进行补救。分析到底是竞争对手的页面外链增加了还是自己的网站出了问题,或者是不是遭到搜索引擎的惩罚。

这里笔者提供一个小建议,那就是找出位于第二页排名第一的关键词,适当优化一下,让其进入首页,可以获得不错的流量。首页和第二页的流量差距是比较大的,很多人不会去翻到第二页查看。第二页第一个关键词只需要几条外链就可以进入首页,这个效益成本比是很不错的。

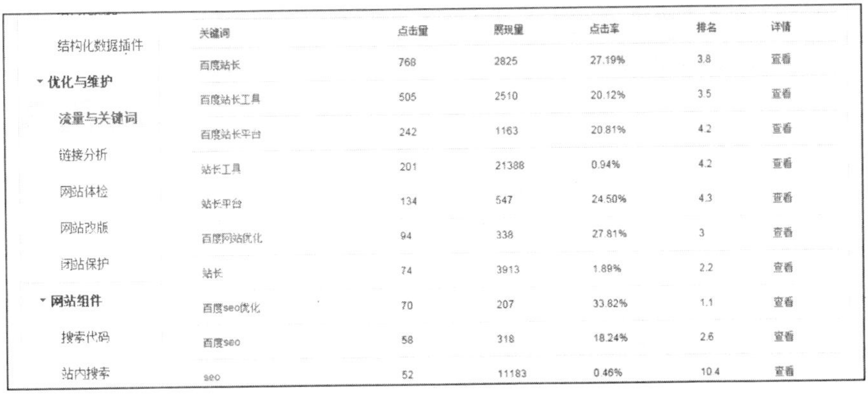

	关键词	点击量	展现量	点击率	排名	详情
结构化数据插件	百度站长	768	2825	27.19%	3.8	查看
▼ 优化与维护	百度站长工具	505	2510	20.12%	3.5	查看
流量与关键词	百度站长平台	242	1163	20.81%	4.2	查看
链接分析	站长工具	201	21388	0.94%	4.2	查看
网站体检	站长平台	134	547	24.50%	4.3	查看
网站改版	百度网站优化	94	338	27.81%	3	查看
闭站保护	站长	74	3913	1.89%	2.2	查看
▼ 网站组件	百度seo优化	70	207	33.82%	1.1	查看
搜索代码	百度seo	58	318	18.24%	2.6	查看
站内搜索	seo	52	11183	0.46%	10.4	查看

图 7.79　百度站长工具关键词排名查询结果

福建泉州[电信]　　收录 1 条，第 16 名

暴走漫画的自频道-优酷视频
暴走漫画 订阅 291,870万视频播放数 3,904,154粉丝数 http://i.youku.com/baozoumanhua

贵州[电信]　　收录 1 条，第 15 名

暴走漫画的自频道-优酷视频
暴走漫画 订阅 291,870万视频播放数 3,904,154粉丝数 http://i.youku.com/baozoumanhua

河南郑州[多线]　　收录 1 条，第 16 名

暴走漫画的自频道-优酷视频
暴走漫画 订阅 291,870万视频播放数 3,904,154粉丝数 http://i.youku.com/baozoumanhua

图 7.80　第三方网站关键词排名查询结果

4. 流量分析

网站监测工具首选 Google Analytics，只需要在每个网页添加一小段 JavaScript 代码，Google Analytics 便开始收集数据并做出分析。

Google Analytics 的安装步骤如下。

(1) 打开 https://www.google.com/analytics(见图 7.81)。

(2) 创建账户，如果已有 Google 账户，直接登录(见图 7.82)。

(3) 点击"注册"按钮，填写网站信息(见图 7.83)。

(4) 点击"获取跟踪 ID"按钮，效果如图 7.84 所示。

图 7.81 安装步骤(一)

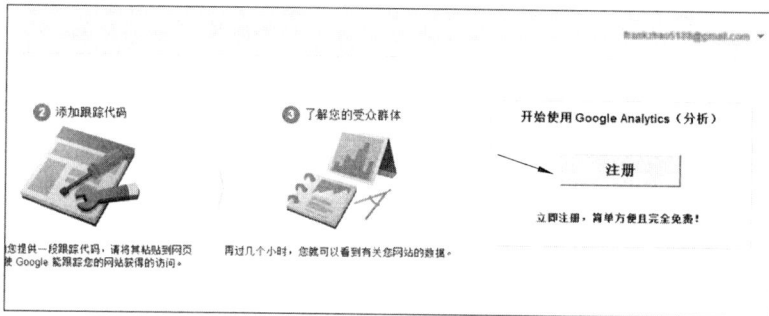

图 7.82 安装步骤(二)

图 7.83 安装步骤(三)

图 7.84　安装步骤(四)

(5) 将图 7.84 中的代码复制到每一个需要跟踪的网页当中,代码放置的位置为＜head＞和＜/head＞之间,如下:

```
<head>
    ⋮
<script>
  (function(i,s,o,g,r,a,m){i['GoogleAnalyticsObject']=r;i[r]=i[r]||
  function(){
  (i[r].q=i[r].q||[]).push(arguments)},i[r].l=1* new Date();
  a=s.createElement(o),m=s.getElementsByTagName(o)[0];
  a.async=1;a.src=g;m.parentNode.insertBefore(a,m)
  }) (window, document, ' script ', '//www. google - analytics. com/
  analytics.js','ga');

  ga('create', 'UA-73467209-1', 'auto');
  ga('send', 'pageview');

</script>
</head>
```

(6) 等待约 24 小时,即可登录 Google Analytics 查看统计信息。

Google Analytics 可提供以下分析服务。

1) 关键词分析

这是所有 Google Analytics 提供的数据分析当中最重要的一项。通过 Google Analytics 提供的关键词数据报告,可以知道用户搜索哪个关键词进入你的网站。很多情况下,你认为用户会使用的关键词并没有带来预期的流量,相反,一些你压根没有想到的关键词反而带来了不错的流量。所以,通过这个报告的提示及时调整关键词是一个明智的做法。

另外,利用 Google Analytics 的事件统计功能可以追踪用户的转化行为(注册、下载或者支付等),统计出各个关键词的转化率。该指标是我们确定当前阶段需要重点优化哪些关键词的重要依据。

以"下载"这个事件为例,如果想统计下载次数,只需要在 Google Analytics 中给需要追踪的链接调用 _trackEvent() 方法并设置参数即可。代码范例如下:

```
<a href="下载链接" onclick="_gaq.push(['_trackEvent', 'category',
'action', 'label', 'value', 'true']);">link_name</a>
```

上面的代码中,"下载链接"处换成你的下载链接的 URL,并把 category、action、label、value、true 按照说明换成相应参数(一般情况下只需要设置 category 和 action)。

关于 5 种参数介绍如下。

category(必需):类别。

action(必需):和用户的行为对应,如"下载"。

label:标签,其他有关信息。

value:提供数值型数据。

non-interaction:布尔值。如果设定为 true,表明这个事件不会参与跳出率的计算。

代码配置完成后,还需要设置事件目标,如图 7.85 所示。

关于事件统计更多的讲解请参考 Google 官方的应用指南:https://developers.google.com/analytics/devguides/collection/gajs/eventTrackerGuide。

如果想追踪订单状况,可以使用 Google Analytics 电子商务追踪功能,将代码放入订单确认页即可,在这里就不一一赘述了。大家如果想详细了解,可以去参考 Google 官方的指南:https://developers.google.com/analytics/devguides/collection/gajs/gaTrackingEcommerce csw=1。

值得注意的是,电子商务功能默认是关闭的,需要设置电子商务追踪功能为打开状态,如图 7.86 所示。

以上跟踪功能设置完成后,就可以定期在 Google Analytics 读取各个关键词的转化率数据,并进行优化,步骤如下。

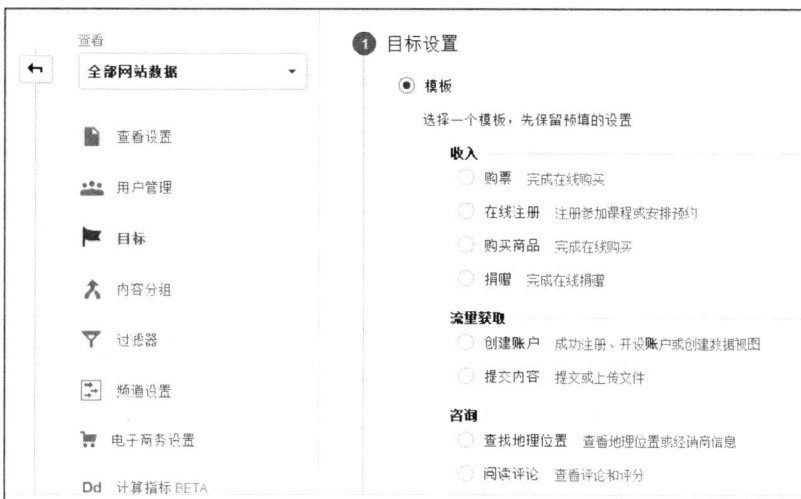

图 7.85　事件目标设置界面

图 7.86　电子商务设置页面

（1）将所有关键词按转化率从高到低排序。

（2）将所有关键词按排名从低到高排序。

（3）找出转化率高但是排名低的关键词。

（4）找出这些关键词的着陆页面。

（5）重点优化这些着陆页。

总体的优化策略可依图 7.87 进行，大力维护高转化率低排名的词，简单维护高转化率高排名的词，不必刻意去维护高排名低转化率的词，彻底放弃低排名低转化率的词。

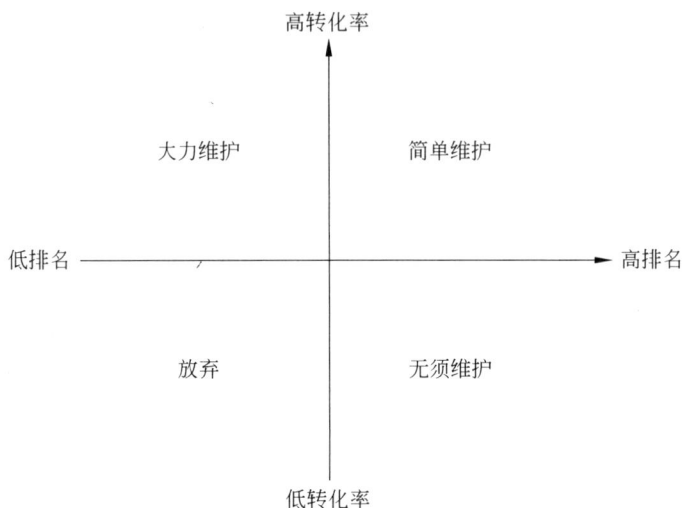

图 7.87　关键词持续优化策略

2）访问量

访问量是指某一段时间内网站被访问的总次数。

3）唯一访问量

唯一访问量是指某一段时间内网站被唯一访问的总次数。同一个用户多次访问算作一次唯一访问。

4）跳出率

跳出率指的是用户来到网站，只浏览了单个页面的访问量占总访问量的百分比。

5）网站停留时间

网站停留时间指的是用户访问网站时在网站停留的时间。

6）平均页面访问数

平均页面访问数指的是用户平均访问的网页页数，总的访问页面除以总访问量。平均页面访问数代表了网站的黏度，一般而言，网站质量越高，黏度越高。

7）来路分析

来路就是用户来到你的网站的途径，来路分析就是对这些途径进行分析。网站的来路有很多种，各类搜索引擎、其他网站的链接、直接输入网址等。通过来路分析，我们可以知道用户通过哪些搜索引擎到达我们的网站，从而更有针对性地去做搜索引擎优化。

7.2.7　不管白帽黑帽，能赚钱就是好帽

SEO 界的白帽和黑帽之争，由来已久。

一般而言，白帽是指合理利用优化技巧，在符合搜索引擎规则的前提下对网站进行优化以达到排名提升的目的。黑帽是利用搜索引擎漏洞或者过度使用某种技巧，欺骗搜索引擎，从而达到高排名的目的。

在白帽看来，黑帽手法面临着高风险，随时可能被搜索引擎惩罚，从而导致前功尽弃。而白帽效果稳定，符合长远利益。

在黑帽看来，白帽付出了高额的时间成本，收益太慢，短时间难以见效。

从道义上讲，白帽指责黑帽的不道德性，欺骗、欺诈、为利益放弃用户感受。黑帽则指责白帽的伪善，大家都是为了赚钱，何必虚伪。

其实，在笔者看来，不管白帽黑帽，关键是看效益成本比，只要能赢利，就是好帽。

如果你是兼职，而且不急于马上赚钱，希望能有所积淀，那么就做白帽，利用业余时间踏实做好网站，把重点放在用户体验上。相信随着搜索引擎算法的不断更新，你的网站会越来越受欢迎。

另外，在 SEO 界还有一种"灰帽"的说法，意思是既不"白"也不"黑"，采取折中的做法。这种手法在不违反搜索引擎规则的基础上，适当采取了一些技巧，实现了利益的最大化（见图 7.88）。

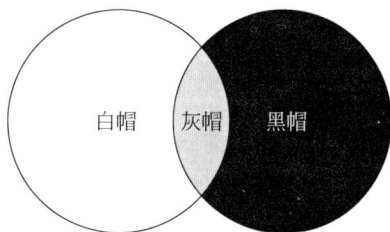

图 7.88　SEO 黑白帽示意图

7.3　PPC 付费竞价广告

任何一家企业的最主要目的都是赢利，搜索引擎也不是例外。它们依靠自己的市场垄断地位，通过付费广告获取收益。

在搜索引擎的结果列表中的前几位，你会看到一些标记"推广"或"广告"的网站链接，它们就是搜索引擎付费广告。这种广告按照点击量付费，所以也称为 PPC（Pay Per Click）。

7.3.1　Google AdWords 简介

Google AdWords 是 Google 的关键词竞价广告，也称为"赞助商链接"。通过 Google AdWords，你可以快速将自己网站链接排到 Google 搜索结果的前面或者右侧（还可以选择将广告显示在 Google 的内容联盟网络中，在 7.4 节中将会阐述）。Google AdWords 按每次点击计费。

以在 Google 搜索"中国旅游"为例，在排名第一位及右侧显示出关于"中国旅游"的广告，如图 7.89 所示。

图 7.89　Google 搜索"中国旅游"结果

典型的 Google 广告包含广告标题、网址、描述三部分内容，如图 7.90 所示。

图 7.90　Google 广告范例

7.3.2　广告系列和广告组

广告系列和广告组设置得好坏,直接决定着广告成本的高低。如果成本控制得当,会获得更多的利润。反之,如果成本太高,很有可能会直接导致亏损。尤其是现在的市场已经不比当年,竞价产品的竞争早已白热化。一般情况下,暴利竞价产品很难形成垄断。由于从业者甚多,导致了竞价的广告成本居高不下。所以,一旦广告成本控制不力,亏钱的速度将会比赚钱更快。

Google AdWords 广告总体来看,有三层组织结构:账户、广告系列和广告组,如图 7.91 所示。

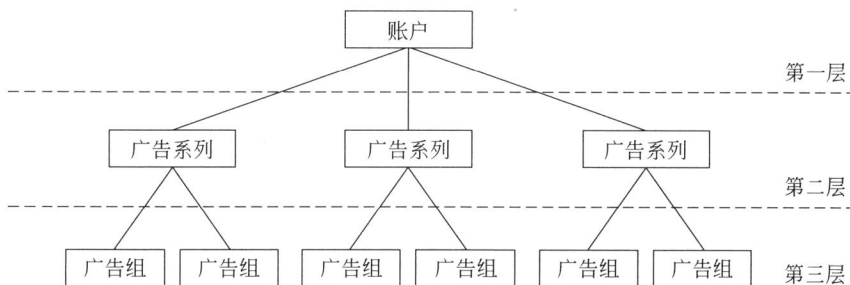

图 7.91　Google AdWords 账户结构

这个三层的广告投放框架可以将不同的广告匹配给不同的用户群体,帮助我们最大化地实现广告目标、快速进行修改和重新定位广告,以获得最高的相关度和展示效率。

广告系列指的是一个大类别的产品,可以用不同地域、不同客户群等指标进行设置。比如一个服装商城网站,可以分为男装、女装、老人装、童装等。每个账户可以设置 25 个广告系列。

特别注意,在同一广告系列中的所有广告均使用相同的每日预算、语言定位、地理位置定位、结束日期以及合作伙伴网站选项。分配不合理很有可能导致预算被过快烧光或者转化率被拉低的现象发生。

广告组是广告系列的再次细分,在每个广告系列中,可以制作一个或多个广告组。广告系列可能代表一大类产品,但是广告组则侧重于要宣传的特定产品。比如在广告系列"男装"下面,可以建立"男士上衣""男士裤子""男士毛衣"等广告组。

广告组通常由一个或多个广告组成,这些广告通过一组关键字、一组展示位置或者两者兼有进行投放。我们可以设置一个报价,这个报价在广告组中的关键字或展示位置触发广告时使用。广告组中的各个关键字或展示位置可以进行分别定价。每个广告系列可以设置 2000 个广告组。

接下来,以一个服装商城为案例阐述广告系列和广告组的设置技巧。

优化前的设置方案如图 7.92 所示。

这个方案杂乱无章,把所有产品直接放入一个广告系列里面。这种设置很容易出现预算已经烧光,而部分关键词没有机会展示的状况,而且无法分别对各类产品进行追踪。

我们按照客户的人群进行分类,改进方案如图 7.93所示。

图 7.92 优化前的设置方案

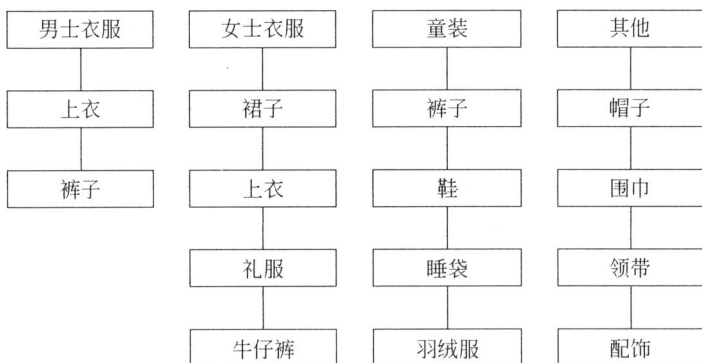

图 7.93 改进方案

改进后的分类较改进前明显好了很多,这样可以更加方便地监控各个广告系列的状况。

以下是谷歌公司官方关于广告系列和广告组的设置建议,供参考。

1. 产品和服务

构建有效广告系列结构的一个好的经验法则是直接参照网站的结构。例如,一家体育用品商店的网站可能会为每类产品开设一个单独的板块:板块设置可能首先分为女装板块和男装板块,女装板块中又分别针对女裤、女袜等制作了单独的网页。该广告客户可以为女装设置一个广告系列,在该广告系列下制作针对女裤、女袜和其他产品的广告组,然后设置类似的男装广告系列。围绕特定主题或产品制作广告系列和广告组后，可以创建与广告文字直接相关的关键字，以及直接链接到您网站中产品网页的广告。

2. 效果和预算

在账户中制作多个单独广告系列的一个最常见原因是可以设置不同的每日预算。可以决定将更多预算划拨给最畅销或收益最高的产品。通过确定效果最理想的关键字并将其置于单独的广告系列中，可以确保这些关键字能够获得实现最佳效果所需的足够预算。这样一来，还可以更具战略性地使用预算，防止每日预算被任何高流量关键字用尽。如果希望为极具竞争力或转化频次较低的关键字设置不同的最高每次点击费用，可以随时制作单独的广告组。

3. 主题或功能

对于仅提供一种或几种产品或服务的公司来说，如果它们的同一种产品或服务能满足不同的需求，可能仍需要设置多个单独的广告系列或广告组。例如，某餐饮公司可能希望针对婚礼、公司活动和生日聚会投放单独的广告系列或广告组。在这种情况下，关键字和广告文字的针对性可能很高，与客户要查找的内容直接相关。

4. 网站

一个广告组中的所有广告都必须宣传同一网站。对于要宣传多个企业和网站的广告客户（如关联企业或代理机构）来说，应为每个企业或网站创建专用的账户。

5. 地理位置

如果您的企业在多个区域开展业务，可以针对每个区域制作单独的广告系列。例如，本地商户（如家具商店、房地产开发商或汽车经销商）可以针对每个区域制作广告系列，然后为其业务覆盖的每个城市或都市圈制作不同的广告组。与此类似，国际化公司可以制作分别定位到各个国家/地区的广告系列。对于涉及多个国家/地区的账户，应将各广告系列本地化为本地语言，并应重点介绍在该国家/地区提供的服务。如果在某个城市开展促销活动，可能会选择制作一个仅定位到该城市的广告系列。

6. 定位

希望分别制作用于在展示广告网络和搜索网络中投放的广告系列。通过单独用于展示广告网络的广告系列，可以使用更适合展示广告网络而非搜索网络的设置,例如不同的出价方式。

7. 品牌名称

在销售各种品牌产品的网站上会发现,品牌关键字的转化效果好于宽泛产品描述。要测试这一点,广告客户可能希望为每种品牌设立单独的广告组甚至单独的广告系列,具体取决于特定品牌标签下的各种产品。请注意,可接受的品牌关键字用法因国家/地区而异(详情请参阅商标政策)。

8. 季节性产品和服务

对于受季节性变化影响的产品,应单独为其组建广告系列或广告组,以便可以随季节变化暂停或恢复这些广告系列或广告组。例如,鲜花速递商店可能会针对情人节、母亲节、毕业时节等投放不同的广告系列或广告组。

7.3.3　Google AdWords 的设置方法

(1) 进入 https://adwords.google.com 后,如图 7.94 所示。

图 7.94　Google AdWords 设置步骤(一)

(2) 点击"制作首个广告系列",进入图 7.95。

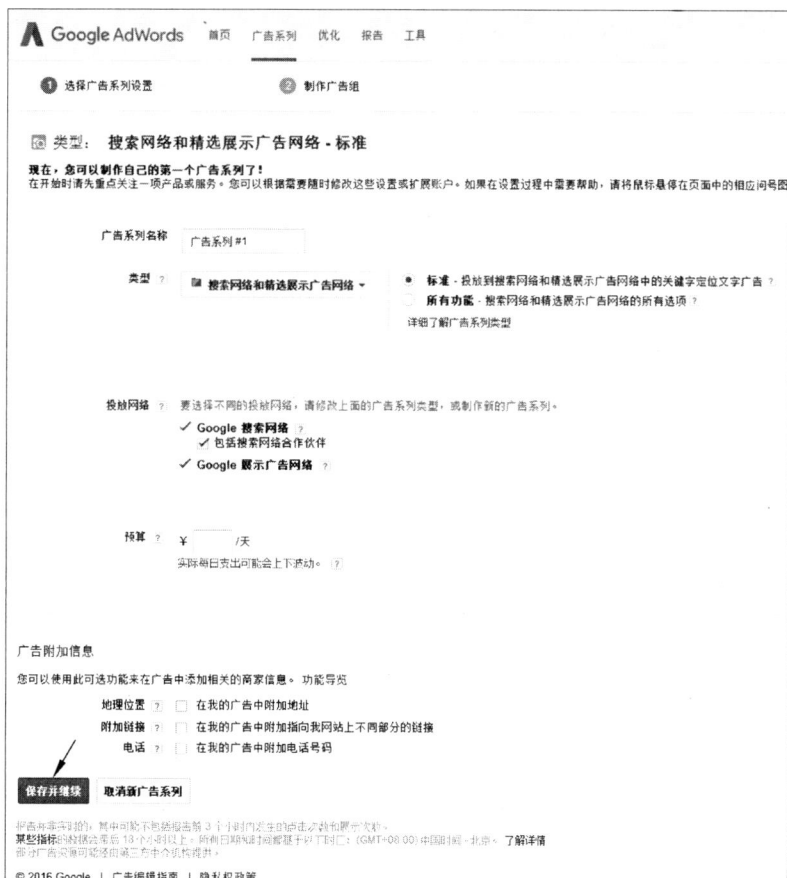

图 7.95　Google AdWords 设置步骤(二)

（3）填写广告系列的名称和预算，点击"保存并继续"按钮，进入图 7.96。

（4）输入广告组名称，制作广告并设置关键词，然后点击"保存并继续设置结算"按钮，进入图 7.97。

（5）选择所在的国家或地区，然后点击"继续"按钮，进入图 7.98。

（6）输入姓名、地址以及联系方式等，点击"完成注册"按钮，进入图 7.99。

（7）点击"付款"按钮，进入图 7.100。

（8）接下来，去银行完成汇款，然后等待 Google 的收到款项的确认邮件。收到邮件后，Google AdWords 的账户即显示余额，账户设置完成。

图 7.96 Google AdWords 设置步骤(三)

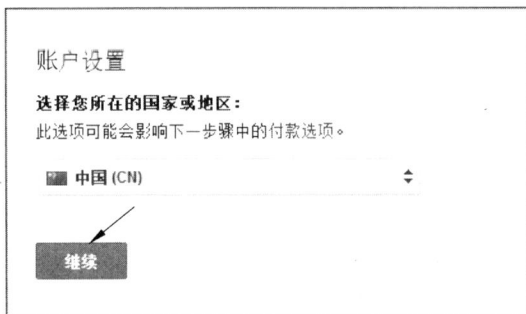

图 7.97 Google AdWords 设置步骤(四)

(9) 设置"仅限搜索网络"。

选择"广告系列"→"设置"命令,选择展示范围为"仅限搜索网络",这样广告仅会显示在搜索结果当中,如图 7.101 所示。

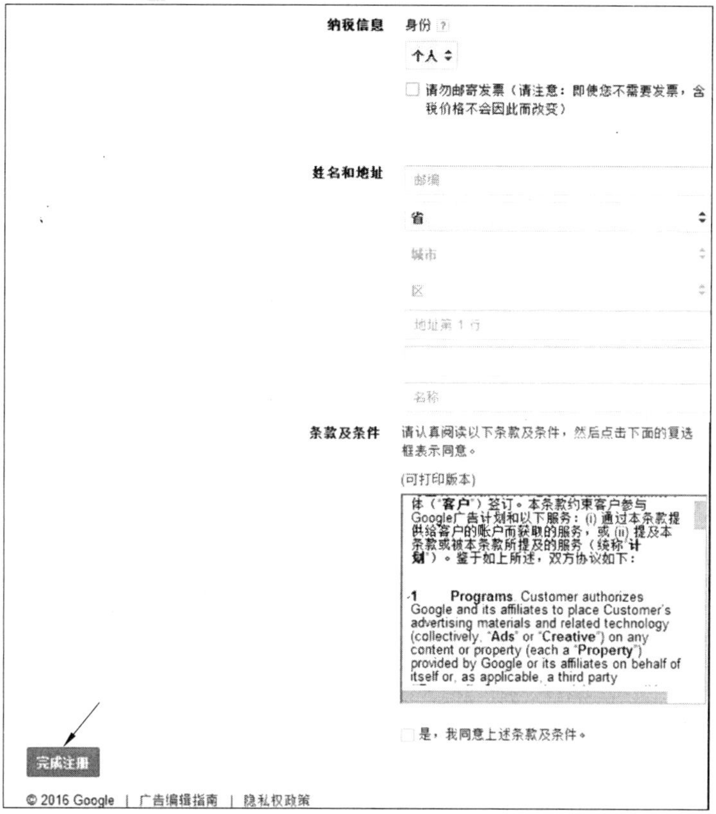

图 7.98　Google AdWords 设置步骤(五)

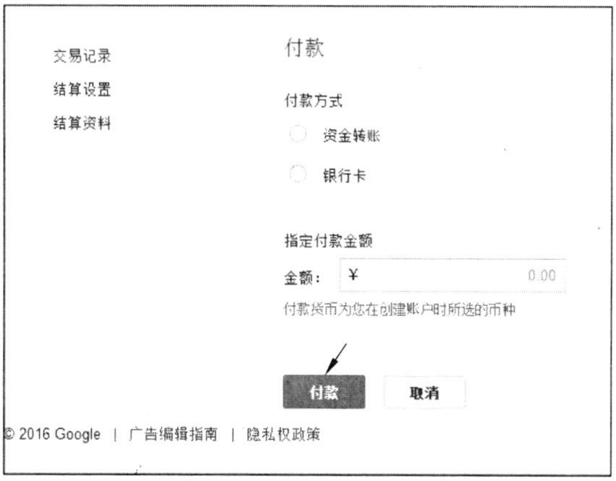

图 7.99　Google AdWords 设置步骤(六)

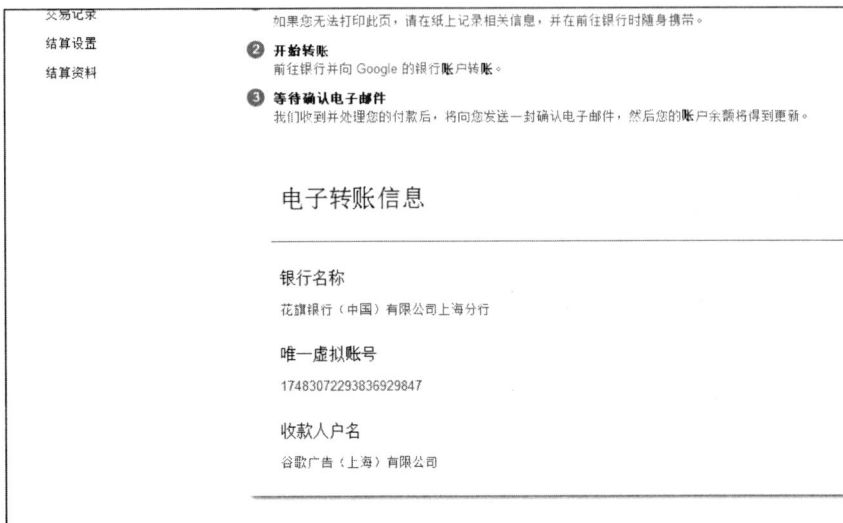

图 7.100　Google AdWords 设置步骤（七）

图 7.101　Google AdWords 设置步骤（八）

7.3.4　Google AdWords 的账户优化要点

在制造业的生产工艺当中,每一道工艺都会有一定数量的不良品产生。它就好像误差一样,只能减少,不可避免。

以某一金属件的加工为例,它的加工工艺流程如下:

锻造→CNC→抛光→烤漆→组装

假设 CNC 的良率为 90% ,抛光的良率为 95% ,烤漆的良率为 98% ,组装的良率为 99%,那么总体的良率为 90%×95%×98%×99%≈83%。

同样道理,从 Google AdWords 广告投放到产生利润分为以下几个步骤:

$$展示→点击→咨询→成交$$

在展示之后的每一步,都有一定的不良。比如展示次数为 100,那么点击次数可能是 90,咨询次数是 85,成交数是 50。

这是一个依次递减过程,示意图如图 7.102 所示。

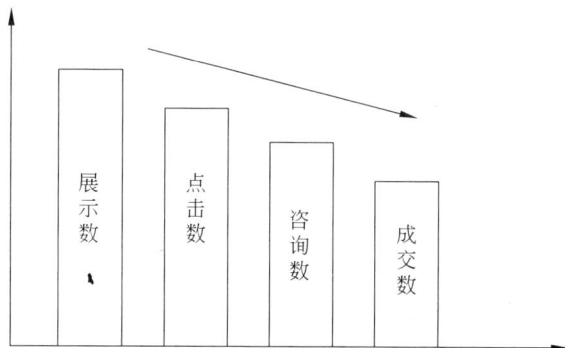

图 7.102　流量递减示意图

在这个过程中,如果有重大不良发生,应该检讨问题点并进行纠正。一般情况下,存在以下 3 类问题。

1. 点击数远低于展示数

虽然 Google AdWords 是按点击付费,展示无须续费,但是展示了却没有点击,说明 Google AdWords 广告设置存在重大问题(见图 7.103)。

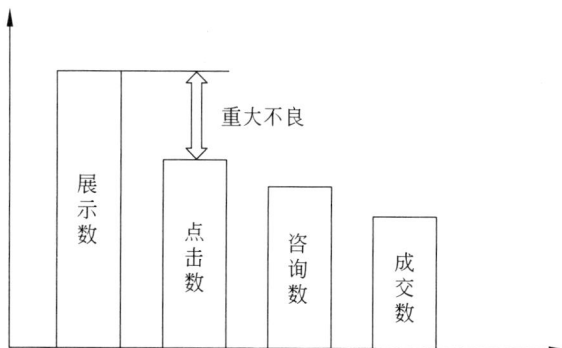

图 7.103　点击数损耗示意图

原因分析如下。

（1）广告语不够吸引人。

（2）关键词太广泛。

解决对策如下。

1）重新写广告语

用户看到了但是没有点击的一个原因是广告语不够吸引人，所以要加强广告语的优化。广告语可以从理性和感性两个层面进行优化。理性的层面是对产品进行客观描述，突出质量、服务特色或者价格优势。比如将"服装出售"优化为"服装大优惠"或者"折扣服装清仓"等。感性的层面是对用户进行情感上的号召，比如"一个月狂减 20 斤，还我美丽！"。用户购买减肥产品的最终目的不仅仅是减肥，而是为了美丽，为了得到他人尊重。我们的广告语如果能够直接切入用户的内心深处，用户不过来点击是不可能的。

还有一点要注意的是，必须去研究竞争对手的广告语，做出差异，做出自己的特色。最重要的是要比竞争对手的广告语更吸引人。

2）加强关键词的精准度

用户看到了但是没有过来点击的另外一个原因是关键词设置得太宽泛。比如我们的关键词是"服装"，那么对于一个想买衣服的用户来说，他是不会去点击的。因为这个词太宽泛了，服装有正式服装、休闲服装，有礼服、戏剧服装等。假设用户是一名男性，他看到一个关键词是"特价男装"，与"服装"相比，他肯定会去点击前者。

所以，关键词的设置一定要针对某一用户群，保证这一潜在客户人群会过来点击。

2. 咨询数远低于点击数

咨询数据损耗示意图如图 7.104 所示。

用户点击了网站却没有咨询，更不会下单（没有咨询而直接下单的情况很少，这里忽略不计）。这个时候我们就应该紧张起来了。一旦产生点击，广告费就已经支付给了 Google。真金白银已经花出去了，用户却走掉了。

产生这个问题的原因一方面是技术层面的。当用户点击网页后，加载速度太慢，直到用户失去耐心。你的广告语再吸引人，用户点击之后网页一直打不开，谁还会一直等待下去。有研究结果表明，用户等待网页打开的时间不会超过 7 秒。事实上，这个时间会更短。

所以，尽量减少影响网页加载速度的因素，比如使用 Flash 页面或者网站做

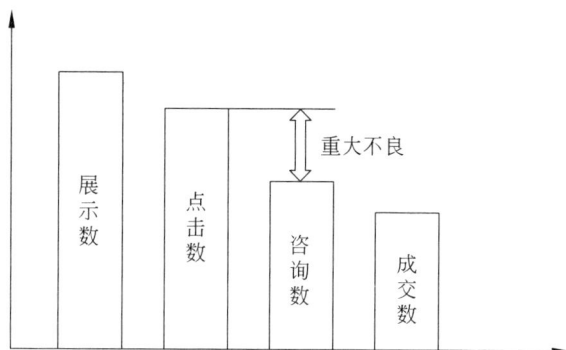

图 7.104　咨询数损耗示意图

跳转等。另外，还可以结合 Google Analytics 的一些数据报告进行深度分析。

3. 成交数远低于咨询数

成交数损耗示意图如图 7.105 所示。

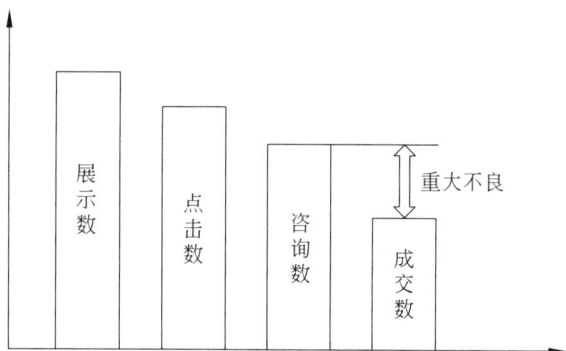

图 7.105　成交数损耗示意图

这个问题与 Google AdWords 的账户设置无太大关联。成交数的高低取决于销售人员的表现以及产品的口碑和定价等因素。这一方面的提升方法请参考第 15 章。

7.4　广告联盟

搜索引擎旗下的广告联盟采用自动搜索匹配技术，将广告展示在内容联盟网络中。这种广告的效果一般情况下远不及搜索推广，只适合锦上添花，而不适合雪中送炭。

虽然搜索引擎会根据相关性去匹配内容广告,但它往往是被用户第二眼看到的,而不是第一眼。比如当用户近期搜索了一些和"口吃""减肥""美白"相关的词汇时,如果用户再去访问一些配置该搜索引擎的广告联盟广告的时候,它的广告会显示与近期搜索词汇相关的内容,如图7.106所示。

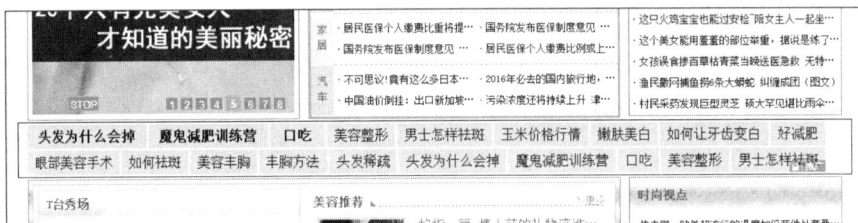

图 7.106   网页中的广告联盟展示位

由此可以看出,这些词汇被用户搜索完之后第二次在这里被显示出来。此时,用户可能已经无此需求或者需求已经得到了满足。所以,这里广告效果打了折扣。

但是,任何投资都应该考虑效益成本比,如果投放得法,测试能够赢利之后,这类广告还是可以投放的。

7.4.1   Google AdSence

前面讲述了如何利用 Google AdWords 实现在搜索结果中获得不错的排名,本节介绍如何通过对 Google AdWords 账户的设置,将广告展示在 Google 庞大的数百万的内容联盟网络中。

对于站长来说,该联盟网络称之为 Google AdSence 广告联盟。通过 Google AdSense,广告商向 Google 提供订制的广告并缴费,而站长可以在自己的网站发布广告获取收益。Google AdSense 的广告内容与用户搜索的关键词内容有关。

设置方法:点击"广告系列"→"设置"命令,选择展示范围为"搜索网络和精选展示广告网络",如图7.107所示。

展示的效果范例如图7.108所示。

7.4.2   百度网盟

在中文领域,最大的广告联盟是百度网盟。百度网盟推广由账户、推广计划、推广组、创意4个层级组成,如图7.109所示。

图 7.107　Google AdWords 广告设置页面

图 7.108　Google AdSence 广告范例

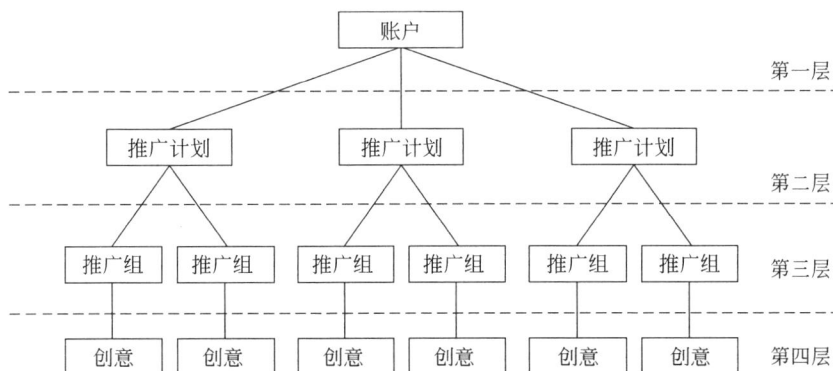

图 7.109　百度账号结构

175

建立百度网盟账户分以下几个步骤。

1. 开通网盟推广账户

开通网盟推广账户前需要注册成为百度推广账户,待百度推广账户生效后,就可直接进入网盟推广账户。

如果已经有百度推广账户,无须重新开通,直接登录即可:进入百度推广系统首页,点击"网盟推广"模块的"进入"按钮,即可进入,如图 7.110 所示。

图 7.110　百度网盟设置界面(一)

2. 设定百度网盟推广账户结构

使用"快速新建"功能,只需要三步就可以完成账户结构。

(1)点击"开始快速新建"按钮,如图 7.111 所示。

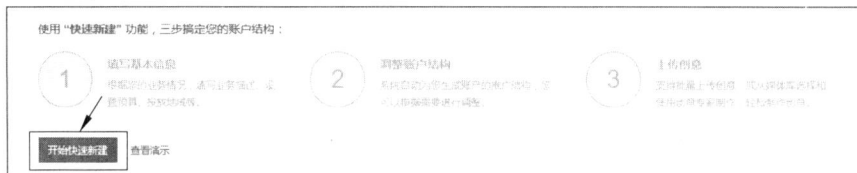

图 7.111　百度网盟设置界面(二)

(2)填写总预算和业务关键词,点击"生成推广方案"按钮,如图 7.112 所示。

(3)调整账户结构。此时,系统将自动为我们创建推广计划以及推广组,点击"生成"按钮进行创建,如图 7.113 所示。

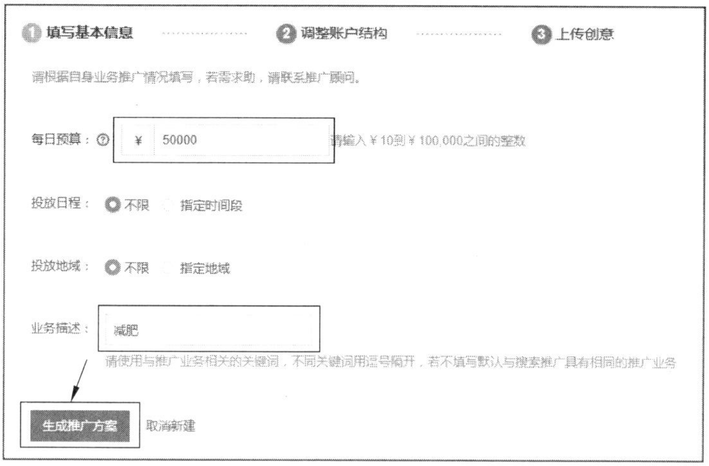

图 7.112　百度网盟设置界面(三)

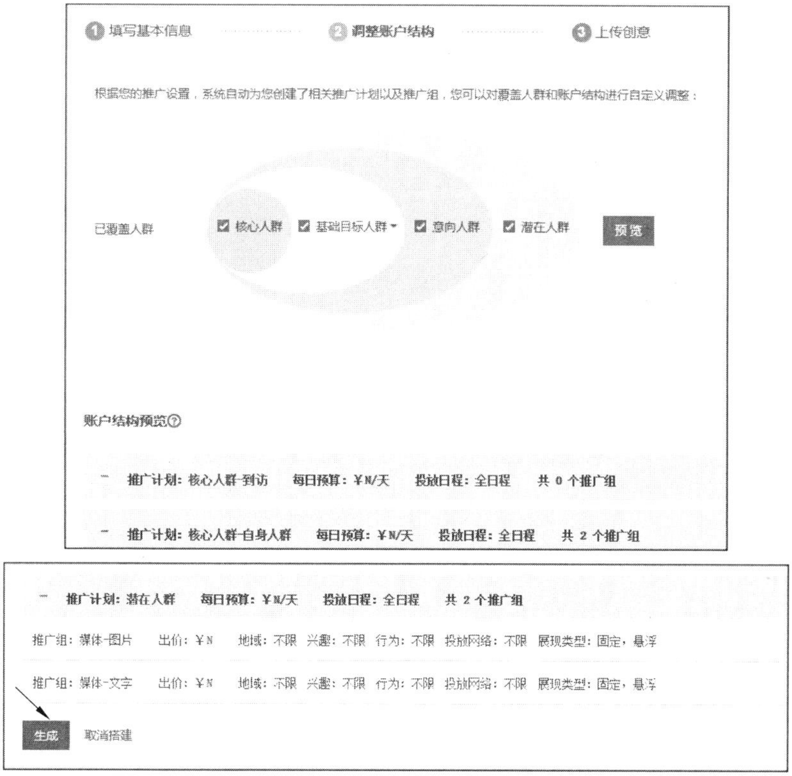

图 7.113　百度网盟设置界面(四)

生成后,可以对覆盖人群和账户结构进行自定义调整,调整完毕后,点击"保存并继续"按钮,如图7.114所示。

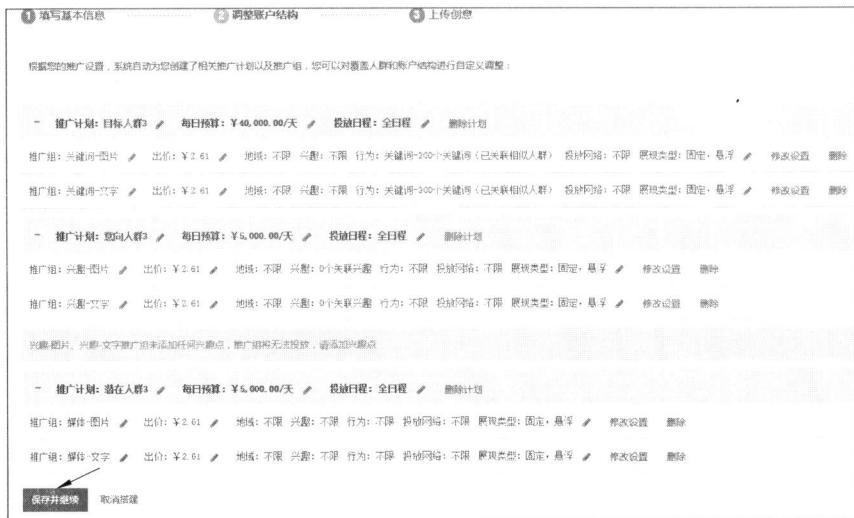

图 7.114　百度网盟设置界面(五)

(4) 上传创意。上传创意后,点击"保存并继续"按钮,账户构建完成,如图 7.115 所示。

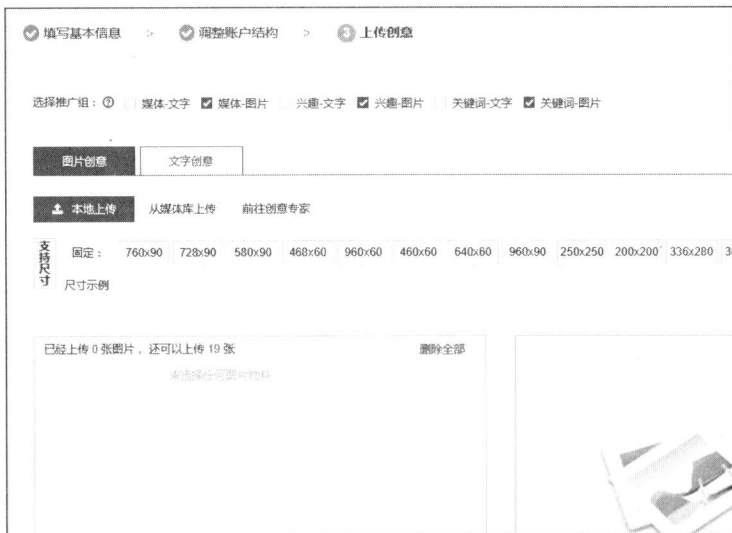

图 7.115　百度网盟设置界面(六)

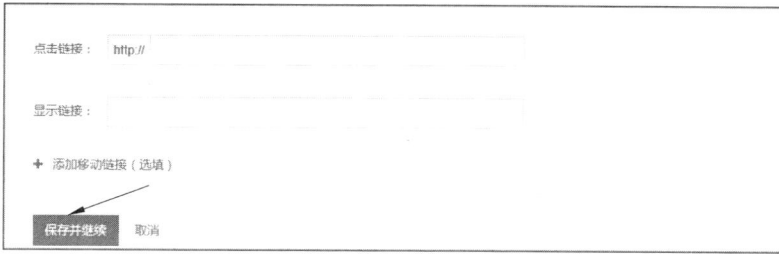

图 7.115　（续）

7.5　其他 SEM 手法

除了 SEO 和 PPC 付费排名外，还有一些手法也可以让我们的产品或网站暴露在搜索引擎的搜索结果中，获得可观的流量。以下从两个方面展开。

7.5.1　搜索引擎的"亲戚"

大型的搜索引擎往往是一个综合性的平台，它们除了核心业务搜索之外，还广泛涉足其他产品。以 Google 和百度为例，如图 7.116 和图 7.117 所示。

图 7.116　Google 产品大全

图 7.117　百度产品大全

这些产品都是搜索引擎的"亲戚",在搜索引擎排名时拥有较高的权重,在搜索结果中得到优先展示。

以百度为例,在搜索框搜索"深圳口才培训学校",竞价结果的前 3 个当中就有一个是百度的产品"百度教育",如图 7.118 所示。

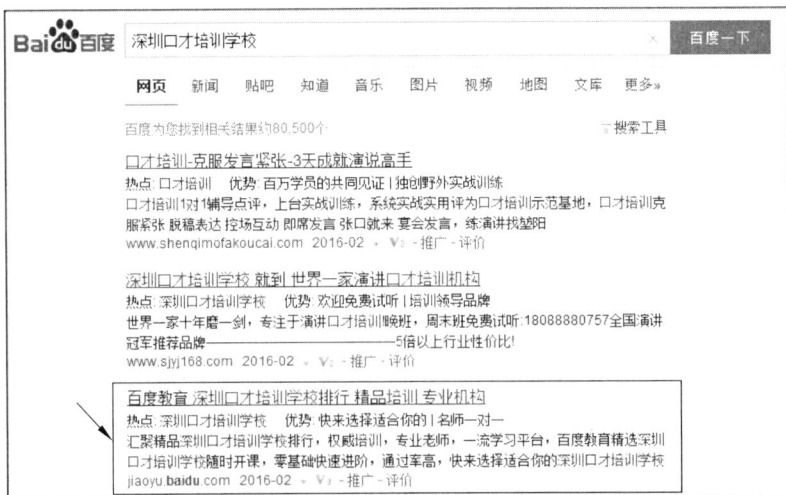

图 7.118　百度搜索"深圳口才培训学校"的结果(一)

继续往下看,是百度教育推送的 3 个机构,如图 7.119 所示。

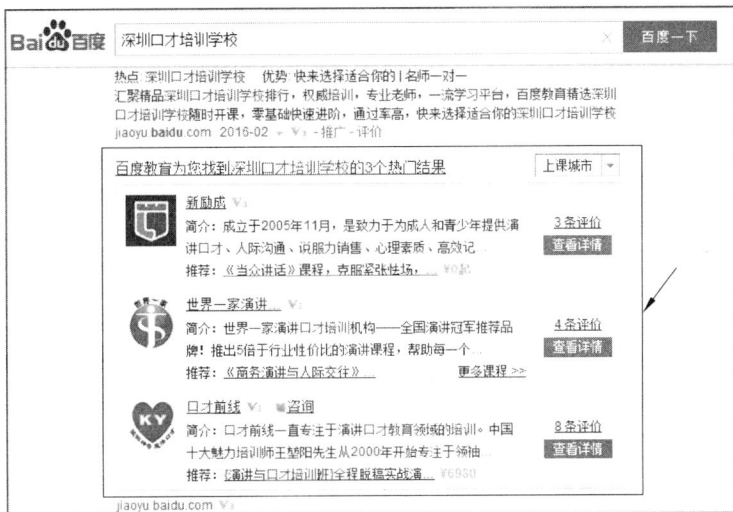

图 7.119　百度搜索"深圳口才培训学校"的结果(二)

再往下看,是百度的另外两个产品,即"百度地图"和"百度知道",如图 7.120 所示。

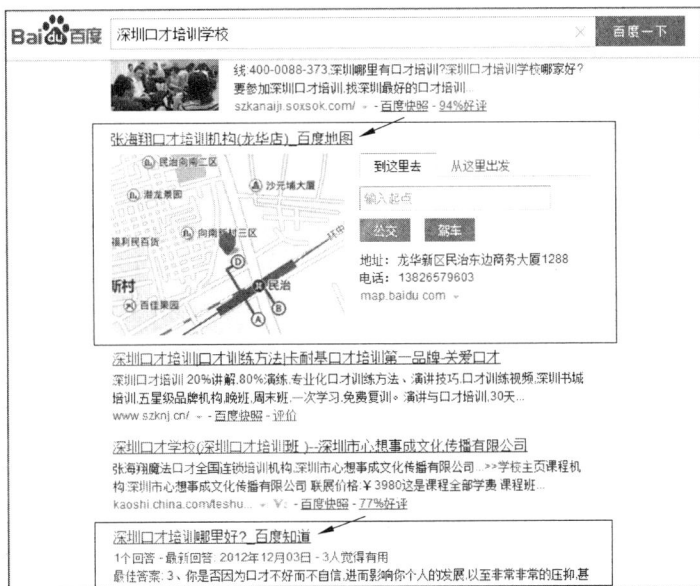

图 7.120　百度搜索"深圳口才培训学校"的结果(三)

综上,在首页的前 13 个结果中,百度相关产品占据了 6 个。如果我们能够与这 6 个百度产品合作,并且结合 SEO 和百度竞价,那么实现百度霸屏效果也是有可能的。霸屏的意思是整个首页搜索结果中我们的产品信息占到 90％以上的绝对优势的覆盖,实现某个关键词的垄断。

再以搜索明星刘德华的名字为例,看一下搜索结果,如图 7.121 所示。

(a)

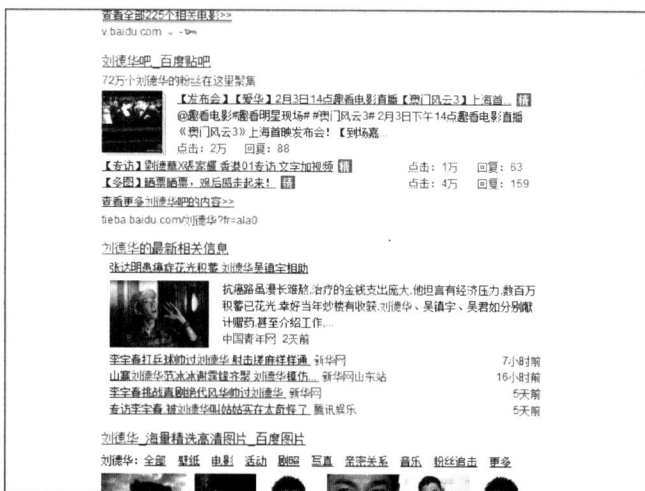

(b)

图 7.121　百度搜索"刘德华"的结果

可以看到,从上到下依次是百度百科、百度音乐、百度视频、百度贴吧、百度图片,再往下面才是其他网站。搜索引擎已经不只是为用户提供单一的信息搜索服务,而是向全方位的内容提供商转变。它在搜索结果中尽可能为自己家的"亲戚"拉流量。所以,我们必须花费一定的精力在百度的相关产品上。

除了上述提到的百度教育、百度地图、百度知道、百度图片、百度贴吧、百度音乐外,百度还有很多产品在搜索时具有很高的权重,其他的行业平台如百度健康、百度财富、百度房产、百度汽车等,其他的服务产品如百度文库、百度经验等。

以下为大家一一介绍。

1. 行业平台

针对暴利的医疗、教育等行业,百度开设了行业平台。比如百度健康、百度教育、百度汽车、百度财富、百度房产等。

以百度健康为例,它与各大医院合作为用户提供安全、有效、高相关度的搜索服务以及咨询、预约、诊后评价等增值服务。

这些平台要求有实力的企业才可以入驻。我们可以自己注册公司然后申请进驻这些平台或者挂靠大公司进入这些平台。目前的公司注册成本及门槛普遍降低,个人创业者注册一个公司非常容易。

2. 百度地图

百度地图不仅可以让本地用户便捷地找到你,而且有助于提升品牌知名度。例如,百度搜索"上海整形医院",搜索结果当中竞价排名和百度贴吧之后,紧接着就是百度地图,如图 7.122 所示。

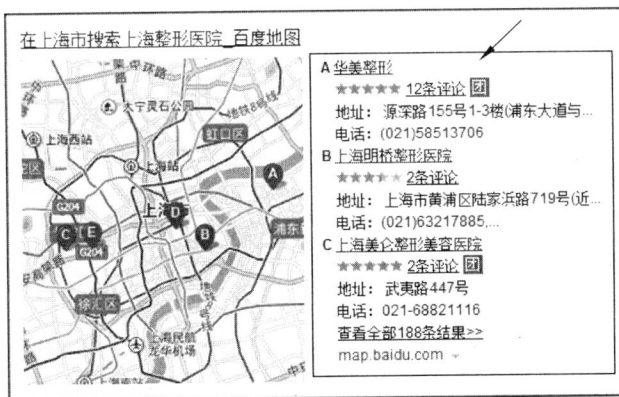

图 7.122　百度搜索结果中的百度地图

可想而知,显示在右侧的这三家医院获得了极大的品牌效应,这个效果丝毫不亚于排名更靠前的竞价排名。

添加百度地图的方法如下。

(1) 点击地图下方的"商户免费标注",如图 7.123 所示。

图 7.123　百度地图设置页面(一)

(2) 点击"标注认领单个商户",如图 7.124 所示。

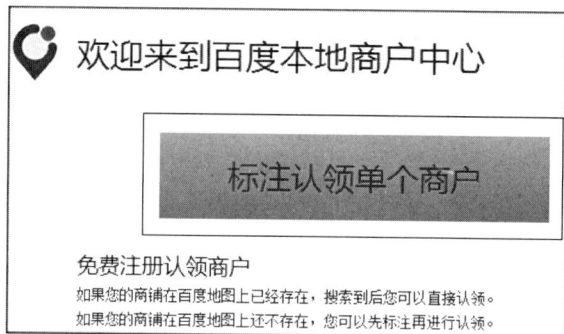

图 7.124　百度地图设置页面(二)

(3) 输入城市及商户名称进行搜索,如果在地图上已经存在,则直接认领。如果不存在,需要先标注再认领,如图 7.125 所示。

(4) 填写商户资料,上传门脸照片、资质资料等,点击"提交"按钮,如图 7.126 所示。

(5) 等待百度审核通过。

3. 百度贴吧

百度贴吧拥有大量的活跃用户,参与者众多,尤其是潜在用户。现在人们越来越厌烦广告,而像贴吧这样的多人参与的平台中的言论更容易获得用户信任。

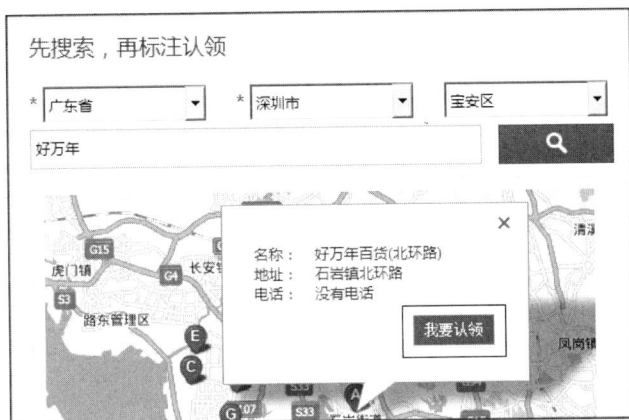

图 7.125　百度地图设置页面(三)

图 7.126　百度地图设置页面(四)

　　同样以百度搜索"上海整形医院"为例,百度贴吧排名紧跟竞价之后。两条精华帖子都达到了 10 万的点击量,营销效果不容小觑,如图 7.127 所示。

　　我们可以自己创建一个与产品相关的贴吧,然后推一些精华帖,吸引人气或者去相关的贴吧发布一些成功案例,如图 7.128 所示。

　　这个精华帖的名称是"9 月隆的鼻,大家帮我看看怎么样",相信很多想整形

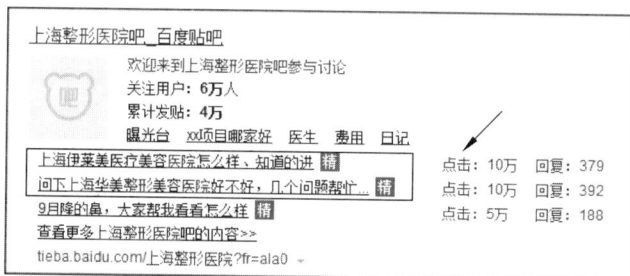

图 7.127　百度贴吧"上海整形医院吧"

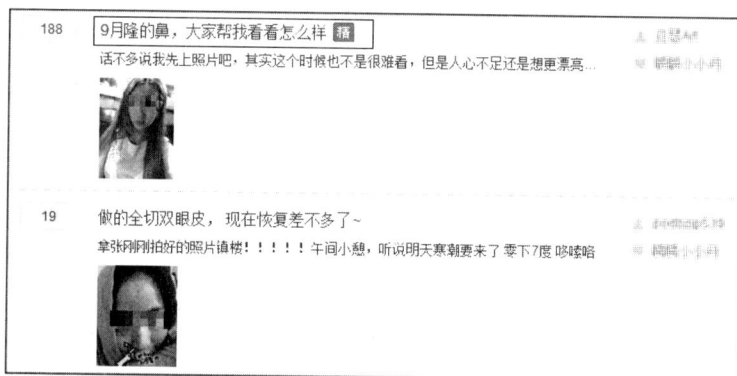

图 7.128　"上海整形医院吧"帖子范例

尤其是想隆鼻的人肯定会进来看看,而且这图片是一个半身图片,看不清鼻子,必须要点击进去。如果有人觉得鼻子隆得好,肯定会问在哪家医院隆的呀?这个医院的哪个医生做的手术呀?这样整形医院的广告就顺势打出去了,而且如果再加上医生推荐,基本上十有八九就已经成交了。

4. 百度知道

百度贴吧是针对某一话题的广泛讨论,百度知道是基于搜索的知识问答平台。比如在百度搜索"上海整容医院哪家好",搜索结果中百度知道显示的结果如图 7.129 所示。

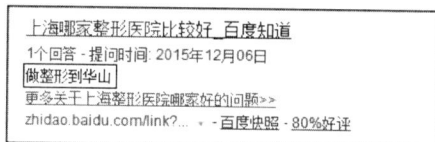

图 7.129　百度搜索结果中的百度知道

我们可以采用自问自答的形式在百度知道中植入我们的软广告,不过要注意回答与问题之间的时间以及广告的隐性程度。还可以去威客网找一些专业人士帮忙操作,市场价大约 1 元每条。另外,也可以自己认证成为知道专家,提升回答的权威性。

5. 百度百科

百度百科是一部自由开放的百科全书,汇聚了上亿用户的智慧,涵盖了各个知识领域。

以百度搜索"口臭"为例,排名第一的是百度百科,如图 7.130 所示。

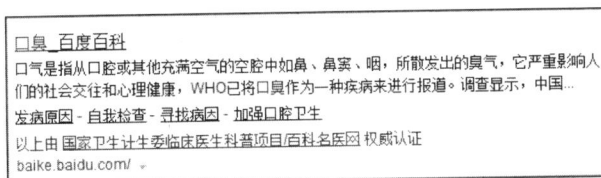

图 7.130　百度百科"口臭"

点击进去,注意该词条的提供者,如图 7.131 所示。

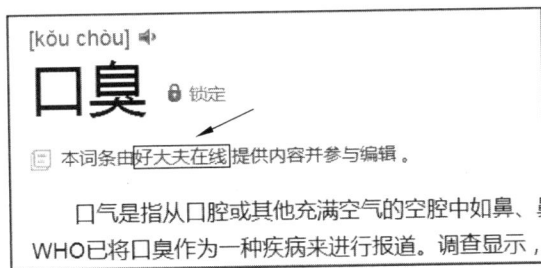

图 7.131　百度百科"口臭"内文

点击"好大夫在线"即进入其网站 http://www.haodf.com。

百度百科庞大的流量加上其无可比拟的权威性,可以给"好大夫在线"网站带来不错的流量。

正是因为其在用户心目中的权威性,百度百科审核非常严格,如果有很明显的广告行为,是很难在百度百科创建词条的。不过,我们可以采用以下方法进行软广告的植入。

1) 利用创建者身份做链接

如上文案例当中的"口臭"这个词条的内容中没有任何广告,但是创建者的名字使用了网站的名字,链接也直接链向网站首页。

2)品牌隐藏

在做百度百科时,设置品牌介绍这一项目,其中列举各大品牌,并把我们自己的品牌加到其中,并做上链接。百度不会识别此为广告。

在"婴儿车"这个词的百度百科中,其中有一个项目是"常见品牌",各大品牌中有一个品牌 UPPAbaby 婴儿车做了链接,而且排在所有品牌第一位,如图 7.132 所示。

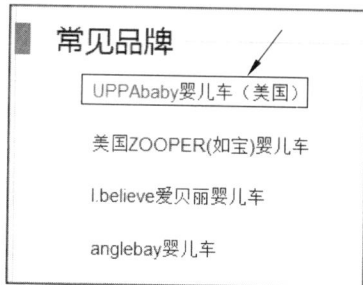

图 7.132　百度百科"婴儿车"内文

3)利用图片 logo

在百度百科的词条图册当中插入该词条的相关图片,图片上有意暴露出产品 logo,吸引用户搜索。

以"吸尘器"这个词条举例,在"吸尘器"这个词条的词条图册里有一组吸尘器的图片,如图 7.133 所示。

图 7.133　百度百科"吸尘器"词条图册

点开细看,能看到吸尘器的标志 ING,如图 7.134 所示。

再去百度搜索"ING 吸尘器",果然是一款吸尘器品牌,如图 7.135 所示。

4)利用参考资料

在百度词条的参考资料当中加入链接。这个链接百度要求是高质量链接,如果我们的网站没有达到这个要求,可以引入大型新闻平台的链接,在这个链接当中对产品进行详细介绍。

以百度词条"煎饼打印机"为例,其下方的参考资料引用了网易的一篇新

图 7.134　百度百科"吸尘器"词条中的含 logo 图片

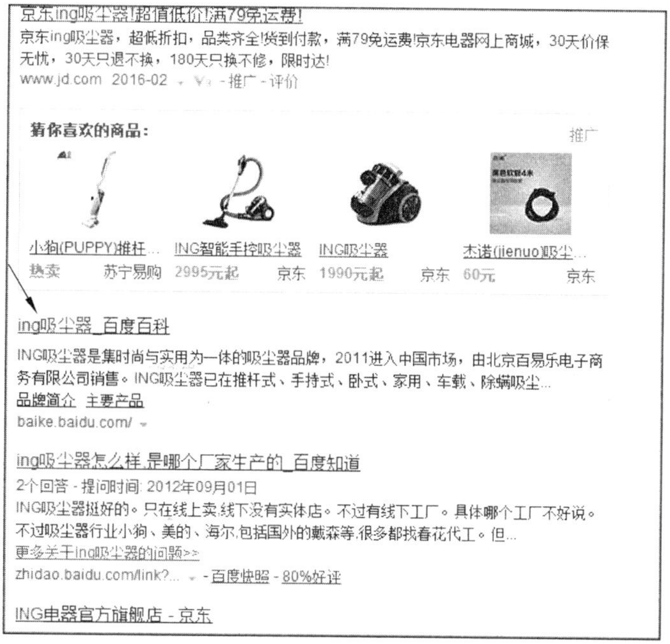

图 7.135　百度搜索 ING 的结果

闻,如图 7.136 所示。

打开这个链接,如图 7.137 所示。

在这篇新闻稿当中,对这个"煎饼打印机"产品进行了详细介绍和推广。

6. 百度经验

百度经验是百度旗下一款实用的生活指南,它主要帮用户解决"具体怎样

他们还在继续改良中，希望可以将图案打印得更精美，并加快打印速度[1]

参考资料

1 ☆ 清华学生造煎饼打印机 每台成本3000元 ⬀ . 网易数码[引用日期2015-09-4]

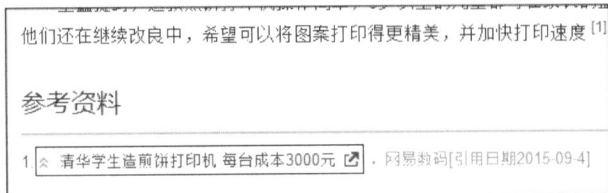

图 7.136　百度百科"煎饼打印机"中的参考资料

图 7.137　百度百科"煎饼打印机"中的参考资料链接页面

做"的问题，比较贴近实际操作。

我们可以编写一些生活中的问题的具体解决方法提交上去，然后在个人信息留下链接。以"治疗口臭的方法"这个经验为例，如图 7.138 所示。

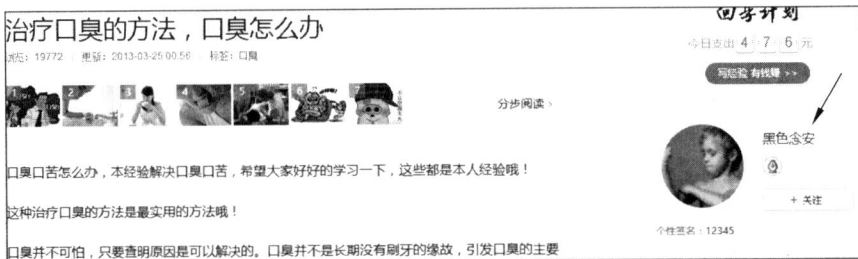

图 7.138　百度经验"治疗口臭的方法"

点击右侧提交者的昵称,进入个人信息,如图 7.139 所示。

图 7.139　百度经验"治疗口臭的方法"的个人信息

可以看到,在个人简介里面藏着一个网址。

7. 百度文库

百度文库是一个在线互动式文档分享平台,用户可以上传和下载资料,同其他的百度产品一样,拥有很高的权重。我们可以写一些软文上传到百度文库,当其他用户浏览或下载的时候,我们的产品或链接就会得到曝光。

百度搜索"如何根除口臭",百度文库排名第 6,如图 7.140 所示。

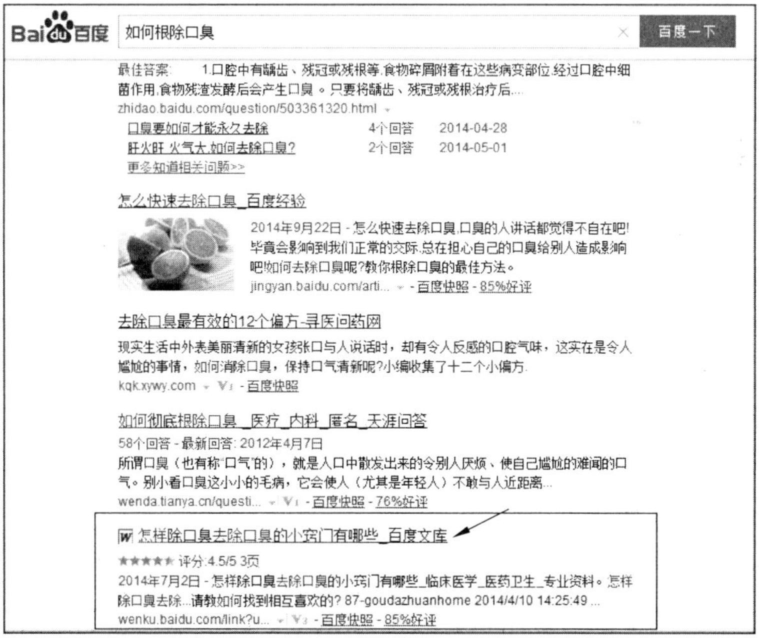

图 7.140　百度搜索"如何根除口臭"结果

点击进去,我们发现,这其实是一篇软文,注意除口臭方法当中的第 4 种:"国龙中医一排清疗法",这才是这篇文章要推广的目标,如图 7.141 所示。

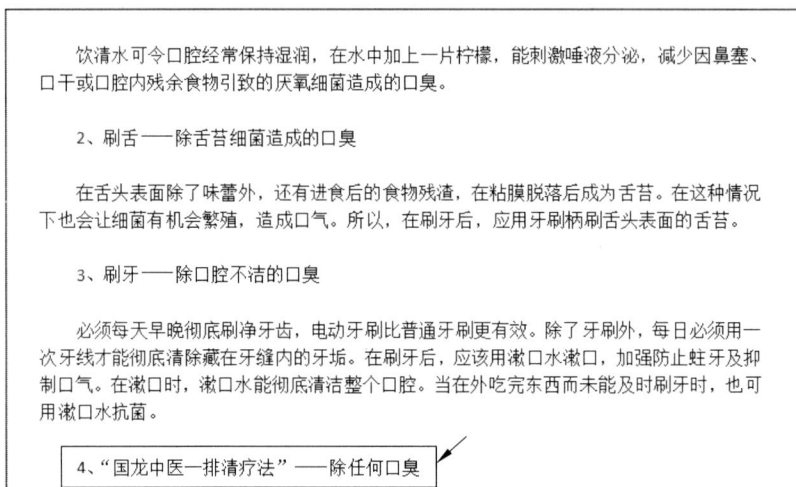

饮清水可令口腔经常保持湿润,在水中加上一片柠檬,能刺激唾液分泌,减少因鼻塞、口干或口腔内残余食物引致的厌氧细菌造成的口臭。

2、刷舌——除舌苔细菌造成的口臭

在舌头表面除了味蕾外,还有进食后的食物残渣,在粘膜脱落后成为舌苔。在这种情况下也会让细菌有机会繁殖,造成口气。所以,在刷牙后,应用牙刷柄刷舌头表面的舌苔。

3、刷牙——除口腔不洁的口臭

必须每天早晚彻底刷净牙齿,电动牙刷比普通牙刷更有效。除了牙刷外,每日必须用一次牙线才能彻底清除藏在牙缝内的牙垢。在刷牙后,应该用漱口水漱口,加强防止蛀牙及抑制口气。在漱口时,漱口水能彻底清洁整个口腔。当在外吃完东西而未能及时刷牙时,也可用漱口水抗菌。

4、"国龙中医一排清疗法"——除任何口臭

图 7.141　百度搜索"如何根除口臭"

7.5.2　搜索引擎信任的平台

除了搜索引擎的自家产品,还有一些大的信息发布平台对搜索引擎十分友好,搜索引擎对其有高的权重。我们在这些平台上面发布信息,能够很快在搜索引擎获得不错的排名。

1. 分类信息平台

在搜索引擎搜索一些地区性的服务,如管道疏通、搬家、学生兼职这样的服务,往往分类信息网站会有不错的排名。以管道疏通为例,除了百度竞价以及百度自己的相关产品外,接下来就是 58 同城,如图 7.142 所示。

如果我们从事的是本地化的服务,不妨把重点放在分类信息网站的信息发布上。不过要注意以下几点。

1) 突出关键词

要把关键词写在标题里,如"疏通"、"马桶疏通"、"卫生间防水"等,这样便于用户搜索到。

2) 全部使用文字

不使用图片、动画、视频等进行描述,这些东西分类信息站无法读取,搜索

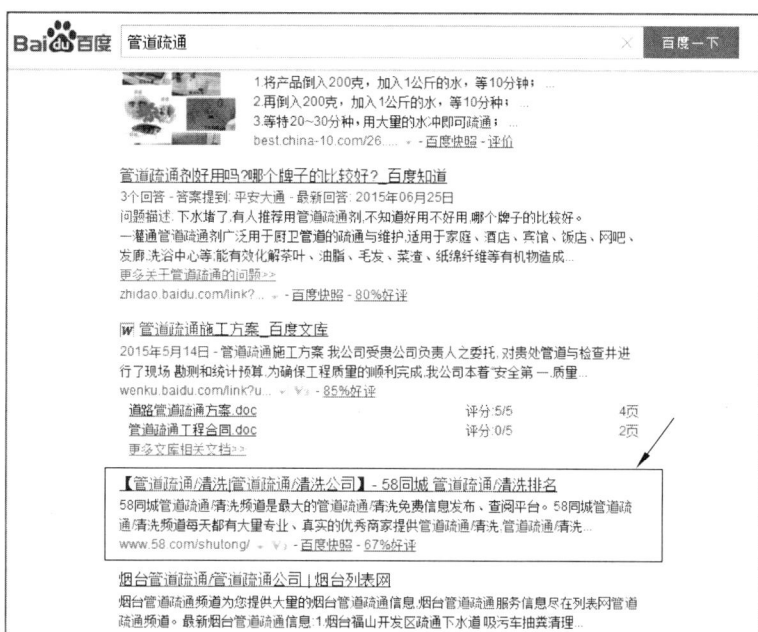

图 7.142　百度搜索"管道疏通"结果

引擎更无法读取。

3）多发几个网站

在大型的分类信息平台全部发布，如 58 同城、赶集网、百姓网、本地生活网、列表网，以及一些本地分类信息站等。

2. 文章发布平台

比如搜狐自媒体、站长之家、A5 站长网这些拥有高权重的平台，基本上发布文章后几个小时就可以在搜索引擎搜索到，而且随着时间的推移，排名逐步靠前。

下面以搜狐自媒体为例进行介绍。

1）账号申请

如果有公司，可以用营业执照申请；如果没有公司，可以先进入其他平台，如腾讯微博的自媒体，然后再去申请。

2）文章撰写

必须写原创文章，自己写不出来可以去猪八戒网找人写。

3）发布

目前来看，按以上步骤操作，基本上上首页没有问题。

以下看一个案例，百度搜索"江苏冬青"，如图 7.143 所示。

图 7.143　百度搜索"江苏冬青"的结果

这是一篇江苏冬青的出售消息，以自媒体文章的信息发布，成功进入百度排名前 3 的位置，高于阿里巴巴的排名。

第 8 章

EDM 电子邮件营销

电子邮件在获取流量方面的重要性丝毫不亚于搜索引擎,特别是许可式电子邮件更是对其他途径获取的首次流量的精准化提炼和深度重复利用。所以,它的重要性和有效性是其他流量方法所无法比拟的。

8.1 电子邮件的优势

8.1.1 用户数量大

随着互联网的迅猛发展,网民数量急剧增加。电子邮件好比网络名片一样,基本上每一个网民至少有一个。很多网站注册会员时要求填写电子邮件,网民要在网上进行活动,没有电子邮件是不行的。当然,除了电子邮件外,网民还有其他的通信信息,比如手机号码、真实家庭地址等。但是,由于网民对于自身的隐私越来越重视,像手机号码这类与用户真实身份具有高度关联性的信息网民用户是不会轻易提交给网站的,所以大部分网站注册时仅需提交电子邮件。于是,电子邮件以其易注册性和匿名性得到了网民的广泛使用,而且很多网民有多个电子邮箱。

由此可见,电子邮件是基本上可以覆盖所有网民的通信工具。通过电子邮件,可以将我们的产品或服务传达给所有的网民,这是一个相当庞大的市场。

8.1.2 针对性强

大多数流量方法将用户吸引至我们的网站后,用户需要自己浏览,筛选信息,无法聚焦眼球。而通过电子邮件可以第一时间将特定信息发送给用户,比如最新的折扣信息、新产品优惠、促销活动等。这些信息不会一直存在于网站上,是一些临时性的商业手段,而且有时候往往是有限定时间的,比如买就送、限量抢购等。

除了内容的针对性外,还有用户群的针对性。对电子邮件的用户群进行分类:男性用户、女性用户、学生用户、白领用户、企业老板用户等。对于不同的人群可以发送有针对性的邮件。比如一个服装电商平台,男装的折扣信息应该发送给男性用户,而化妆品的促销信息就应该发送给女性用户。

其他的流量手法如 SEO、广告等吸引来的往往是大众流量,很难像电子邮件一样,具有很强的针对性。

8.1.3　成本低效率高

目前市场上发送十万封邮件的价格大约在 2000 元左右,由此计算一封邮件的价格在 2 分钱左右,成本和动辄几元钱点击价格的 PPC 广告相比,极其低廉。

虽然成本低,但是它的效率极高。只需轻轻一点,上万封甚至几十万封邮件立即进入准客户邮箱,相比十几个月才能见效的 SEO 来说,速度快且效果好。

8.1.4　流量价值的深度挖掘

深度挖掘现有流量的价值,这一点是许可式电子邮件最为出众的地方。

许可式电子邮件(open-in-email)是指收件人同意接收的邮件,比如通过网站注册表格订阅的邮件。

当用户被我们用 SEO 或者其他方式吸引到网站后,大部分用户浏览网页之后离开了网站,再也不会回来了。那么,这种流量就是一次性流量,没有转化便流失了。

电子商务网站的转化率一般为 1% 左右,也就是说有 99% 左右的流量来过一次后便白白流水掉了。这是一个巨大的流量浪费,这其中有很大一部分用户可能暂时不需要产品但是以后需要,或者浏览完别的同类网站后想回来却找不到网站了,或者根本就没有时间深入了解产品,尽管我们的产品非常好。而许可式电子邮件克服了这些问题,它能够把这些用户很好地留了下来,做更加深入的交流。

在网站设置电子杂志订阅,感兴趣的用户自然会提交邮箱给我们。我们的优惠活动、产品特点、免费体验,甚至是节日问候,都可以发送给用户,这一系列的举动让用户更加地信任我们。这种信任的威力是巨大的,它使得电子邮件营销的转化率高达 20% 左右。

更重要的是,这些信任我们的用户能够成为我们的终身客户。比如一家做母婴产品的电商,客户在备孕时期对我们的网站产生了信任的话,她怀孕时期所需要的产品会来我们的网站买,坐月子时的全套物品会在我们的网站买,生完小孩之后小孩的东西也会在我们网站买。她以后要是生了二胎,还会来我们的网站买。除此之外,她可能还会推荐我们的网站给她的宝妈朋友们。所以,这个客户的价值是无穷尽的。

8.2　电子邮件地址的收集

8.2.1　电子杂志订阅

用户主动订阅网站的电子杂志,就意味着其愿意接受我们所提供的对其有价值的信息,这是许可式电子营销的前提。

1. 电子杂志订阅的设计思路

1) 用户填写信息并提交

用户在网页上的注册框中填写姓名和电子邮件信息,并点击“提交”按钮。切忌要求用户填写太多的信息,如手机号码、性别、年龄这些。大多数人都是没有耐心的,太烦琐的填写步骤加上对隐私的担忧,会让很多人放弃注册。最好的办法是只填写一个电子邮件地址即可,这样对用户来讲是最容易的。但是考虑后期发送邮件过程中如果能加上用户的名字,会大幅度增加亲和度,所以最佳的方式仍然是填写姓名和邮箱。

姓名 [_____]　　邮箱 [_____]　　[提交]

鉴于目前国内绝大多数用户都是用 QQ 邮箱,所以省去“@qq.com”的填写会更加人性化。这样的话,用户只填写 QQ 号码即可。

姓名 [_____]　　邮箱 [_____] @qq.com　　[提交]

2) 进入感谢页面并发送确认链接

用户点击“提交”按钮后网页跳转至感谢页面,感谢页面应包含以下要点。

(1) 恭喜用户提交成功。

(2) 请用户立即去邮箱进行确认。

(3) 要求用户将邮箱地址加入白名单。

范例如下:

"恭喜您成功提交,请立即登录邮箱完成最后确认,您会立即收到老赵的《网络赚钱秘籍》电子书。强烈建议将我们的邮箱地址设置为白名单,以确保您不会错过任何有价值的资讯。

附:白名单设置指导。"

3)用户进入邮箱点击确认

至此,用户已经订阅成功。我们需要再发一封邮件,包含以下内容。

(1)恭喜用户订阅成功。

(2)告诉用户后续发送频率。

(3)再次强调邮箱地址加入白名单。

(4)在邮件的最底部提醒退订方法。

范例如下:

"恭喜您成功订阅老赵博客,我们将每周为您发送一篇最新网赚资讯,您也可以随时关注老赵博客查看哦。

为了防止因邮件服务商误判,导致您错过精彩资讯,再次强烈建议您将本邮箱设置为白名单哦。设置流程如下:

⋮

如需退订本邮件,请点击……"

2. 如何吸引用户订阅

如何让用户主动订阅是整个许可式营销的前提,也是最重要的一环。没有用户订阅,其他如邮件内容设计以及后续的追销等都无从谈起。

如果你认为只要在网页上随便设置一个订阅框用户就会订阅的话,那你就大错特错了。

现在的用户经历了垃圾邮件的洗礼、隐私的泄露、病毒木马的折磨,警惕性已经非常之高,没有高度的信任和高价值的东西的诱惑是很难吸引其注册的。

用户订阅要付出什么,能得到什么,用户心里自有一杆秤。如果用户只需要动动手指输入一个昵称和一个不会泄露隐私的 QQ 号码,就会得到一本超值的电子书或者一个实用工具时,没有谁会抗拒的。

1)注册框的设计

(1)注册框要放在显眼的位置。

根据 F 形眼睛轨迹的原理,注册框要放在 F 区域内,这样便于用户看到。如果你把它放在网页底部右侧,估计浏览者压根就不会注意到。

（2）注册按钮要设置醒目。

注册框要使用比较鲜艳的颜色，尤其是"提交"按钮。

以下是几个经典注册框案例，如图 8.1～图 8.3 所示。

图 8.1　经典注册框（一）

图 8.2　经典注册框（二）

（3）采用引导弹出订阅框。

在页面上设置一个超值物品获取的链接，用户点击后跳转至注册框。这样给用户一种"只差一步"就得到的感觉，他会很快注册，因为他想马上获得超值物品。

以国外网赚大师 John Chow 的网站为例，在网站顶部的视频下方有一个按钮"下载 John Chow 的最新电子书及其网络生活方式"，如图 8.4 所示。

点击该按钮，弹出订阅框，如图 8.5 所示。

注册即可获得 John Chow 的免费电子书，很多人会毫不犹豫，马上填写姓名和地址，点击"Give Me John's Book Now!"按钮订阅。

图 8.3　经典注册框（三）

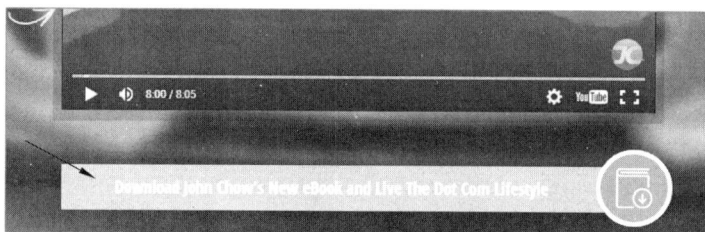

图 8.4　John Chow 网站的订阅引导页

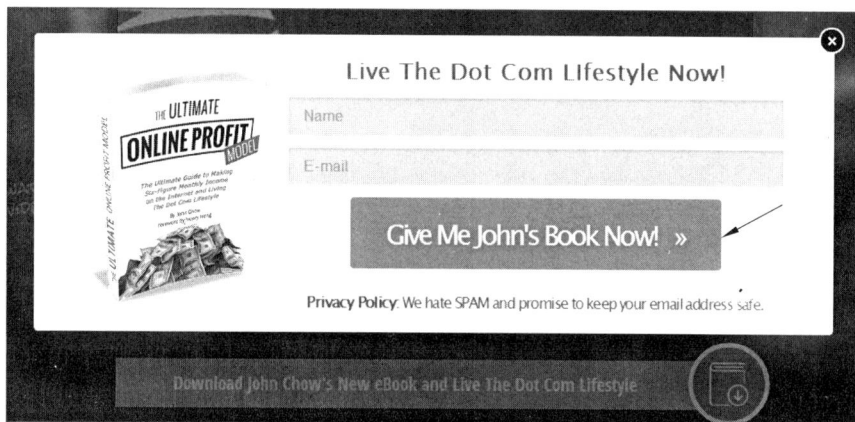

图 8.5　John Chow 网站的订阅框

再来看一下另外一个网赚大师 VICK 的网站，网站首页顶部"Become A V. I. P. NOW!"按钮用来吸引用户进行点击，如图 8.6 所示。

图 8.6　VICK 网站订阅引导页

点击该按钮后，弹出注册框，如图 8.7 所示。

图 8.7　VICK 网站订阅框

有意想成为 VICK 的 VIP 会员的用户看到后就会马上填写信息，并进行提交。

（4）利用新型网络订阅手段。

现在随着移动互联网的发展，移动设备得到快速普及。人们使用手机的时间远远大于使用计算机的时间。微信作为人们使用时间最多的 App 自然是网络营销的主要阵地，微信订阅大有取代电子邮件订阅之势。所以，首先做一些新型的订阅手段未尝不是领先于网络营销界的好方法。

以网赚大师安玉良的官网设计为例，首先是一个醒目的"马上参加训练"按钮,如图 8.8 所示。

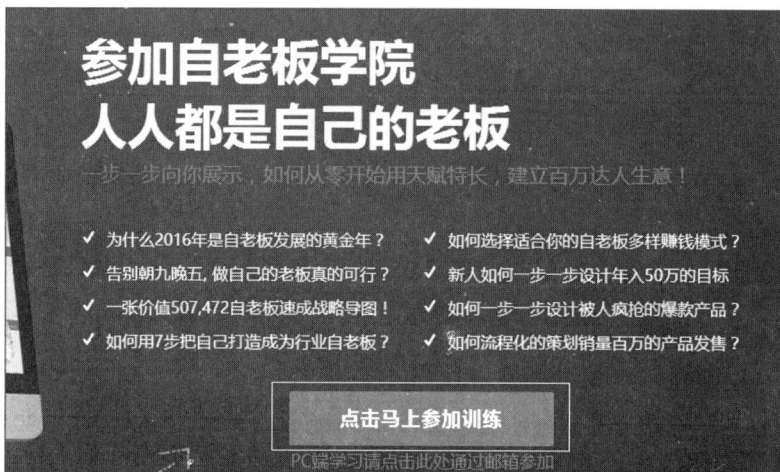

图 8.8　安玉良网站订阅引导页

点击该按钮后,弹出一个二维码,名额已满,想知道啥时候开放招生,扫描关注微信号等通知,如图 8.9 所示。

图 8.9　微信号订阅方式

2）用什么吸引用户

（1）必须给用户有价值的东西。

不要只是说一些"请订阅本博客"、"请订阅本杂志"、"注册获取最新折扣信息"等没有任何吸引力的话，必须给用户实实在在的东西。中国有句古话：重赏之下，必有勇夫。有实实在在的好处拿，用户才愿意听你的。

（2）东西必须超值。

网络上随处可见的东西不值钱，不要拿来骗用户。一定是用户在其他地方获取不到的或者是要花钱才能买到的东西。如果是自己的电子书一类的东西，可以进行适度的价值塑造。

例如，安玉良在网页上提供了一个"限时赠送价值￥507 472 全球 3.0 时代自老板导图"的免费下载按钮，如图 8.10 所示。

图 8.10　安玉良网站的订阅赠品

这个东西独一无二，而且价值 50 多万元，只要填个邮箱就可以免费获取，非常超值。

（3）东西的形式。

东西可以是电子书、VIP 资格、教程的第一课等，可以是一次性的，也可以是多次定期发送的杂志形式。建议不要使用实物产品，免去邮寄的麻烦和运费成本。

John Chow 用的是免费电子书，VICK 用的是 VIP 会员资格，安玉良用的是饥饿营销方法。我们可以根据自己的产品的特色制定赠品的形式。

3）使用双重保险

还记得王小丫主持的节目《开心辞典》吗？当选手选定答案后，王小丫会问：你确定吗？请选手进行再次确认。

电子杂志的订阅也有一个再次确认的环节。这个再次确认不仅能获得用户的更加充分的授权,还可以屏蔽掉一些恶意注册。

这个确认邮件中必须写明这个邮件的名称,也就是你要送给用户的东西。然后在下方指示:只差一步,请点击以下链接进行确认。再往下,附上该邮件来自于哪个网站。

4) 网赚大师 Tom Hua 的经典订阅设计

网赚大师 Tom Hua 的订阅设计可谓是经典中的经典,值得大家学习。

登录 http://tomhua.net 后,网页上的视频自动播放,如图 8.11 所示。

图 8.11 Tom Hua 网站的订阅框

这是一段简短视频,在视频的最后,Tom Hua 提醒用户在视频的下方订阅框填写信息,并说一分钟后再见。这既是一个悬念,又是一个期待,几乎所有人都会想看看,一分钟再次见到之后,Tom Hua 会说些什么。

点击"提交"按钮之后,网页刷新并自动播放。Tom Hua 首先欢迎你回来,然后进入第一课的内容。在内容结束后,网页上没有任何进入第二课的链接。此时,邮箱收到一封再次确认链接的邮件,如图 8.12 所示。

此时,你已经被他的第一课课程所吸引,期待看到第二课。你会迫不及待地点击链接,以确保第二天会收到第二课的视频。这个过程如顺水推舟,非常自然,非常有效果。

3. 电子杂志订阅的技术实现

前面讲了如何设计电子杂志的订阅,那么,如何在我们的网站安装订阅功能呢? 这里以 QQ 邮件列表的设置方法为例为大家讲解。

QQ 邮件列表是一个很不错的订阅工具,深受广大站长们的喜爱。设置

```
明天，我会发给你第二课的链接。为了确保您准时收到我的邮件，
请一定要点击下面这个链接，来确认您的电子邮箱 -
http://cimoz.com/cn/wn/l1.html?email=1786150340@qq.com

如果你因为任何原因在明天没有收到第二课的链接，
请马上拨打我团队的免费电话寻求帮助 - 400 106 8198

如有任何疑问，请不要犹豫，立刻回复这个邮件来联系我。

期待着你的成功故事！

Tom Hua
tom@cimoz.com
客服热线 - 400 106 8198

-.-.-.-.-.-.-.-.-.-.-.-.-.-.-.-.-.-.-.-.-.-.-.-
如果您需要更新您的邮箱地址，
请点击这里




如果您不想再收到类似的邮件，
请点击下面的超链接取消课程：
请点击这里
```

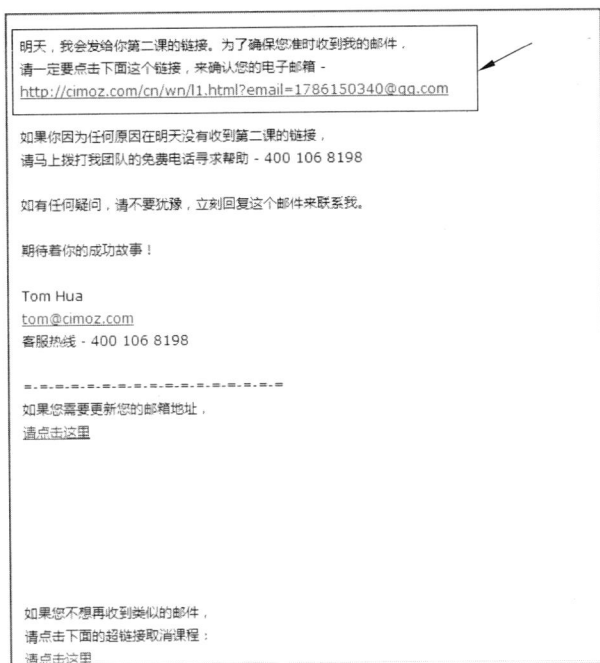

图 8.12　订阅确认邮件

QQ 邮件列表分为以下几步。

1）找到 QQ 邮件列表

大概在 2014 年 4 月的时候，腾讯取消了个人 QQ 邮件列表功能，只对企业邮箱开放，并且对功能进行了隐藏。不过，我们可以通过以下方法找到该功能。

（1）注册企业邮箱。

对于初创团队和个人站长，腾讯提供免费的企业邮箱服务。可以登录 http://exmail.qq.com/onlinesell/intro 去注册一个。然后按照提示用我们的网站或者博客的域名对企业邮箱进行绑定。

（2）登录进入企业邮箱之后，点击工具箱，进入工具箱界面。

（3）将地址栏网址最后的 ♯ toolbox 修改为 ♯ qqlisttoolbox，按回车键即可看到邮件列表。

2）栏目设置

设置栏目的名称和简介。这些东西会出现在发出的邮件里面，比如"老赵的博客"。

3）安装订阅插件

QQ 邮件列表会提供一段代码,将代码嵌入到源代码中,订阅插件即可显示在网站或博客上。

4）设置自动发送

（1）订阅欢迎邮件。

只需要选中"向新订户发送欢迎邮件",系统在收到用户提交的电子邮件信息后即可自动发送,如图 8.13 所示。

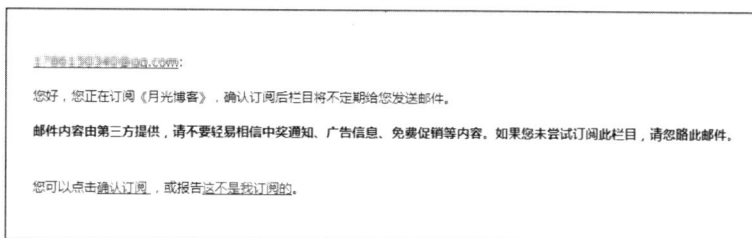

图 8.13　订阅欢迎邮件范例

（2）文章更新邮件。

一些博客或者新闻网站有文章更新的时候,默认自动发送给邮件订阅者。如果栏目有 RSS 源,系统可以提供自动更新服务。当系统侦测到内容有更新时,会自动向订阅用户发送邮件。

（3）自定义邮件。

有促销活动或者产品优惠时,可以手动创建邮件,随时发送给订阅用户。

8.2.2　其他邮件地址收集方法

1. 地面手段

利用一些地面的手段搜集电子邮箱,比如在一些聚会场合或者展会搜集名片,然后提取名片上的电子邮件地址。

2. 软件抓取

利用一些专业的电子邮件地址抓取软件在一些分类信息网站、论坛或者电子商务网站上批量抓取电子邮件。比如在直销相关的网站上可以抓取到很多直销人的电子邮箱,在外贸论坛上可以抓取到很多外贸人的电子邮件地址,在阿里巴巴或敦煌网上可以抓取到很多网商的电子邮件地址。

3. 购买

向专业的 EDM 邮件服务商或者其他贩卖商购买电子邮箱地址，不过要注意分批购买和真实性检测，以免上当。

8.3　电子邮件的内容设计

电子邮件的地址有了，那么接下来我们研究该发送什么内容，这些内容该如何设计。内容的设计必须遵循两个原则：一个原则是要对用户有用，能给用户带来价值；另一个原则是能够引导用户产生购买行为。

8.3.1　发件人的名称

在用户的收件箱界面上，邮件信息的最左侧是发件人，考虑用户眼球从左到右的浏览习惯，用户第一眼看到的是发件人的名称，这个信息决定用户是否删除该邮件。发件人设置范例如图 8.14 所示。

图 8.14　发件人名称设置范例

发件人最好能够代表你的网站或品牌，让客户第一时间就明白这是谁发来的邮件，否则客户很容易将其删除。

8.3.2　电子邮件的标题

在这个垃圾邮件满天飞的时代，电子邮件的标题直接决定着用户是否去打开这个邮件。假如标题设定得不好，对用户没有吸引力，用户没有打开，里面的内容再精彩也无济于事。

1. 时间轴主题

每次都用同样的主题，只是更新一下期数或者版次。比如"第 3 周减肥食谱""第 4 周减肥食谱"。这种主题设置会让用户增强依赖性和信任感。

2. 独立主题

每次发送的主题不同，每次的主题是对本次邮件内容的价值概括。例如，

"最新微信营销技法：日加 500 粉丝""惊！20 天减肥 20 斤的秘密方法"。

这类主题可以参考电子书标题的写法进行设计，一定要有吸引力。

3. 问候性主题

以一个老朋友的身份进行问候，这种主题方式的邮件打开率非常高。例如，"在吗？最近忙不""新年好，最近过得怎么样"等。

这种主题如果能在前面加上收件人的名字，效果会更好。

8.3.3　电子邮件的内文

电子邮件的内文的最高目标是引导用户点击链接进入我们的目标网页，就算没达到这个目标也不能影响用户对我们的印象，否则会有被退订的风险。所以，内文不能是空的，不能只有一个链接或者是几句虚无缥缈的话之后加一个链接，必须有一定的干货，让用户没有被欺骗的感觉。内文也不能全盘托出，干货都给出去了，用户就不去我们的目标网站了，这意味着流量流失。整体而言，要达到若即若离、藕断丝连的效果。

月光博客每次会给订阅者发送整篇文章，但是大多数订阅者不会看完后即离开，玄机如下。

1. 文章标题后面的"阅读原文"链接

对这个题目非常感兴趣的用户渴望看到整篇文章，他们很难判断邮件当中的文章是整篇还是节选，也没时间去判断，因为标题右侧醒目的"阅读原文"（见图 8.15）的链接肯定能将他们带到原文，因此他们肯定会去点击。这个点击为网站带来一次流量。

图 8.15　"阅读原文"链接

2. 文章结尾处的评论链接

如果你直接在邮箱当中读完这篇文章，然后有感而发，想说几句自己的看法，那么你就会点击下面的评论链接（见图 8.16），跳转到月光博客的网站上。

图 8.16　"评论"链接

3. 相关文章链接

在评论下方,是相关文章的链接(见图 8.17)。如果有感兴趣的文章,用户就会点击进去。

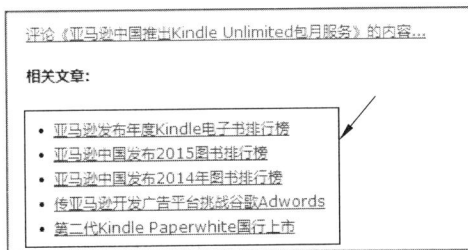

图 8.17　"相关文章"链接

4. 上期邮件内容

继续往下拉,是上一期邮件中的文章(见图 8.18)。如果用户上期没有看到或者没时间看,如果这次发现有兴趣的话,就会点击进去查看。

既把文章干货全部给了用户,又用各种链接将用户留住,让用户点击进去,为网站带来流量,一箭双雕。

要打造一篇高质量的邮件内容,需要注意以下几点。

1)HTML 的应用

不得不说 HTML 的应用可以增加视觉效果,让邮件内容能达到网页体验。但是,应用时应该适可而止,不要过量使用,以避免排版错误。

2)服务生动化

以交友婚恋网站为例,如果收件者是一位男性,那么内容中直接加上一个美女图片,下面文字是美女邀请你聊天,相信任何一个男人都不会拒绝。

图 8.18　上期邮件内容

3）不要添加过多的链接

在内文中添加过多的链接有被系统判定为垃圾邮件的风险，切不可过量。

4）客户细分

针对不同的用户发送不同的邮件内容，满足各种细分用户的需求。

5）少用附件

除非有特殊情况，否则很多人不会去下载附件。所以，尽可能把重要信息体现在内文中。

6）防患于未然

一定要在网站上加上"如邮件不能正常显示，请点击进入网站进行咨询"字样，并放上网站的链接。这个功能类似于 404 错误页面，可以避免万一因为网速或者其他原因导致邮件内容打不开时的流量流失。

7）不断测试

做好多个版本的内容，针对小批量的用户发送，测试链接点击率。挑选点击率最高的内容版本作为大批量发送的版本。没有最好，只有更好，要对邮件内容进行不断地测试和优化。

8.4　电子邮件的发送

8.4.1　邮件发送方式

1. 手动发送

这是最原始的发送方式,适合发送地址不是很多的情况。

2. 软件发送

软件发送的效率明显高于手工发送,但是进入垃圾箱的比例比较高。而且市面上的软件大都是利用漏洞进行邮件的发送,一段之间时间之后就会失效,不是长久之计。

3. 第三方工具

采用外包的发送服务,发送效果比上面两种好一些,但是费用相对高一些。

4. 邮件列表平台

邮件列表平台不仅有订阅功能,而且有发送功能。利用邮件列表平台自动对用户提交的电子邮箱发送信息,只要操作得当,基本上不用担心进垃圾箱的问题。

8.4.2　发送的时间

根据用户的阅读习惯确定发送邮件的时间,确保用户看到邮件。如果是上班时间,即使用户收到了邮件,也没有时间打开看。所以,发送的时间最好定在晚上晚饭后,这个时间是一天中比较放松的时候,比如晚上 7:00 到 8:00 之间。

当然,具体的产品要具体分析,罗辑思维每天用微信推送语音就是每天早上 6:20,人们早上起来听完之后,精神抖擞地去上班。

避免进入垃圾箱的措施如下。

1. 合理排列邮件列表

切记不要把同一服务器的邮件地址放在一起,比如把 QQ 邮箱集中在一起,新浪邮箱集中在一起。这样对于接收方的服务器来说,同时收到你发来的大量邮件,很容易判定为垃圾邮件。

2. 减少文本的强调格式

红色字体、加粗字体、大写英文、感叹号、放大字体等,都属于强调格式,这是垃圾邮件的典型特征,切记不要使用。

3. 禁用敏感词汇

发送前检查标题或内文中是否有"发票""信用卡""贷款"等垃圾邮件常用的词汇。如有,马上删除。

4. 合理更改 IP

同一 IP 在短时间内发送出大量邮件很容易被 ISP(互联网服务提供商)判定为垃圾邮件 IP,甚至拉入黑名单。

5. 设置退订链接

不仅要设置退订链接,而且要放在醒目的位置。这样用户如果对你的邮件内容反感,他会第一时间点击退订,而不会去举报。因为一旦举报,对你邮箱的影响是致命的。

8.5　电子邮件的效果监测

电子邮件的效果监测,主要针对订阅率、送达率、打开率、点击率、转化率五大指标。

8.5.1　电子邮件营销过程分析

电子邮件营销的一般过程为:用户来到网站,订阅电子杂志,收到邮件,打开邮件,点击邮件中的链接,购买,一共 6 个步骤。

这 6 个步骤从头到尾是一个流量过滤的过程,如图 8.19 所示。

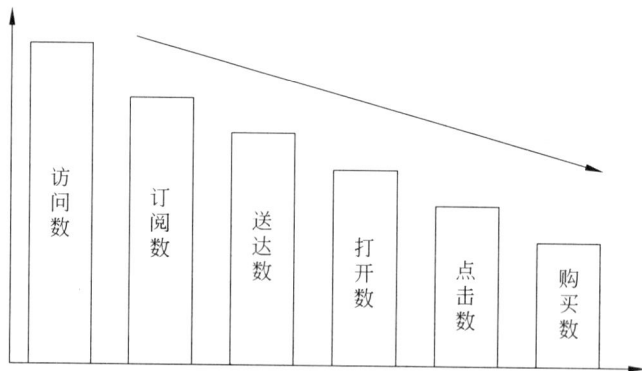

图 8.19　电子邮件营销的流量损耗过程

当用户来到网站,少部分有明确意向的用户直接下单购买,还有少部分根本没有意向的用户直接关掉网站,大部分是有购买意向但是仍然在观望的用户,它们会去订阅我们的电子杂志,以便以后持续关注。

我们针对用户提交的电子邮件地址发送电子杂志,某些情况下,会由于技术原因或者其他原因导致发送失败。这种情况会流失一部分用户。

收到我们电子邮件的用户当中会有一部分打开阅读我们的邮件,另外一部分没有打开,这部分流量会流失掉。

打开邮件的用户当中,有一部分会点击内文当中的链接,另外一部分则不会,这部分流量也会流失掉。

点击链接的用户当中会有一部分购买,另一部分没有,这部分流量会流失。

每一个过程都会有一次流量的损失,这个损失的量是我们用来检测邮件效果的依据。如果某个过程流量损失太大,那么就是我们邮件的设置出了问题,需要调整。

8.5.2　电子邮件的监测及优化

为便于监测电子邮件的效果,必须了解以下几个重要的指标。

1. 订阅率

$$订阅率 = \frac{订阅数}{访问数} \times 100\%$$

订阅率是指订阅者在总访问者中所占的比例,订阅率低的原因主要是注册框和引诱内容的设计问题。我们应当调整注册框的设置,让其更加醒目。另外,提升引诱内容的质量或者加强对引诱内容的价值塑造。总之,多给订阅用户一些干货,而且让注册简单一点。

2. 送达率

$$送达率 = \frac{送达数}{订阅数} \times 100\%$$

邮件没有送达即邮件发送了但是没有出现在收件人邮箱里。主要原因有 3 个:一是内容过长、附件过大,邮件中转过程中会因为不同的运营商所支持的邮件容量的不同导致邮件被退回或丢失;二是运营商的服务器故障导致的邮件退回;三是黑客攻击。

送达率这个指标在实际当中非常低,一般不会单独研究,因为更有监测意义的打开率的统计数据中会涵盖这一部分。

3. 打开率

$$打开率 = \frac{打开数}{送达数} \times 100\%$$

打开率是用户收到邮件后点击打开的比例,也称为阅读率。阅读率太低的话,就要调整电子邮件的标题或者发送频率,分析是不是标题不够吸引人或者发送太频繁,导致用户产生了厌恶情绪。

4. 点击率

$$点击率 = \frac{点击数}{打开数} \times 100\%$$

点击率是阅读邮件的用户当中点击内文中链接的比例。点击率低是因为邮件内容设计不佳。针对这个问题,要优化邮件内文当中的链接设置,比如提高链接设置的醒目程度、调整链接放置的位置等。

5. 购买率

$$购买率 = \frac{购买数}{点击数} \times 100\%$$

购买率是指点击链接的用户当中成交的比例。购买率的高低主要看点击链接后的页面的表现,但是邮件内容在点击之前的铺垫也起到一定的作用,很难判定是哪部分的问题。所以,如果购买率偏低,而销售页面没有问题,可以适当优化邮件内容,加强销售前的铺垫和引导。

6. 退订率

$$退订率 = \frac{退订数}{订阅数} \times 100\%$$

退订率是指所有订阅用户当中退订用户的比例。退订率是所有指标当中最重要的一项,用户一旦退订,我们的整个许可式邮件营销就宣布失效。所有以前的付出付之东流,所有没有付出的也没有机会再付出了。

如果退订率较高,说明用户收到的邮件内容没有达到他的预期,邮件内容的价值有待提高。还有一种可能就是发送太频繁导致用户反感。

针对退订现象,我们要利用用户在退订时所提供的退订原因,有针对性地对电子邮件内容进行改进。QQ列表的退订界面如图 8.20 所示。

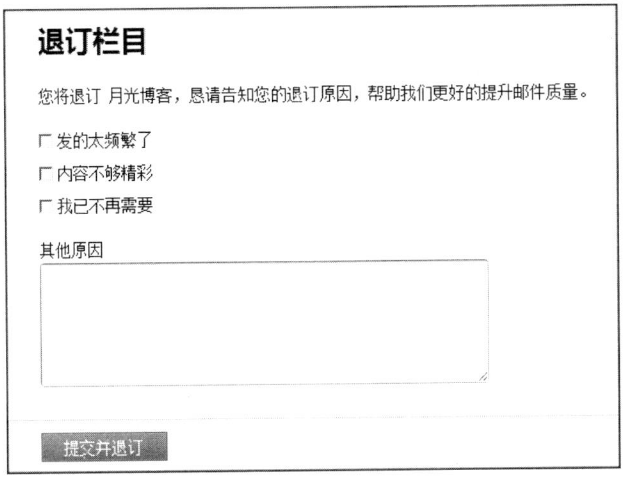

图 8.20　QQ 列表的退订界面

8.5.3　电子邮件监测的技术实现

1. 自制监测工具

在 HTML 邮件中放置一个像素为 $1×1$ 的跟踪图片文件,每封邮件的跟踪图片文件设置不同的文件名。当用户打开邮件时,邮件客户端就会调用位于网站服务器上的这个跟踪图片文件,每阅读一次就会调用一次,这样从服务器日志中读取到的调用次数也就是阅读次数。

在每一次发送的电子邮件内文中链接都配置上专门的跟踪代码。这样,服务器日志文件可以记录到哪些访问来自于电子邮件,从而统计到来自电子邮件的点击数。

2. 第三方监测平台

1) ReadNotify

ReadNotify 是专业的第三方跟踪服务商,提供强大的、可靠的电子邮件跟踪服务。操作步骤如下。

(1) 注册 ReadNotify。

登录 http://www.readnotify.com,在"Your existing email address:"输入框中输入需要被跟踪的邮箱地址,点击"GO!"按钮,然后在打开的页面当中进行注册即可。

(2) 在收件人地址增加后缀。

在所有的收件人邮件地址后面添加 readnotify.com 后缀,然后发送邮件。

（3）数据查看。

发送完邮件后，即可登录 http://www.readnotify.com 查看跟踪数据。

2）阅否

阅否为中文用户提供了简单易用的电子邮件追踪服务。它的使用过程非常简单。

（1）生成图片。

登录 http://www.ifread.com，输入邮箱地址及主题并选择图片样式和未读通知的限定天数，如图 8.21 所示。

图 8.21　"阅否"设置界面（一）

然后点击"开始追踪"按钮，在下方框内即生成一个图片，如图 8.22 所示。

图 8.22　"阅否"设置界面（二）

（2）复制图片到邮件中。

把生成的图片复制到要发送的邮件的内容中即可。

设置完成后，你可以知道对方在何时何地查看过邮件，并且如果对方在特定时间内没有查看邮件，你将收到通知提醒。

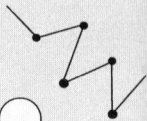

第 9 章

AM 联署网络营销

比尔·盖茨曾经说过：永远不要靠自己一个人花 100％的力量，而要靠 100 个人花每个人 1％的力量。

前面所讲的流量方法都是依靠自己的力量，本章所讲的联署营销则是为网站招募成千上万的"兼职业务员"，依靠别人的力量，采用利润分成的方法，实现利润的几何倍增。

9.1 联署营销简介

联署营销(Affiliate Marketing)也称为联署计划、会员制营销、网站联盟等，自 1996 年 Amazon 发布它的联署分销项目以来，在美国已经发展了很多年。这种模式让 Amazon 拥有成千上万的"业务员"，在为这些"业务员"提供了额外收入来源的同时，也让亚马逊的销售额和品牌知名度获得了巨大的提升。

利用联署营销，你可以汇集无数个微小的力量，这些小力量加在一起，远远胜过你一个人的力量。

9.1.1 联署营销的操作原理

联署营销的原理非常简单，分为以下四步。

第一步，为自己的网站设计一套联署营销程序系统。

第二步，其他站长们注册该系统之后，程序会为其生成一个专属链接。

第三步，站长把这个专属链接代码放置到自己网站上。

第四步，一旦有用户通过这个链接购买产品，我们即为该站长发送佣金。

通俗地讲就是，你帮我卖了东西，我付给你佣金，双方实现共赢。

9.1.2 联署营销的优势

1. 零风险

采用 CPS 按销售付费的方式进行联署营销，发生销售才需支付佣金。自己先收到钱之后再从中间拿一部分给推广者,没有任何风险,相当于招募了一批没有底薪的兼职业务员。

2. 成本低

联署营销最大的成本莫过于联署营销系统的费用,这个费用随着招募的合作站长的数量的增多而不断摊薄。对比麦肯锡公司对电视广告成本和杂志广告成本的统计,联属网络营销所带来的平均客户成本是电视广告的 1/3,是杂志广告的 1/2。

3. 有助于品牌推广

想象一下,成千上万的网站上面都挂上你的产品的广告,那是一种什么效果。就算没有发生购买,你的产品也在用户心中留下了印象。更何况,没有购买就无须支付佣金。这相当于免费做广告,何乐而不为。

4. 合作伙伴无上限

中国几亿的网民都可以成为合作伙伴,数量没有上限,越多越好。网民不像公司员工一样,要付出社保、办公地点能维护成本。在没有创造利润前,网民是在给你免费做广告而且不需要付出任何成本。推广者数量越多,品牌知名度越高,卖出越多,利润越大。

9.2　联署营销的方案设计

9.2.1　利润分成方式

常见的广告付费形式有以下几种。

(1) CPM(Cost Per Mille/Cost per Thousand Impressions)广告:每千次展示的费用。

假设一个横幅广告每千次展示的费用是 1 元,这个广告如果在某个网站展示 1000 次,那么广告主应付 1 元的广告费。

(2) CPC(Cost-Per-Click)广告:每次点击的费用。

根据广告被点击的次数收费。搜索引擎的付费排名广告就是采用的这种定价模式。

(3) CPA(Cost-Per-Action)广告:每次行动的费用。

根据每个访问者对广告所采取的行动进行收费。行动可以是一次注册、一次下载、一次播放等。

（4）CPS(Cost for Per Sale)广告：每次销售的费用。

按照销售量付给广告站点提成费用。

以上付费形式只有第四种对商家来讲是零风险的，其他几种都有作弊可能，而且效果不太好统计和优化。

所以，目前大部分联属网络营销系统都采用按销售额付费的方法。

另外，由于是零风险，商家往往愿意设定比较高的佣金比例，这样就使得这种方式深受推广者的欢迎，这种佣金计算方法也被广泛地应用。

9.2.2　佣金设定

1. 佣金比例

佣金比例是联署营销当中很重要的一项内容，直接关系着能否吸引到站长参与。佣金比例的确定主要由产品的利润决定。

实物类产品由于材料、物流等硬性成本的限制，利润率比较低。比如亚马逊的书籍，10％的佣金已经算很不错了。

虚拟类产品如软件、培训课程等没有硬性成本，当销量增加时，它的研发成本会无限地摊薄，而且这些产品往往是暴利产品。所以，这类产品能有较高的佣金比例，70％～80％的佣金比例也是常有的事情。

中国 SEO 第一人王通有个理论就是"东西越贵越好卖"，好卖的原因就是贵的产品可以设置高额的佣金给推广者，推广者就会卖命地去推广。

2. 最低起付金额

到底佣金到了多少再支付呢？如果不设定支付限额，有个三五元的佣金也要提现的话，浪费人力。如果支付限额设定太高，站长觉得达不到这个金额，也就丧失了推广的热情。

最低起付金额最好的办法是参考当前的市场行情，Google AdSense 的最低支付金额为 100 美元，百度联盟为 100 元人民币。所以，如果是国内市场的话，百度的 100 元最低支付金额是一个最高参考值，我们不能超过它。

我们的网站信誉远不及百度这样的巨头，所以最低金额应在 100 的基础上往下调。那么下限是多少呢？参考我们的单个产品的佣金，如果一单产品的佣金为 49 元，那么建议最低起付金额设定为 50 元。这里的 1 元差额可以激励推广者再去推广一单。

如果单个产品的佣金超过 100 元，那么最低起付金额可以不做限定。

3. 佣金支付时间

Google AdSense 和百度联盟都是采用月结的形式,国内的小联盟采用的都是日结的形式。采取何种形式主要看产品是高频购买的还是低频购买。如果是日用商品,重复购买率很高的话,采用周结或者月结的方式。如果是网赚培训课程这类低频购买的产品,建议采用每周结算的形式或者每月月底统一结算的形式。

4. Cookies 有效期

联署营销程序会在用户点击联署链接来到网站时,在用户计算机上留下一个 Cookies,当用户在 Cookies 有效期内再次访问网站时,网站会识别到这是同一个用户,该用户产生的佣金归属它的推广者。当用户在 Cookies 有效期过后再次访问网站时,网站将判定该用户为新用户,与之前的推广者无关。

简单而言,用户只有在 Cookies 有效期内发生购买行为,推广者才会得到佣金。

所以,对于站长来讲,Cookies 有效期越久越好。但是对于广告商而言,太久的 Cookies 有效期会额外支付不必要的佣金。因为如果很长一段之后,用户通过其他广告途径再次访问网站并发生购买,虽与之前的推广者无关,但是仍需支付给站长佣金。

为了更大程度争取站长们加入联署营销,很多广告商将 Cookies 有效期设定为无限长。这样一来,对站长们而言,就可以拿到永久性的佣金,可以实现一次努力,终身回报。这种方式对站长们具有极大的吸引力。如果我们的网站知名度或者权威性不是很高,那么可以使用这种手段来吸引站长们推广。

9.2.3　站长参加条件

很多人会觉得对站长们加入联署营销的条件不做要求会更具吸引力,其实不然。零门槛反而会自降身价,导致一些明星站长们没有优越感。首先开出高额的、终身支付的佣金制度,然后设定一定的门槛,吸引大家往里挤。

门槛要设定,但是不要太高。对网站的年龄,限制为 6 个月以上。6 个月以内的新站没有什么流量,排名也不会太好,可以放弃。对网站的流量,限制为月 IP 1000 以上。

站长在申请时需要按要求严格提交资料,我们审核的时候,可以适当放宽一些。

必须注意一点,对推广网站的审核有一个底线就是网站不能有非法内容。

221

9.2.4　联署营销层级设定

　　某站长 A 来到广告商的网站,注册成为联署会员,他就是一级联署会员。某站长 B 通过 A 的链接来到广告商的网站也注册成为联署会员,他就是二级联署会员。假设一级佣金比例为 70%,二级佣金比例为 10%。那么,当用户通过 A 的链接产生购买,A 获得 70% 的佣金。当用户通过 B 的链接产生购买,B 获得 70% 的佣金,A 同时获得 10% 的佣金。此时广告商一共支出 80% 的佣金。这种多层次的设定可以极大提高推广积极性,站长们在推广产品的同时也可以推广联署会员,当联署会员的业绩不错时,他的上级也获得不错的佣金。

　　关于层次设定,笔者建议不超过二级。三级或超过三级的多层次营销涉嫌传销,可能有法律风险。另外,等额的佣金情况下,如果层级太多,会稀释掉较高层级的会员的佣金比例。而且大多数会员不认为会有那么多的层级,实际操作中主要会员也是集中在第一、第二层,再往下人数就很少了。

9.3　联署营销设置

9.3.1　使用第三方程序

　　国外比较不错的联署营销提供商有 Affiliatetracking,适合做国外市场的网站使用。国内有自邮团队提供的联署营销系统(见图 9.1),效果也不错,做国内市场的网站可以使用。

9.3.2　加入联署服务平台

　　直接加入专业的联署营销服务平台,比如国外的 CB、CJ、Avangate,国内的阿里妈妈等。这些大平台已经积聚了很多资深站长,把我们的产品放到这个上面,可以省去自己去找站长的麻烦。

　　以阿里妈妈为例,它上面活跃着大量的淘宝客。只要产品有不错的销量和评价,再加上设置不错的佣金,会有很多淘宝客们去推广,而且佣金结算自动进行,无须我们操心。我们要做的事情就是集中精力做好客服进行成交就行。

　　登录淘宝账户后,到"我的淘宝"→"我是卖家"→"营销中心"→"我要推广",在右侧找到"淘宝客"。点击"开始拓展"即可设定推广的产品及佣金,如图 9.2 所示。

图 9.1　自邮营销系统

图 9.2　淘宝客设置入口

9.3.3　自己开发

为了更好地让联署营销系统符合我们自己的想法和实现个性化功能,可以自行开发联署营销系统。不过,自己开发联署营销系统以及对系统进行管理和维护需要大量的人力、物力,除非自己的公司是像亚马逊这类级别的,否则不建议这样做。

9.4　合作伙伴的寻找和维护

网站的联署营销程序设置好之后,就开始寻找合作伙伴,也就是中小网站的站长们。

9.4.1　招募优质站长

在招募站长时,首先针对一些优质网站的站长。通过搜索引擎或者论坛重点找一些不错的网站,写上自己产品和佣金的优势,以及前期加入的优厚待遇,比如终身佣金或者较高的佣金比例等,发送邮件给这些站长们,吸引他们加入。如果有电话,也可以直接打电话给他们,因为酒香也是怕巷子深的。

给这些站长们的条件务必有足够的吸引力,哪怕利润全归他们所有也要把他们吸引过来。

把优质站长吸引过来是整个招募站长计划的第一步,也是最重要的一步。一旦有了优质站长加入,再招募其他站长就容易多了。在联署站长招募的页面设置合作伙伴一栏,列上已经加入我们的优质网站,其他站长看见了,也就有了加入的欲望,因为大家都有从众的心理。这也是所谓的"马太效应",强者越强,弱者越弱。

9.4.2　展示历史佣金总额

联署营销系统运行一段时间后,将累计发放的佣金显示在网站首页上。数字最能说明一切,尤其是变化的不断增长的数字更能吸引站长们的眼球。

同时,累计发放佣金金额的不断增长也是网站实力的体现。

9.4.3　对合作伙伴进行培训

直销界有句常说的话:帮助别人成功,你就可以成功。通过培训,使得合作站长们赚到了钱,同时我们也就赚到了钱。

根据笔者的经验,所有参加联署营销的站长当中有 80% 根本没有去认真地推广,其中又有一部分人想推广但是不得其法。为了让这些站长们都能积极地推广我们的产品或网站,必须对他们进行培训,方法如下。

1. 设立论坛

设立专门的联署营销论坛或者在原有论坛上开设联署营销板块,针对站长们的问题进行解答,而且可以提供一些免费的营销工具供站长们使用。

2. 建立 QQ 群

建立联署营销 QQ 群,会员们可以在里面随时随地进行经验交流和分享。一些没有推广的会员看到别人赚到钱了,他们也会主动积极地去推广。

3. YY 语音课堂

定期举办 YY 语音课堂,宣讲我们的产品的优势及站长们的成功案例并请一些业绩不错的站长来分享经验和心得。

通过这些手段,可以让站长们感觉到我们对联署营销的重视程度,以及我们与他们共进退的决心,从而使站长们更加积极地去推广。

9.4.4　联署营销条款制定

广告商与站长之间既然是合作的关系,那么有些事情必须提前约定好。这些事情的约定通过电子协议的签署来实现。站长在注册过程中,通过在注册页面底部勾选合作协议的方式,与我们达成联署营销合作协议。

在这个协议当中,有几个重点问题必须明确下来,以免后续发生纠纷。

1. 禁止使用违法手段推广

对于使用如木马植入、强制打开、色情诱惑等违法手段进行推广的站长,考虑此举对我们的品牌造成负面影响或法律风险,一旦发现,立即注销其联署账户,冻结佣金。如有必要,保留诉讼的权利。

2. 禁止品牌滥用

推广站长不能宣称他的网站是我们的一部分,不得使用我们的品牌从事其他活动。

3. 不得欺骗用户

不得随意夸大产品的效果,欺骗用户购买。一旦发生用户投诉,需对推广站长进行惩罚。

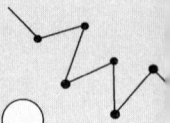

第 10 章

软 文 营 销

流量有质量好坏之分,如果说前几种流量方法吸引的是普通流量的话,那么利用软文吸引来的则是优质流量。

优质流量是指对产品高度信任而且具有极强购买意向的流量。优质流量将带来极高的转化率。许可式电子邮件 20% 左右的转化率已经非常不错,而软文的转化率则在 30% 以上。许可式邮件营销做得再好,也是卖家自己在宣传自己,有点"王婆卖瓜,自卖自夸"的意思。软文则不同,我们可以用第三者的身份宣传产品,这种手法很好地将营销藏于无形之中,因为人们往往愿意采纳第三者的意见。

10.1 软文不软

软文之所以称为"软文",是相对于"硬文"而言。何为"硬文"? 硬生生直接上来就卖东西的文章就是"硬文",直白讲就是广告。"今年过节不收礼,收礼只收脑白金""超能女人用超能""得了灰指甲,赶紧用亮甲"这些耳熟能详的文字只有一个的目的,那就是卖东西给你。而且这个目的毫不避讳、直截了当。

"软文"的本质是营销,也是以卖东西为目的,但是它不会那么明目张胆,而是温文尔雅、含蓄深沉,甚至有时候让你根本无法察觉。"软文"其实是一种软广告,以至于用户感觉不出它是广告来。

事实上,不管是讲故事还是搞批判,各种形式的"软"到最后还是为了更好的硬、更多的硬、更强的硬。所有的"软"都是为了最终的目的:销售。

所以,从某种意义上讲,"软文"远比"硬文"还要硬。

10.2　软文写作技巧

10.2.1　软文速成靠仿造

俗话说：“天下文章一大抄，看你会抄不会抄”。“抄”的水平高就是原创，“抄”的水平低就成了抄袭。“抄”是写作时必不可少的技能。

写作就其本质而言，其实就是“一进一出”的过程，“进”指的是通过各种手段获取外界资讯的过程，如读前人的书籍、听别人口头说、看电视等，“出”是经过大脑或计算机加工后，将资讯分解并重新组合后进行输出。

将吸纳的资讯分解的最小单位决定了你输出的文章的原创程度，如果分解到段落或者句子，然后重新组合，这个很明显是抄袭。将吸纳的资讯分解到词语、字然后重新组合就是原创。中国的语言常用字不过数千，常用词汇不过数万，不同的文章就是汉字的不同的重新排列组合而已。

软文仿造不仅仅指的是“抄”，更重要的是指对优质软文的思路和结构的仿造。主要针对标题如何设置，首段如何引起读者兴趣，结尾如何总结，如何将广告植入文中等进行学习和借鉴。

在开始软文写作前，先在网上收集一些各行业成功的软文案例，然后仔细揣摩、研读，总结其规律，拿来使用。

10.2.2　软文的标题

标题是软文的外包装，一个好的标题才能吸引用户去点击。标题如果没有吸引力，内文写得再好也无济于事。

标题只有一个功能，就是吸引用户，吸引用户去点击。制定标题要注意两个因素的平衡：一个是吸引力，另一个是符合度。标题要吸引用户，但是不能天马行空，与内容偏离太远。否则，用户被吸引过来了，结果内容严重不符合用户的心理预期，用户严重失望，反而产生负面效果。所以我们一方面要做“标题党”，另一方面又要注重与内容的符合程度。

以下是一些标题设置技巧。

1. 制造反差

经典的制造反差的软文标题如“北大学子卖猪肉”、“女硕士毕业摆摊烤脑花”、“农村小伙开宝马”等都有一个共同特征，就是软文主人公的身份与其做的事情严重不匹配。

"北大学子"是一个"高大上"的身份,却干着"卖猪肉"这样的"矮穷矬"职业。"农村小伙"是一个"矮穷矬"的身份,却能赶干上"开宝马"这样"高大上"的事情。反差越大,吸引力越大。

2. 强烈否定

使用诸如"千万不要""打死都不"之类的具有强烈否定效果的词,吸引用户来一看究竟。比如看到"千万不要相信牙医的谎言"你肯定想知道,牙医到底有啥谎言,于是你就去点击。看到"打死也不删的电影"你肯定会去看看到底是什么电影会让人打死都不删。

3. 应用惊讶词

使用"不可思议"、"太震惊了""惊"等修饰词,制造惊讶情境,吸引用户一探究竟。比如"不可思议!喝水也能减肥""惊!木乃伊张口说话"。

4. 情感渗透

将标题与爱情、亲情、友情挂钩,制造读者的情感共鸣。比如礼品软文标题设置为"等了8年的礼物,一份迟来的爱",某直销公司的软文标题设置为"为了这份事业,我放弃了爱情"等。

5. 借力高手

借助一些高手、大师、专家,提升软文权威性。例如,"儿科医生支招婴儿护理""经济学专家教你炒股""网赚高手的赚钱秘诀""SEO大师常用的百度霸屏技术"等。

6. 设计悬念

在标题中设计一个悬念,就像侦探片一样,引人入胜。如"是什么让他从囚犯变成富豪""从农民到导演,他凭什么"。

7. 第一人称

以"我"的口气讲述故事,增加真实性。例如,"我是如何从网赚菜鸟到专家的""我的网络被骗血泪史"等。

10.2.3 软文的首段写法

软文的第一段必须起到先声夺人的效果,它的重要性仅次于标题。

以下介绍首段写作的常用技法。

1. 问题式

以问题切入,例如,"不知道你注意到没有,这个世界正在经历着前所未有的巨变""你是否听说喝水可以治百病""你知道吗? 每个人的心中都有一头熟睡的狮子"。

2. 引用名言

开头引用一句名人名言,带入正题。例如,"鲁迅说过,时间就像海绵里的水,只要你愿挤,总会有的"。但是,鲁迅并没有告诉你怎么挤,而本文就是告诉你时间的具体挤法。

3. 直截了当

开头不做铺垫,直接进入正题。例如,"减肥没有必要节食,本文告诉你如何边吃边减肥"。

4. 小说情境

采用小说式的写法,构建一个具体的场景。例如,"晚上十点多,李丽累倒在了床上。今天已经是跳减肥操的第十天了,体重才减了不到一斤。我什么时候能成为窈窕淑女啊? 李丽歪着头想"。

10.2.4　广告植入方式

"不以结婚为目的的谈恋爱就是耍流氓",同样的道理,不以营销为目的的软文就不是软文。软文的目的是销售,必须要植入广告。

关于软文广告植入的手法,有以下几种。

(1) 直接将产品、品牌、网址写在文章中。

例如,网易女人的软文《科学高效的腹部按摩减肥,瘦身必看!》在"腹部按摩减肥步骤五:挑选按摩减肥产品"中加入了要推广的产品,如图 10.1 所示。

(2) 文中不显示产品、品牌、网址,通过版权声明和推广链接推广网站。

以下是一篇 A5 站长网上面的关于流量提升方法的文章《50 种快速提升网站流量方法!》,如图 10.2 所示。

这篇文章在内文中通篇没有提到要推广的产品和网址,在文章来源添加了网址。这是一篇纯干货的文章,很多用户看完之后意犹未尽,往往会再去来源网站看看。这样就为网站带来了流量。

(3) 创造独家关键词植入文中,让用户通过搜索这个关键词找到我们的网站。

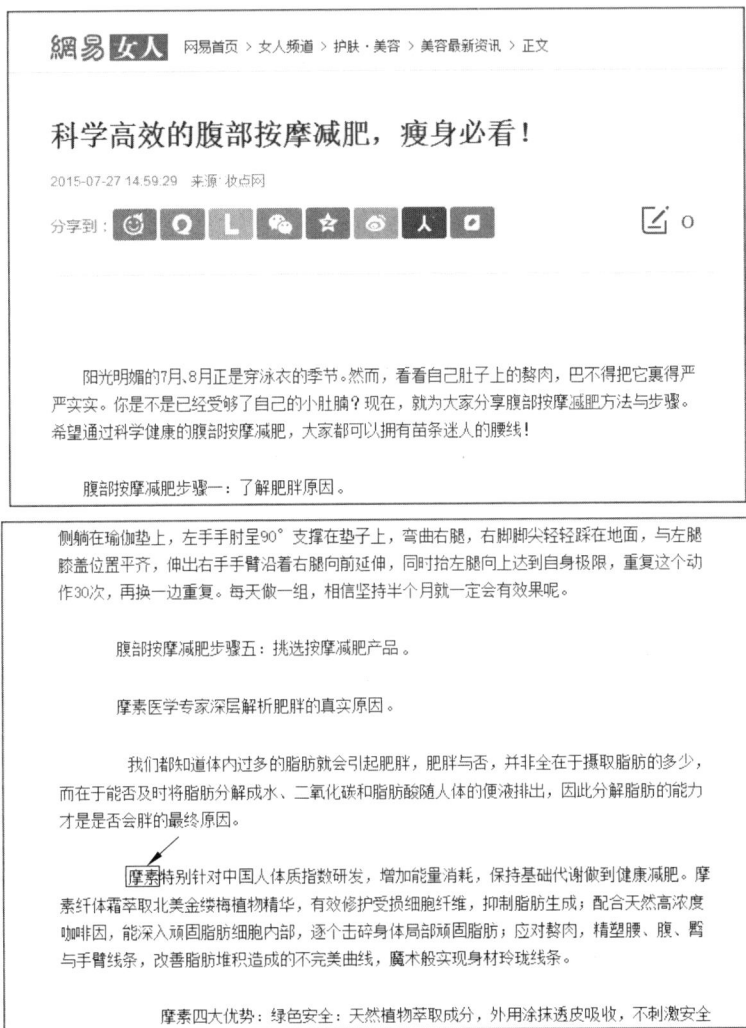

图 10.1　网易文章截图

第一步：确定独家关键词。

所谓独家关键词就是搜索引擎找不到的关键词。这个词不是产品名或者品牌名。这个词要靠我们自己编，可以是一个人名、产品名或者故事名称等。

以墙体去霉产品为例，你可以编"去霉大王"、或者"去霉净"一类的，也可以在前面加上品牌词，如"必亮克霉王"。

每编好一个词后去搜索引擎搜索一下，看看有无完全匹配的结果，如果有，

图 10.2　A5 网站文章截图

那么就换词。以"去霉大王"为例,搜索一下,如图 10.3 所示。

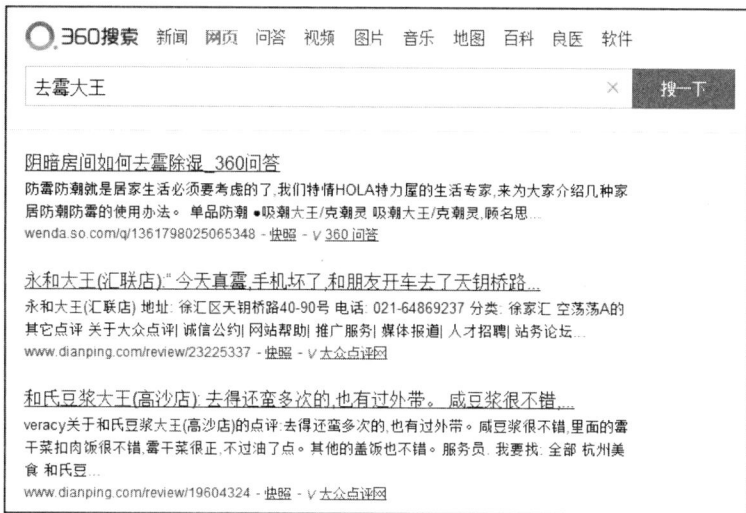

图 10.3　360 搜索"去霉大王"的结果

在搜索结果中,没有与"去霉大王"完全匹配的词,所以这个词可以做。

第二步:创建多个搜索源。

多个搜索源保证用户搜索独家关键词后搜索结果首页大部分是我们的网站或产品信息及联系方式。

以"必亮墙体克霉王"为例，搜索之后，阿里巴巴、百度知道、道客巴巴、网商在线、新浪博客都是"锦州必亮墙体克霉王"这个产品的信息，真正实现了霸屏效果，如图10.4所示。

图 10.4　360 搜索"必亮墙体克霉王"的结果

第三步：制造高价值软文。

软文的内容必须独一无二，而且具有较高的价值。可以自己查阅资料写，也可以请专业人士代笔。绝对不能随意复制或者写一些太空洞的内容，必须有实实在在的、有用的东西提供给用户，而且要用户看完后受益匪浅。只有这样，用户才会去搜索我们的独家关键词。

软文最好多写几篇，或者做成系列软文。

另外，软文标题也要精心斟酌。

第四步：文章发布。

将准备好的软文发布到各大平台即可。

10.3　软文的发布

10.3.1　专业的事交给专业的人

　　每个人的精力都是有限的,上帝很公平地每天给了每人 24 小时。所以,如果我们的主要精力放在写作上,那么推广就是我们的弱项。我们的弱项可以外包给专业的人士去做。

　　提供软文代发服务的网站比较不错的有软文街: http://www.ruanwen.la。它们拥有将近 8000 家主流媒体网站,一站式发布,基本能够覆盖全网络。

10.3.2　既要速度又要稳定

　　速度指的是软文提交后发布成功的快慢程度,如果太慢,直接影响我们的影响效果。稳定指的是发布上去之后不能被删除,删了等于没发。在寻找外包商的时候,必须要同时考虑这两点。

10.3.3　发布频率

　　软文需要持续发布,但是也不能太过频繁。

　　关于发送的平台数,建议一般情况下一篇软文在同一天发送 10 个左右网站即可。

　　关于发布周期,建议先关注软文发布后在各大新闻网站上的"存活"时间,根据存活时间来确定重发的周期。正常情况下,发布的软文不会被网站编辑轻易地删除,但是也不能保证 100% 不删除。所以要在发布之后做好检查和统计。

　　另外,一些打着软文代发旗号的不法中介拖欠费用也会导致软文被删除。所以在选择代发平台时必须要小心谨慎。

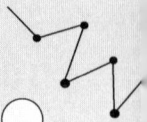

第 11 章

免费策略营销

喜欢免费的东西是人的天性,因为没有什么东西能比"白给"更划算了。免费的诱惑是任何一个人都无法抵抗的,不管你是穷人还是富人。

有人做过一项调查,对不同收入的人在超市购物时拿取免费赠品的状况进行统计,结果显示富人甚至比穷人更加钟爱免费商品。所以,喜欢免费与贫富无关,喜欢免费乃人之常情。

既然如此,使用恰当的免费营销手段,往往能取得超乎想象的回报。

11.1　免费最贵

引用马云的一句话:"我自己也喜欢用免费的东西,但是免费往往是最贵的。"

免费的怎么能是最贵的呢?免费不是不要钱吗?和大多数人一样,刚开始,笔者也不能理解免费最贵的道理,直到笔者亲身经历了一件事情。

笔者的妻子在怀孕的时候经常去参加一些母婴知识课堂,课堂上往往有一些赞助商家发放免费礼品,奶瓶、奶粉、小围嘴等。每次参加完,都拎一大包东西回来,非常开心。其中有一次领回来的礼品是一个小罐的 A 品牌奶粉。

快要临产的时候,考虑到小孩应该会吃母乳且母乳应该充足,于是顺手拿了这个小罐的 A 品牌奶粉作为备用。结果,小孩出生后,母乳不足,只得应急用上了这个小罐的 A 品牌奶粉。几天过去了,小罐奶粉很快就要吃完了,于是打算再买一罐大罐的长期吃。该买哪个品牌呢,去咨询医生。医生的建议是孩子太小,最好不要更换奶粉品牌,否则会引起腹泻或消化不良。没办法,只得再去买了一个大罐的 A 品牌奶粉,花了 200 多元。而且,吃完之后还得继续买 A 品牌奶粉。

整个过程中,A 品牌看似免费付出了一小罐奶粉,但是最终获得了一个消费大罐奶粉的长期客户。

通过这个例子,笔者真正体会到免费最贵的道理,同时也印证了另外一句俗话:"天下没有免费的午餐"。另外,站在商家的角度,"免费最贵"这句话也说明了免费的营销方式往往能获得高额的利润。

11.2　免费是为了更好地收费

免费策略就本质而言是一种获取流量的方式,必然要对其中的一部分流量进行转换以产生利润。不要忘了,赢利是企业的唯一目的。只要你享受了免费服务,早晚会为其付费,只是时间和方式婉转一点罢了。

11.2.1　免费营销始于电视台

在计算机没有出现的时代,电视是人们最主要的娱乐工具。在农村老家,只要买一台电视机,装上天线,就可以收看电视节目了。电视在那个年代里,是最好的免费内容,甚至在我们的心目当中,压根就没用看电视还要收费这个概念。当然,有线电视不在我们的讨论范围内。

那么电视台怎么赚钱呢?

电视是免费的,我们不用为看电视花钱,但是我们不可避免地会看到广告并且久而久之会受其影响。当有一天,我们在超市打算给父母买礼物的时候,突然脑白金映入我们的眼帘。好熟悉! 好亲切。这不是"今年过节不收礼,收礼还收脑白金"的脑白金吗? 此时,我们不会犹豫,立即做出购买决策。

我们购买脑白金,给脑白金公司贡献利润,利润当中一部分,就是脑白金已经交给电视台的广告费。这部分费用其实就是我们交给电视台的看电视的费用,只不过先由脑白金公司垫付罢了。

所以,看起来免费的东西,本质上还是收费的。

11.2.2　互联网的伪免费

免费是互联网的一大重要特征,可谓互联网与生俱来的特质。传统的实物产品每件产品都有相同的固定成本,比如材料、人工、管销费用等。其销量越大,成本越大。而互联网传输的是数字产品,数字产品拥有特殊的成本结构,即第一个产品需要投入大量研发成本,一旦成功,后续产品直接复制就行,几乎不需要成本。而且,产品销量越大,每个产品的平均成本⋯⋯当销量趋于无限大时,每件产品的平均成本趋近于零。

以微软公司的 Windows 操作系统为例,Windows 95 的第一张光盘实际研发费用高达 2.5 亿美元,但是复制第二个、第三个产品的成本只需要几美分,而且其通过互联网传输,根本不需要物流、仓储等其他成本。

正是数字产品的趋向于无穷小的产品成本的这个特性为互联网的"免费"模式提供了可能。

20 世纪末,互联网革命到来,免费的数字产品登上了历史舞台。QQ、电子邮箱、门户网站、搜索引擎等免费网络工具或网络服务为人们的生活带来了极大的便利。人们通过互联网可以和陌生人免费聊天而不必花电话费,可以免费查询到自己想要的资料而不必去图书馆,可以免费看到最新的新闻而不必看电视新闻,可以免费收发电子邮件而不必再花邮票钱等。各种各样的免费颠覆了人们的生活方式,改变了人们的生活习惯。无穷无尽的海量免费资源供应让互联网成了免费的代名词,人们陷入前所未有的狂欢。连美国经济学家都在惊叹:"这个世界太疯狂,全世界都在发放免费的午餐。"

可我们大家都知道,天下是没有免费的午餐的,所谓免费,只不过是一种特殊的收费方式罢了。一个健康的可持续的商业生态,不可能靠免费获得一切,绕来绕去,到最后总是要有人去买单的。

在免费模式下,所有人性的弱点,如虚荣、贪婪、好奇等都会成为商家的突破口。从这里,商家赚取的利润比收费模式更多。

以 QQ 为例,它的基础服务是免费的,你可以申请免费的 QQ 号、可以用 QQ 免费聊天、可以使用免费的 QQ 邮箱、可以玩免费的 QQ 游戏、使用免费的 QQ 网盘等。但是,如果你想拥有 QQ 世界最尊贵身份,你必须去花钱才能开通 QQ 钻皇;如果你想使用更大空间的 QQ 网盘,你必须花钱才可以扩容;如果你想建 4 个 200 人的大群,那必须是 QQ 付费会员才行。

当你想使用免费服务的时候,其实你已经在不知不觉的为之付费,只是你自己浑然不觉而已。

11.3 互联网免费模式

为了达到最终收费的效果,免费营销的手段五花八门,主要概括起来网络上常见的免费模式有以下几种。

11.3.1　部分免费

1. 部分使用时间免费

用户在产品试用时间内免费，之后付费。软件产品大部分都是采用这种模式，前期提供免费使用，让用户感受到价值，之后再收费。

2. 部分服务免费

产品所提供的基础服务终身免费，增值服务收费。QQ 即属于这种类型，一般的使用 QQ 免费，需要增值的功能（如 QQ 会员等）就需要付费。

3. 部分用户免费

对先购买产品的部分用户实行免费。目前市场上大部分培训课程均采用这种手法，某个日期之前报名的或者前几名报名的学员可以免除报名费或者其他费用。

11.3.2　完全免费

完全免费即产品的全部或所有功能都免费，通过其他的相关产品赢利。

最典型的例子莫过于奇虎 360，它在 2006 年推出永久免费软件"360 安全卫士"之后，迅速打破了被瑞星、金山、江民三大巨头垄断的安全软件市场，并在 2013 年成为了国内第一大互联网安全厂商。它通过 360 安全卫士永久免费的服务，积累了大量的用户，然后通过搜索广告、游戏分成等其他途径获得了丰厚收入。

11.4　自媒体

"自媒体"（We Media）这个概念是由硅谷著名的 IT 专栏作家丹·吉尔默（Dan Gillnor）在 2002 年年底提出。2003 年 7 月，美国的谢因波曼与克里斯威理斯两位联合出版《We Media 研究报告》，其中对 We Media 下了一个十分准确的定义："We Media 是普通大众经由数字科技强化、与全球知识体系相连之后，一种开始理解普通大众如何提供与分享他们本身的事实、他们本身的新闻的途径。"

以上是专家的定义，有点太过专业。其实顾名思义，自媒体就是自己的媒体，包含一系列自己创作并传递给大众的形式，比如微博、博客、日志、微信、自制视频等。

通过自媒体,我们可以向所有人表达自己的观点;通过自媒体,我们可以提升自己的知名度和影响力;通过自媒体,我们可以培养一批忠实的粉丝,而粉丝,就是经过提纯的精准流量。

自媒体是个人创业者最容易上手操作的免费策略营销手段。通过它,我们可以免费提供有价值的内容出去,从而获取高纯度的流量。

11.4.1　自媒体的发展历程

2005 年,博客(Blog)进入中国并逐步得到国人认可和使用。到 2008 年,中国的博客达到了鼎盛时期,数量超过一亿。

2009 年,新浪推出微博,大有后发制人之势。到 2011 年,微博走向巅峰,成为继博客之后的另一自媒体应用。

2011 年,腾讯推出微信。借助移动互联网设备的普及大潮,微信用户迅速扩张。2012 年微信推出微信公众号,大量机构和个人入驻。随即,微信开发了大量的技术工具并推出认证体系,开始打造日趋完善的自媒体平台。微信作为一种即时通信工具,依托 6 亿用户和超强的用户社交黏性及易传播性,迅速成为了自媒体平台的首选。

目前,虽然各大网络平台如搜狐、百度、360、今日头条等都推出自媒体栏目,但是博客、微博、微信依然是自媒体的三大平台。

11.4.2　博客

曾经有人说过:要是在纽约街头抛一个绣球,砸中的很可能就是一个博客,至于旧金山,那就更不用说了,砸中的可能是一个科技博客。由此可见,美国的博客是非常普遍的。博客在中国曾经红极一时,不过随着微博、微信的推出,大量博主已经流失了。中国曾经最火的博客是徐静蕾的《老徐的博客》,而现在上去看看,最近一次更新早已是 5 年前了,如图 11.1 所示。

如果说 2005 年的时候,写博客是一种流行,那么 2016 年的时候,写博客是一种坚持,是一种生活态度。浮躁的人都走了,剩下的往往是精华。

知名的 IT 科技博客月光博客已经有 12 年的历史了,作者坚持每天更新一篇,如图 11.2 所示。

著名影星古天乐至今仍然保持着每天更新一篇博客的习惯,如图 11.3 所示。

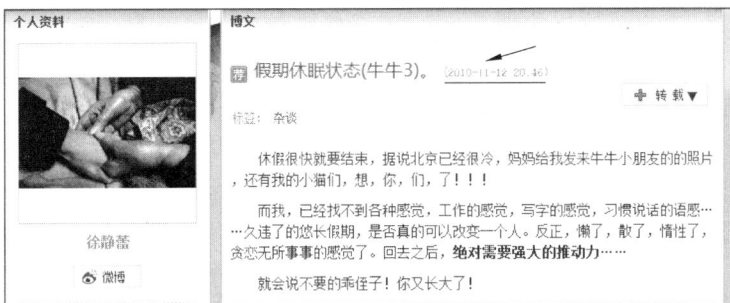

图 11.1　徐静蕾的新浪博客

图 11.2　月光博客

图 11.3　古天乐的新浪博客

像月光、古天乐这样的依然坚持更新博客的人不在少数,而且现在又有很多人回归博客,可见博客之持久力。博客本身有区别于其他自媒体平台的特征,它更加注重表述内容的深度,可以更好地将知识沉淀和积累。博客就好像你在互联网上的一个家,哪怕它很破,关注量很少,只要你不放弃,它就永远是你的。其他的 SNS 型产品就像夜店或者酒吧,你图个新鲜去消遣是可以的,但是那里终归不能久居。在美国,很少有人称自己为自媒体人,自媒体这个词甚至已经被人淡忘。相反,每个人都会有一个博客(Blog)。

另外一个值得一提的例子是百姓网的 CEO 王建硕,他从 2002 年开始写英文 Blog,被业界誉为国内最早写博客的人。他的博客内容很大部分是告诉外国人在中国生活的一些细节,粉丝当中有 70% 是生活在中国的外国人。2005 年由于博客访问量的激增,王建硕被 eBay 发现,随即加入 eBay,负责全权运作中国的分类广告网站。后来更是出任百姓网的 CEO,成了一名名至实归的互联网大佬。这是一个典型的通过博客实现人生逆袭的例子。

如果你想打造个人品牌或者拓展人脉,更或者等待一个前所未有的机会。那么,博客是最佳的选择。

11.4.3 微博

微博也称为微博客(Micro Blog),是博客的微缩版。相对于博客的长篇大论,微博的字数限制在 140 以内。正是这个限制,让用户发布内容更加随心所欲,激发了原创活力。而且,微博操作灵活方便,易于传播,得到了大部分用户的喜爱。

微博从本质上讲是一种媒体,它相当于一个永不散场的新闻发布会。如果有举国关注的重大新闻,它可以 24 小时不间断发布消息,让人们通过手机随时关注事态的最新进展。如两会期间"央视新闻"微博发起的"微博看两会"话题,如图 11.4 所示。

对个人创业者而言,微博可以发布言论,积累粉丝,从而树立个人品牌。也可以通过微博推广我们的网站和产品。具体步骤如下。

1. 建立官方微博

微博注册时的昵称建议取产品名或者网站名,头像设置为产品 logo,栏目设置也应与产品有关。如果有一点流量基础而且有备案,可以去申请加 V 认证。

2. 内容编写

微博内容切记为了广告而广告,要多写贴近生活的内容。内容中可以适当

图 11.4　微博看两会

加链接,引导粉丝进入网站阅读详细内容。要多加配图,从而吸引用户。不过图片要注意大小,以免因加载太慢而让用户丧失耐心。

内容主题的选择,笔者认为首先是笑话类,这是大众普遍的需求。其次是健康类,现代社会越来越多的人开始关注自己的健康。再次是生活技巧类,比如装修技巧、DIY 家用物品等。定好主题之后,我们可以去找一些相关内容的文章,进行整理和提炼并配图,然后形成自己的内容。

3. 创建话题

结合当前热点以及自身产品创建一些热门话题,这是吸引粉丝一个不错的方式。比如我们做的产品是减肥产品的话,可以创建比如"瑜伽减肥"、"水果减肥"这样的话题。

4. 规划发文时间

内容发布的时间直接关系着阅读状况。微博用户活跃有几个高峰,上班、午休、下午 4 点后、晚上 8 点,要抓住这些黄金时段发帖,才有可能产生高阅读率和高转发率。

5. 借力外部资源

利用互推资源,借助外部力量,让粉丝数量实现倍增。

(1)加入互推微群或 QQ 群。在这里我们可以找到一些和我们有同等粉丝数量的微博号,然后和他们进行互推。

（2）给大号投稿。给十万以上粉丝的大号投稿，一经采用，会有不错的转发数。

（3）私信粉丝。给自己的粉丝发私信，请他们帮忙转发。

最后，提醒大家特别要注意的是，千万不要为了短时间内获取大量粉丝而去采取不正当手段，小心"赔了夫人又折兵"。

11.4.4　微信公众号

微信公众号一经推出，便引发大量机构和个人入驻。现在，微信公众账号数量已高达 800 万之巨。在这些公众号当中，有很大一部分是个人自媒体。所以从某种意义上讲，当年被微博所取代的博客，正在微信公众平台上东山再起。

微博说到底仍然是一个媒体，而微信公众账号却有着强大的社交基因，它依附于一个强大的社交网络——朋友圈。这一点是其他自媒体平台所无法比拟的。社交网络是一个有着高度黏性的圈子，作为一个拥有社会属性的人，不可能离开社交，也不可能抛弃微信。移动互联网时代，谁占有了用户的时间，谁就拥有机会。微信目前几乎成了占用用户时间最多的手机 App，这个平台上面的自媒体自然而然获得其他平台不可比拟的优势。正如腾讯官方说的，80％的微信自媒体用户是通过朋友圈阅读的。

利用微信公众号运营自媒体，需要注意以下几点。

1. 公众号类型的选择

微信公众号有订阅号、服务号、企业号 3 种（见图 11.5），腾讯官方对 3 种公众号的区别定义如下。

服务号
给企业和组织提供更强大的业务服务与用户管理能力，帮助企业快速实现全新的公众号服务平台。

订阅号
为媒体和个人提供一种新的信息传播方式，构建与读者之间更好的沟通与管理模式。

企业号
为企业或组织提供移动应用入口，帮助企业建立与员工、上下游供应链及企业应用间的连接。

图 11.5　微信公众号种类

（1）订阅号：主要偏于为用户传达资讯（类似于报纸杂志），认证前后都是每天只可以群发一条消息。

（2）服务号：主要偏于服务交互（类似于银行、114、提供服务查询），认证前后都是每个月可群发 4 条消息。

（3）企业号：主要用于公司内部通信使用，需要先有成员的通信信息验证才可以关注成功企业号。

其中，企业号用于企业内部管理，与用户关系不大。所以这里仅讨论与用户比较相关的订阅号和服务号的选择。

1）群发限制

订阅号每天可以群发一条，服务号每月可以群发四条。如果是做更新比较频繁的自媒体，建议使用订阅号，这样可以保证发送频率。

2）认证方式

订阅号和服务号的认证方式相同，都是提交材料并交 300 元年费，等待 7～15个工作日。

3）自定义菜单

订阅号只有完成认证才有自定义菜单，而服务号不论是否认证都有自定义菜单（见图 11.6）。

图 11.6　微信公众号自定义菜单

4）展示方式

订阅号采用两级展示的方式，在微信首页只能看到一个按钮"订阅号"，所有订阅号都整合在这个按钮下显示。点击"订阅号"之后才能看到，如图 11.7 所示。

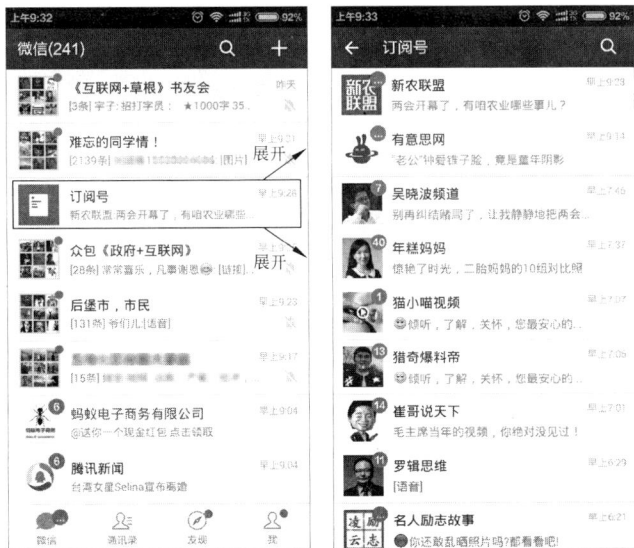

图 11.7　订阅号展示方式

而服务号则不同,直接在首页显示,如图11.8所示。

图11.8 服务号展示方式

这两种不同设置直接导致打开率的差异。订阅号的打开率在20%,而服务号的打开率能达到80%左右。

5)客户功能

订阅号不支持多个客服功能,而服务号支持。

6)支付功能

订阅号不支持支付功能,而服务号支持。

7)高级功能

订阅号可扩展的高级功能只有两个:自动回复和自定义菜单。而服务号支持群发消息接口、客服接口、可统计扫描数量的二维码接口、用户分组接口等多种高级功能。

腾讯官方对于这几类公众号的选择建议如下。

(1)如果想简单地发送消息,达到宣传效果,建议可选择订阅号。

(2)如果想进行商品销售,进行商品售卖,建议可申请服务号。

(3)如果想用来管理内部企业员工、团队,对内使用,可申请企业号。

笔者的建议是,在创业初期可以先用未认证的订阅号,用高频信息建立最早的粉丝用户,然后再用服务号进行用户交互以及商品销售。

2. 公众号账户资料设置

公众号取名要以产品或品牌名称命名。公众号的头像要用公司或产品logo,如果要打造个人品牌,则使用个人头像。

3. 市场定位

首选定位客户,分析他们的收入、年龄、学历、居住城市、性别等。这是制作推送资讯的前提。

4. 内容编写

1)内容编写的原则

内容编写的最高原则就是用户导向,用户需要什么,我们就推送什么。以一个减肥产品的订阅号为例,如果每天发笑话或心灵鸡汤这些跟减肥无关的东西,估计过几天就没人关注了。如果发一些减肥水果色拉的制作方法,喝水减肥的方法,或者一些减肥成功案例等,潜在用户应该会感兴趣。

(1)原创的未必是用户喜欢的。

这个时代垃圾信息泛滥,抄袭现象严重,于是原创往往显得弥足珍贵。那么,原创的东西用户一定喜欢吗?未必。你的内容如果对用户没有价值,就算是你是通宵达旦一个字一个字地敲出来的,也是无用信息。如果你是转载别人的文章,用户看了大有收获,用户还是会感激你的。但是这里强调一点,现在人们的版权意识越来越强,转载一定要获得作者授权或者注明出处。

(2)拒绝平庸。

订阅号被全部挤压到了二级页面,而且每个人的订阅号有很多。那么,你有什么理由让用户在众多的订阅号中阅读你的呢。少发广告、促销信息,用户一旦看到一次广告,他就可能以为你的订阅号是发广告的,再也不会去关注了。相反,如果内容精彩,用户会转发分享给他的朋友们。记住,即使是转载,也要加上自己一两句评论。这样,用户就会觉得你是在用心经营。

2)内容编写方法

内容分为两种:原创的和非原创的。

(1)原创内容编写方法。

① 搜集所有与主题有关的资料。

② 通读所有资料内容并进行消化。

③ 写出自己的观点。

除了自己创作外,还有一种方法是通过投稿的方式招募一些投稿者,从中挑选一些高质量的原创稿件推送。

另外,也可以和其他原创作者合作,互推文章和公众号。

(2)非原创内容编写方法。

① 通过博客、文档分享平台、竞争对手的微信获取内容。

② 精读文章,提出犀利的点评,然后转载。

5. 公众号运营

1)内容要系统规划

内容是一个体系,而不是每天都忙着准备第二天的内容。一个高水平的公众号运营者应当提前准备好一个月甚至是一年之内要更新的内容。每天只需要点击"发送"按钮即可。

2)内容表现形式多样化

长期用同一种形式来表现内容往往会引起用户的视觉疲劳。应当综合用视频、语音、文字相结合的形式来增强内容的趣味性。

3)加强互动

在自媒体互动方面,罗辑思维是一个不错的榜样。每天早上 6:20 一条 60 秒的语音,然后回复关键词得到一篇文章。读完文章后在文章的下方往往是一本好书的销售链接。

4)黏住用户

每一次推送的内容之间要藕断丝连,让用户对下次内容产生期盼。在每次推送内容的结尾处加入下次内容的简介,或者构建一个悬念,在下次内容时揭开谜底,或者把内容本身做成连载的形式,每次推送一章或者一节,以此来黏住用户。

第 12 章

其他流量手法

12.1　病毒营销

病毒,是具有遗传、复制等生命特征的微生物。它本身不具有细胞结构,但是一旦接触到宿主细胞便借助后者的复制系统,疯狂复制新的病毒。复制出来的病毒同时又成为一个新的感染源,再次不断地复制和传播。

病毒营销顾名思义就是让产品信息像病毒一样在互联网上不断地自我复制和传播,实现在短时间内呈指数级别地进行疯狂传播的目的。

最早的病毒营销实践者当属 Hotmail,它在创建后的一年半时间内仅仅花费了不到竞争对手 3％的营销费用,就吸引了高达 1200 万的注册用户。它的操作方法是在每封邮件底部附加了一个简单标签:"Get your private, free E-mail at http://www. hotmail. com"(快来获取你的免费私人邮箱: http://www. hotmail. com),人们利用它向朋友或同事发送信息时,接收邮件的人会看到邮件底部的信息,这些人便也加入了使用免费 E-mail 服务的行列。如此一来, Hotmail 提供免费 E-mail 的消息就得到了大范围的扩散,Hotmail 的用户也得到了大量增加。

12.1.1　病原体

"病毒营销"最重要的是"病原体"的制造。"病原体"指的是某种产品或服务,它必须具备强大的感染能力,即用户愿意自愿接受而且感觉收获颇丰。而且,考虑到易感群体的免疫力,"病原体"必须要不断变种和进化。

什么样的东西才能吸引用户呢? 便宜、打折,或者干脆免费。免费固然效果不错,能够最大限度吸引用户注意力,但是成本问题也是必须考虑的重点。

如何才能最大限度控制成本呢? 以下进行详细分析。

"病原体"分为两类：物质的和非物质的。物质产品是实物，不可避免地产生固定成本。而非物质产品是虚拟产品，它的边际成本可以无限趋近于零。

依照马斯洛的需求层次理论(见图 12.1)，人的最高层次的两个需求是被尊重和自我实现的需求。这两种东西其实本质上就是虚荣和成就感。

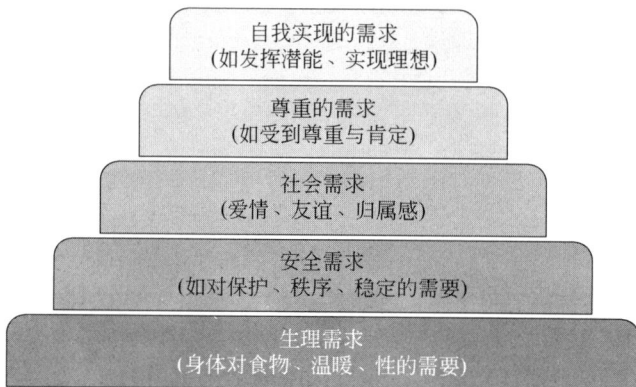

图 12.1　马斯洛的需求层次图

物质生活的充裕比如穿名牌、住豪宅、开豪车最终的目的是为了满足虚荣和获得成就感，最终实现被人尊重和自我实现的需求。既然如此，我们直接用非物质产品满足其最终的被尊重和自我实现的需求即可。这样，在用户需求满足的同时，我们的成本也降到了最低。

下面给大家介绍几种经典的物质和非物质"病原体"。

1. 免费实物赠品类

如图 12.2 所示，这是某知名品牌口红的试色邀请，在第一个页面直接用醒目的红底白字表明"免费送"，勾起用户的占有欲望。在右上角进行分享提示，想要免费得到，先分享给好友，这是一个诱惑式的病毒手法。用户分享完毕之后，进入地址提交页面。因为实物商品有不可避免的成本问题，只能以运费形式进行抵消。所以，这个方式有一定的局限性，"全国统一邮费到付 20 元"的这个限制可能会将很多不愿意付费的用户拒之门外了。

2. 恶搞类

恶搞的基因存在于人的内心，因为每个人都有被关注的欲望。以下这个高考上头条的恶搞页面是针对高考完的学生推出的。

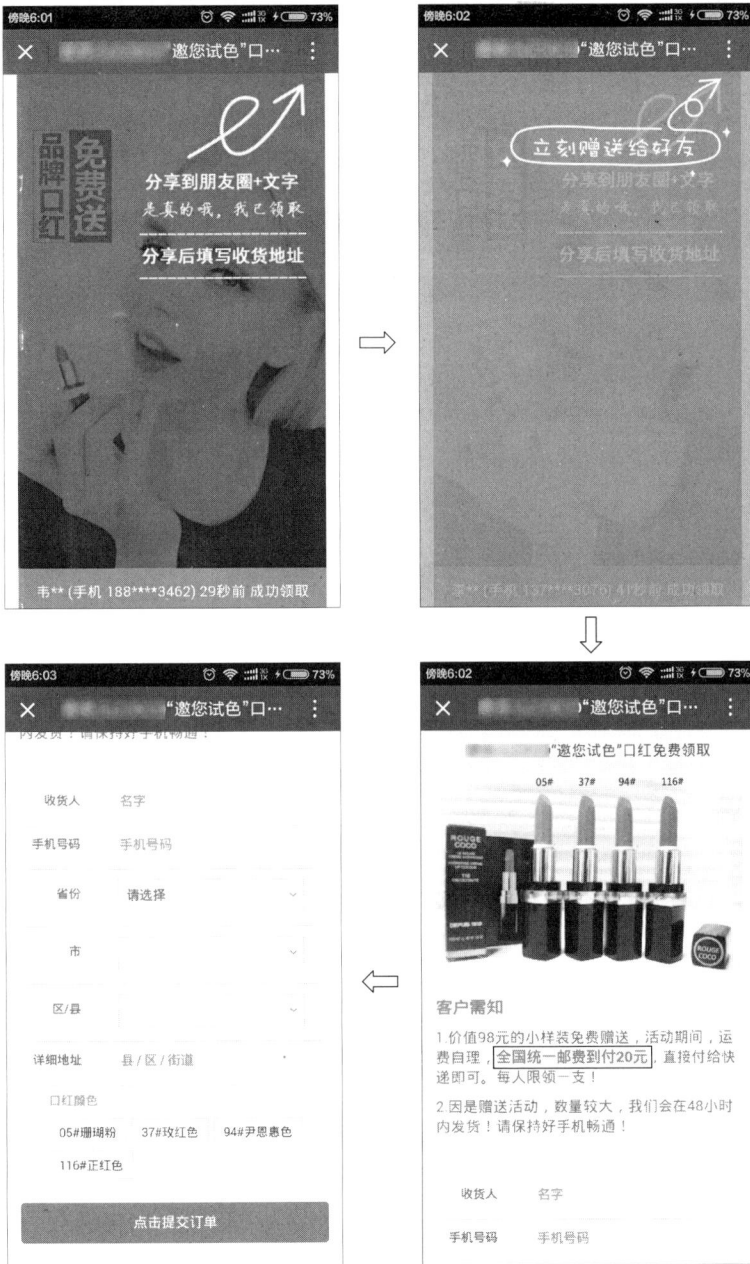

图 12.2　实物赠品"病原体"范例

高考结束后,经历了高强度的压力的高三学生们终于得到解脱,他们借助这个新闻生成器可以把自己或者同学生成到新闻上面,然后发送给朋友们。随着恶搞新闻的疯狂传播,新闻下方附带的 App 也得到了大量的曝光,获得了不错的下载量如图 12.3 所示。

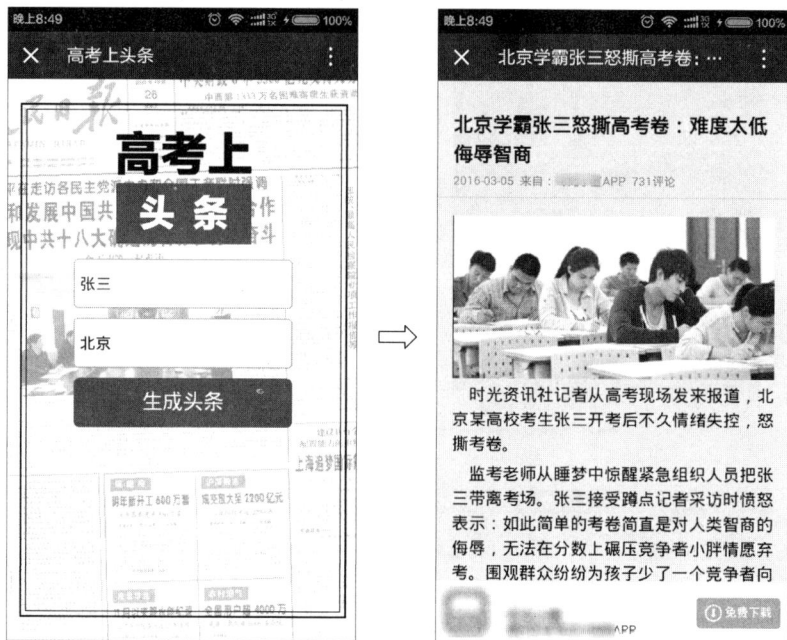

图 12.3　恶搞"病原体"范例

3. 炫耀类

炫耀游戏分数让用户产生了一种自我实现感,从而引发大量传播与参与。而且游戏不同于实物产品,它几乎没有任何成本。所以,游戏是所有"病原体"当中性价比相对较好的一个,如图 12.4 所示。

4. 砍价类

砍价对用户来说具有很强的吸引力,一款原价 6000 多元的 iPhone,价格逐步被砍低,甚至还有砍成 0 元的希望。用户收到朋友的砍价请求后,帮朋友砍一刀,同时自己也可以参与,然后再找自己的朋友帮忙砍价。这是一个非常经典的"病原体",自我复制能力非常强,如图 12.5 所示。

图 12.4　炫耀"病原体"案例

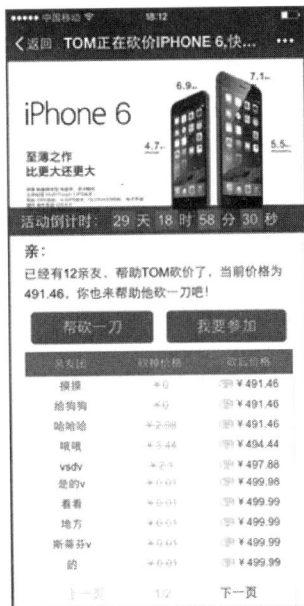

图 12.5　砍价"病原体"案例

12.1.2　传播机制

　　病毒复制的过程必须要简单易操作,让用户动动手指就能分享出去,切忌操作复杂。如果是传统的病毒网页的话,可以在网页上安装一键分享按钮,集成分享至微博、QQ 空间等社会化平台。不过,目前看来,使用微信传播是最佳的病毒扩散方法。

　　微信传播的机制主要有以下几种。

　　(1)直接转发朋友或朋友圈。

　　(2)分享到朋友圈集齐指定数量的"赞"。

　　(3)让朋友帮忙完成任务,比如拼图、投票、砍价等。

　　以上 3 种方法的选择依"病原体"的具体形式制定,如果是像 iPhone 手机这样的大奖,任务难度可以设置高一点,比如要求用户进行拼图、砍价等操作。如果"病原体"是一个恶搞新闻或者游戏的话,分享就设置比较简单一点,直接点转发就行。

12.2　展示广告

通过投放网络展示广告获取流量的方法简单而言就是花钱买流量,但是这个流量不是像 PPC 那样按点击收费,而是由网站主对网页不同大小形式的广告进行标价出售,由投放者自行设定广告内容。这种方式类似于风险投资,如果设置得当,可以获得超高的回报;如果设置不当,则广告费就白白浪费掉了,所以这种方式对于资金不很充裕的草根创业者来讲,必须谨慎投放。

以新浪首页为例,一个好的文字链接设计一天能带来超过 5 万的点击,但是如果操作不当,几十万元的广告费一天就打了水漂。

所以,这种广告形式对于资金实力欠缺的初级创业者来讲,建议多多研究,不要冒然投放。

12.2.1　展示广告的主要形式

1. 图片广告

图片广告是以 GIF、JPG、Flash 等格式建立的图像文件,通过定位在网页当中以达到展示的目的。按照其在网页中的位置,分为 Banner(见图 12.6)、Button(见图 12.7)、通栏、竖边、巨幅等。按照展示方式分为静态、动态、交互式。

图 12.6　腾讯首页 Banner 广告

2. 文字链接广告

文本链接广告(见图 12.8)是在网页当中放置的以一行文字为形式的广告,与其他花花绿绿的广告相比,这种方式对浏览者干扰最少,效果也不错。在网

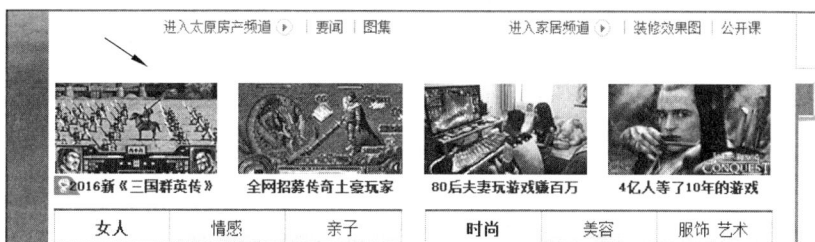

图 12.7　网易首页 Button 广告

络广告泛滥的今天,简单的东西往往很有效。

图 12.8　新浪网的文字链接广告

3. 富媒体广告

1) 视频类广告

当用户在打开页面时,自页面右下角浮出视频内容(见图 12.9),其主要表现形式有标准的视频形式、画中画形式、产品外形形式、焦点视频形式等。

2) 扩展类广告

扩展类广告是指当鼠标滑过页面上的广告位置时,广告被触发显示面积变大;当鼠标离开时,恢复原位。这种形式的广告用户可以随意控制,对用户干扰度较低。

3) 浮层类广告

浮层类广告是指当用户打开网页时,广告动画会自动播放,播放完毕后消失(或者回放)。这种形式与用户的互动性比较好。

253

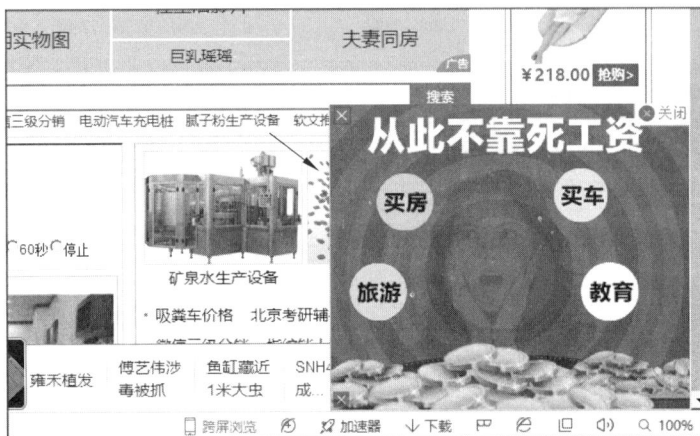

图 12.9 富媒体广告范例

4. 客户端广告

客户端广告包含以上所讲的图片、文字、富媒体等多种形式。目前用户量最大的客户端非 QQ 莫属,几乎占据了即时通信的垄断地位,如图 12.10 所示。

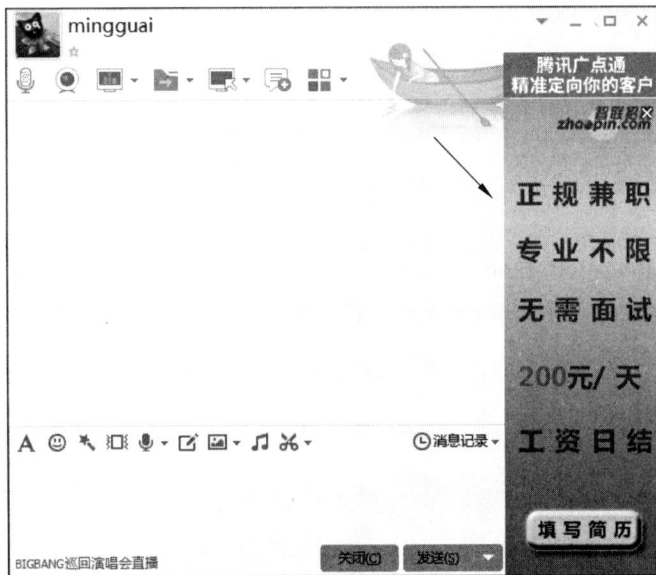

图 12.10 QQ客户端广告

12.2.2　展示广告投放要点

1. 保证网站稳定

如果广告是通过链接引导用户进入自己的网站的话，一定要注意网站的稳定性。新浪首页的一条文字链接很有可能带来每分钟高达 500 多次的点击，这是很高的并发访问，一般的虚拟主机配置达不到这个负载。一旦过载，就会出现用户点击广告后网站打不开的情况，这是不必要的浪费，必须杜绝。

2. 精心设计广告文案

1）突出用户想要的

把用户想要的东西采用醒目的字体或图案表达出来，比如优惠、促销等。图 12.11 为网易的 Banner 广告，这个图片中，三件七折是一个吸引用户的主要文字，左侧的阿迪标志提升了商品的价值，这样的设计让用户觉得这么名牌的鞋子居然打七折，非常划算。另外，在图片的最左侧显示了企业的名称和网址，让品牌得到了曝光，可谓效益最大化。

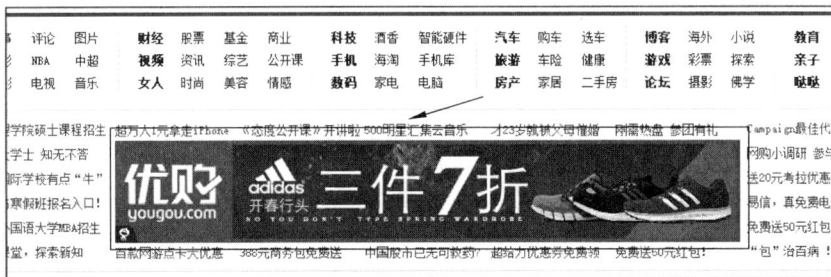

图 12.11　Banner 广告范例（一）

2）利用网络流行语

采用当前网络上的流行语，引起读者共鸣。比如"包"治百病，如图 12.12 所示。

3）以情动人

人是有感情的动物，亲情、爱情、友情，不管哪一种，只要能打动用户，用户就会进行冲动型购买。下面这个广告的广告语"该给老公换件衬衫了"（见图 12.13），洋溢着满满的爱意，老公在外奔波，赚钱养家，辛苦了。作为老

图 12.12　文字广告范例

255

婆,应该犒劳一下自己的老公。况且现在 2 折优惠,多么划算。相信很多已婚女士看到这个广告,都会点进去看看。

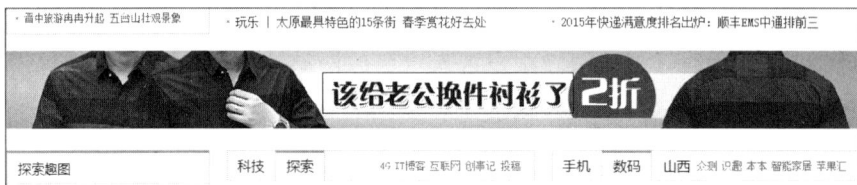

图 12.13　Banner 广告范例(二)

3.针对性投放

在投放广告时要根据产品的特性选择合适的网站频道或栏目,做到产品与受众匹配。比如门户网站的笑话、动漫这些频道的用户多为年轻人,房产、汽车、财经多为有一定经济实力的中年人,在投放广告时要根据产品受众的年龄进行选择投放。如果在动漫频道上投放女性化妆品广告,很显然不是一个好主意,但是如果把理财产品广告投放到财经频道就是一个不错的选择。

12.3　线下营销

在线上营销发展如火如荼的今天,很多人会忽略线下。恰恰相反,线上的东西最终是要由线下的实实在在的用户去体验的,线下的推广往往能得到更高的信任度。

12.3.1　线下营销的优势

1.沟通更直接

线下推广时业务人员直接与终端客户面对面,看得见摸得着,沟通更方便,信任度更高。

2.获取流量速度快

以 App 的下载推广为例,业务人员直接在客户面前拿客户的手机演示操作,大大加快了用户接受产品的速度。

3.提升品牌形象

在大多数用户眼中,网络上的东西总是虚的,而且网上的骗人手段五花八门。如果能在现实生活中见到实体推广人员，用户心中的品牌的形象会大大提升。

4. 辅助线上

线下营销弥补了线上的不足，与线上相互促进，提升整体营销效果。

12.3.2　地推

地推顾名思义是地面推广的意思。早在 2006 年，《征途》游戏就采用大规模地推手段取得了丰硕的成功，可谓地推鼻祖。近年来，尤其是二维码、App 出现之后，各大城市的大街小巷都能见到大量的地推人员拿着礼品在吆喝：扫码送礼品！地推已经成了最有效的线下营销手段。

1. 地推前的准备

1）地点选择

首先去踩点，看看备选地点的人流量如何，有没有地方挂横幅等。一般情况下，最简单的办法是采用跟风的方法，直接在小商贩的聚集区摆点即可。这些地方肯定是已经验证过的人流量不错的区域，否则商贩们是不会在这里扎堆摆摊的。而且，这些地方应该是城管不会来或很少来的地方。

2）礼品准备

礼品当然是必需的，什么都不送就让人过来扫码是绝对不可能的事情。礼品选择要注意以下几点。

（1）礼品要超值。

要是礼品够超值，排长队等着扫码是常有的事情。什么才是超值礼品呢？用户期望值高，但是实际成本低的产品。比如充电宝，在用户心目中至少也得百八十元钱，你要是免费送，绝对有人抢。其实它的成本也就 10 元左右。当然，礼品的成本不能超过用户获取的预算成本。

（2）切忌同质化。

大家都送王老吉，你也送，肯定是不行的。路人喝几罐就行了，拿多了也喝不完。所以，地推之前要去观察目标地点的其他地推人员送什么礼品，要有差异化。别人送王老吉，我们送水杯或者香皂等。

（3）结合地段选择礼品。

如果是在市中心、商业街做地推，应当选择轻便的礼品。因为这些地方的人都是来逛街的，大家逛街的时候总不能拎一箱酸奶或拿一口锅吧。如果是在菜市场或者小区门口地推，可以考虑送一些家用物品，比如锅碗瓢盆、菜刀套装、酸奶一类的,大家拿了之后就直接拎回家了,非常方便。

3)人员准备

人员要做好分工,谁负责发传单,谁负责指导客户安装,谁负责发放礼品等,都应当事先安排好以免在人流量暴增的情况下,乱了阵脚。以下两种情况应当避免发生:一是有的客户想拿礼品,结果没人帮忙注册,急得客户发飙;二是有的客户没有注册就直接拿走了礼品,居然没人看到。

4)物料准备

提前备齐摆摊所需的办公用品,比如易拉宝、桌子、传单、服装、胸牌等。

2. 地推过程控制

地推过程当中,每个人要各司其职,互相协作。在人流比较少时,一部分人应该主动出击,发传单给距离比较远的路人。另一方面,要加强喇叭吆喝,争取吸引更多的人过来。当人流量比较大时,负责吆喝的人的吆喝力度可以放低,转而协作其他人员,比如引导客户注册等。因为人多的时候,有一个马太效应,就是已经很多的人会自动会吸引更多人过来。人们都喜欢看热闹,都想知道这里围着一大堆人是干什么,于是就拥过来一看究竟,最终人会越聚越多。

12.4 炒作营销

12.4.1 反差炒作

一个高大上的人干了一件小事情或者一个矮穷矬的人干了件大事都是一个很好的炒作点。这种有悖常理的反差往往吸引人们去一探究竟。

大学生、硕士生是高级人才,在常人眼中,他们应该在写字楼里面办公:穿着西装革履,坐在计算机面前。如果去卖菜、卖小吃,一定有很多人议论。所以像"大学生卖菜"、"女硕士卖脑花"这样的话题在网络上得到了快速传播。

而对于当事人来说,他们借助炒作,迅速提升了自己产品的知名度。

12.4.2 逆向炒作

有时,正向推广的效果远不如逆向。

2005 年,一个名为"吃垮必胜客"的帖子一度在网上疯传。帖子当中提供了很多种盛放食物的独门技巧,通过这种技巧可以在一个小盘子上放上很多食物,从而达到吃垮必胜客的目的。随后,网友们纷纷转发这个帖子,并晒出自己去必胜客吃饭的照片。随着"色拉塔"的形状和建筑技巧被网友们的不断改进,越来越多的网民参与到这个活动中来。

可想而知,在这个帖子的关注度暴涨的时间里,必胜客的顾客流量增长了多少。

12.4.3　借力炒作

借力炒作是指借助与产品品牌本身不相关但是极具传播性质的介质进行炒作,从而达到产品品牌被疯狂传播的目的。

前段时间的"×衣库"事件,尽管官方否认与其有关,但如果假设这个事件是一次策划的炒作事件的话,它是一个相当成功的炒作案例。在不到一天的时间内,这个视频传遍了整个目标人群,每个人都知道了这个品牌,难怪有人说,这次事件比花费 2000 万元广告费的效果还要好。

某女明星在视频传出的第一时间发文力挺视频事件女主角,说一些要保护自己、建议报警之类的话。结果,该明星的微博亦获得了极高的曝光量,借力于"借力炒作"本身,可谓借力高手中的高手。

12.4.4　口水炒作

口水炒作往往发生于名人和名人之间,比如马云与王健林的一亿元豪赌、老罗和王自如的辩论等。通过打口水战,使得双方的产品和品牌都得到大量曝光,实现双赢。

12.4.5　诉讼炒作

诉讼炒作是指通过打官司来吸引公众注意力,达到炒作的目的。有很多并不知名的公司通过和大公司打官司获得了对等的知名度,这一点从本质而言也是借力炒作。也有大公司为了推广某个业务,起诉其他公司侵权。这类诉讼的题材一般涉及专利、商标等知识产权的侵权纠纷。

第 4 篇

攻 心 转 化

第 13 章

攻心文案

说什么不重要，重要的是怎么说。引申一下，把它用在产品销售上，那就是：卖什么不重要，重要的是怎么卖。虽说这句话有点夸张，但是当产品、流量万事俱备的时候，东风就显得异常重要了。

文案是销售的核心，传统销售其实本质上也是一个口头的文案。文案必须攻心，攻心才能让客户马上付钱，而付钱是销售成功的唯一标志。要详细阐述销售文案，我们必须先从一个叫文森特·詹姆斯的人谈起。

13.1　神奇的销售信

销售信是专门为销售创作的书信，它本质上是一个一对多的非面对面的成交过程。当用户在读销售信时，就相当于业务员站在他的身边为他讲解。一篇好的销售信好比一个顶级的业务员，每一个词每一句话都深入用户内心，从开头到结尾，层层递进，一气呵成，最终促使用户立即做出购买决定。

13.1.1　一个老外的销售信传奇

销售信的鼻祖当属文森特·詹姆斯，他原本是一个一贫如洗的辍学青年，后来利用销售信在 2 年时间内赚钱了 1 亿美元，而他所使用的工具只有一支笔、一张纸、一个小瓶子。

他是如何做到的呢？操作方法其实非常简单。

2000 年的时候，文森特有一次在超市里面的一个不起眼的角落发现了一种营养代餐，售价 60 美元。文森特认为，该产品的市场没有被发掘出来，完全可以进行再次价值塑造。

于是文森特自己试用了一瓶，感觉效果不错。他去深入调查了一下这类产品，如果批发的话，用不了 2 美元的价格都可以拿到。

接着文森特自己设计一个专注于减肥的代餐品牌，并委托生产厂家为其生产。

然后，他开始利用销售信进行推广。

他在经过潜心研究、反复修改之后，完成了一封自认为满意的销售信。在信中，他把产品标价 60 美元出售，并且向顾客索取 6.95 美元的邮寄及包装处理费，其实成本只有 2 美元。

他购买了一份曾经购买过减肥产品的用户名单，然后将他的销售信邮寄出去。客户的购买情况令文森特非常惊讶，在每 1000 个客户当中有 20 个客户每人平均购买了 3 个产品，相当于每 1000 封邮件会有 3600 美元的收益，减掉成本 600 美元，平均每封信带来 3 美元的收益。简单说，就是寄出 1 封信，文森特口袋里就增加 3 美元。

在有了"1 封邮件＝3 美元"这个赚钱模式后，文森特开始了大规模放大的过程，他在杂志、电视台、杂志上疯狂做广告，财富滚滚而来……

最后，在 28 岁的时候，他赚到了 100 000 000 美元。

文森特所处的那个年代，互联网尚未普及，但是他所采用的直邮销售信模式，在现代社会仍然可以发扬光大。而且，互联网发达的今天更加适合销售信模式。电子邮件代替了纸质邮件，邮寄成本几乎降到了 0，HTML 网页的诞生让干巴巴的文字生动了起来，更能打动客户的心。

销售信就好比毛笔字，只要能把它写好了，之后不管是铅笔字、粉笔字、钢笔字，都可以写好。因为毛笔字是各种字的根本，是各种字的精髓和灵魂。销售信也一样，只要掌握了写销售信的精髓，不管是用网页也好，视频也好，你都可以直达客户内心，促成购买。网页或视频本质上是销售信的另外一种不同的形式而已。

13.1.2 销售信的写作

1. 创建客户角色

你了解你的客户吗？他们是谁？他们收入多少？他们真正想要什么？他们在想什么？他们喜欢什么，不喜欢什么？这一切直接关乎你的销售信的成功与否。

客户角色其实是一个模型，是目标客户人群中的一个最具代表性的假想个体。我们的销售信是一个与目标客户的心与心的交流过程，在书写的时候需要一个假想对象，这样销售信才能够将成交做到"润物细无声"的最高境界。

客户角色的创建不仅有助于销售信写作,而且对网页设计、客服话术,甚至对流量获取和产品设计都有重要的参考意义。

创建客户角色,有以下方法。

1) 许可式营销邮件获取

在许可式营销邮件的用户注册框设计时,为了便于用户注册,仅提供了一个姓名和电子邮箱注册框。对于忠实客户,可以再次请其填写更加详细的资料,比如问卷调查等。

2) 收集客户反馈

为客户反馈提供有效的途径。客户反馈的信息往往是宝贵的意见,从这些信息当中,也可以提炼一些客户的相关资料。

3) 分析竞争对手

通过研究竞争对手的产品定位、市场营销手段、广告语、销售文案等信息,掌握竞争对手的目标客户信息。

2. 写作

1) 标题

标题的写法可以参考前文所讲的电子书和软文中的标题写法。标题的目的是吸引用户的注意力,让其进一步去看正文。过去的直邮可以在信封上写上标题以引导用户打开,避免用户直接当作垃圾广告邮件扔掉。现在的电子邮件也一样,用户第一眼看到的是邮件的标题,标题不够吸引用户,很容易会被直接删掉。

大多数人都喜欢看故事,所以故事型的标题更能吸引人。比如《80 后"矮人"变"高人"首次揭秘成功经历》,从标题来看,内容肯定是讲了一个故事,只要是有增高欲望的人都会去看看究竟,哪怕是一个因增高屡屡受挫对增高失望而且铁了心不会购买产品的人,他也会把它当作一个故事去看看。

2) 引言

引言是正文第一段话,它的使命是引导用户再往下看。如果说标题引起用户的好奇心,那么引言的目的是将好奇心放大。例如:

"增高,是很多人都有的梦想!

爱美之心人皆有之!

男人要风度翩翩,女人要修长美腿!

无奈没有遇到过实现梦想的方法!

微信疯传 89 564 次的长高故事!

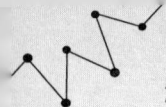

教你少走冤枉路,不花冤枉钱!

花三分钟看完,让你和我一样梦想成真!"

微信疯传 89 564 次的长高故事到底是什么,只需要短短的 3 分钟就可以看完,相信很多想长高的人会去看的。

3) 客户见证

好奇心被放大后,必须要用强有力的干货满足一下读者的胃口。吊了客户两次胃口,如果还是没有干货出现,会出现严重的信任危机。尤其是现在充满骗局的网络环境中,用户的信任感很难培养,所以,适当地加强客户信任,有助于客户继续读下去。

客户见证建议使用图片,这样能够增加真实感。如果没有图片的话,文字也可以。文字描述的客户见证,效果虽然远不及图片,但也会让用户产生一定的信任感。客户明明知道文字的客户见证作假很容易,仍然会在一定程度上相信它。这就好比,男士在女生面前说的甜言蜜语一样,所谓的一生一世、至死不渝一类的话,女生明明知道话不是真的,是不可能实现,但是心理仍然是美滋滋的。

4) 需求放大

在这个步骤中,要对客户的需求进行放大。要让客户觉得客户见证中的人已经摆脱了痛苦,而他此时此刻仍然在忍受痛苦的折磨。需求放大的目的是要让用户产生强烈的心理反差,加强其寻求改变的紧迫性。

5) 产品塑造

此时,用户对我们已经产生了一定的信任度,起码用户不认为我们是骗子了。而且这个时候,用户已经有了想要改变现状的想法。这个时候,用户会更加好奇,到底是什么产品能让这么多人取得这么显著的效果? 用户此时急切地想看到到底是什么产品这么神奇,他们期待产品的介绍出现。

这时,产品的推出顺其自然,毫无生硬的感觉,仿佛顺水推舟一般。

6) 购买呼吁

要不要买? 用户此时心里基本已经有了答案,只要价格能够承受,基本上没有问题。这一步的关键是要解决一个问题,为什么要现在买? 为什么要立刻买? 这里可以做两种设定:一种是限量,仅售 100 套,只剩 39 套了,卖完为止,引导用户加快购买;另一种是限时优惠,某月某日之前买将有超值大赠品免费送,这种方法让本来打算买的用户快速做出购买行动。因为用户认为,反正也要买了,为何不把优惠拿上呢。

7）消除顾虑

通过零风险承诺和常见问答打消客户所有疑虑，全面清除影响客户购买的所有障碍，为客户点击支付打上最后一剂强心针。

零风险承诺应当做出退款或退换货的保障，限定一定的期限内给予用户退款的保证。这个期限可以是 7 天，也可以是一个月甚至是 60 天。依照经验，太短的退款期限往往加速用户做出决策，导致很多犹豫期的客户匆忙退款。所以，退款期限时间不宜太短，一般取 30 天为最佳。

13.2　网页设计

网页是色彩和图形化的销售信，任何一个有目的的网页都是。即使网页不是以纯粹的销售产品为目的，它总是有其他目的，比如注册、下载或者引导等。所有这些目的可以理解为广义的销售。所以，从广义的角度讲，任何一个网页都是一封销售信。只不过这个销售信融入了除了文字之外的图片、动画、视频等元素而已。

13.2.1　色彩与网页的关系

网页的颜色是否会影响用户的购买决策？听起来有点玄乎，但是答案是肯定的。

国际著名的调查网站 Kissmetrics 的网络数据分析结果显示，九成以上的用户在一个网站上发生购买行为之前，会首先考虑站点的颜色与布局设计。色彩对购买行为的影响过程为：当人们观察到某个颜色时，人们的眼睛会把信息经由大脑皮层传输到下丘脑，然后再传递给松果腺和脑垂体，最后到达肾上腺。通过对肾上腺的作用，促使肾上腺素分泌发生变化，从而影响人们的情绪波动，最终影响到购买行为。

由此可见，色彩对于网页的转化率大小有很大的关联。在网页设计时，色彩设计是一个重点环节。

以下就常见的色彩做分析。

1. 红色

红色是一种充满激情的、具有强烈情感的颜色。它能够在最大程度上吸引人的注意力并让人感到兴奋，从而产生食欲和购买欲望。因此红色往往用于餐饮类和电商类网页（见图 13.1 和图 13.2）。

图 13.1　著名披萨餐厅 pizza time 官网

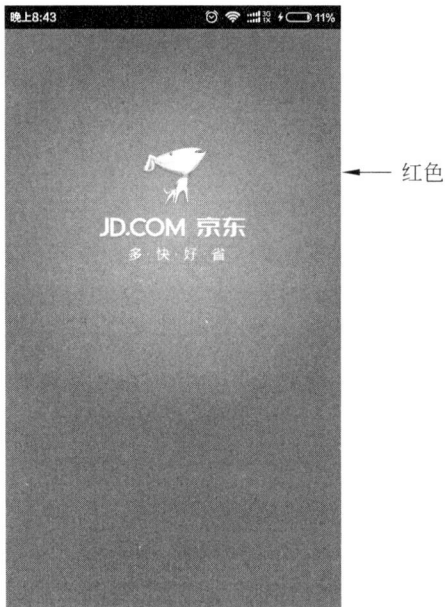

图 13.2　京东商城 App 的欢迎页面

2. 黄色

黄色给人轻快、透明、充满希望的心理暗示，堪称健康阳光色。在深色背景的网站上用黄色点缀一下，往往能起到眼前一亮的效果。但是，黄色只能做配色，不能用作主色调，否则会让网页太过刺眼，取得反效果（见图 13.3）。

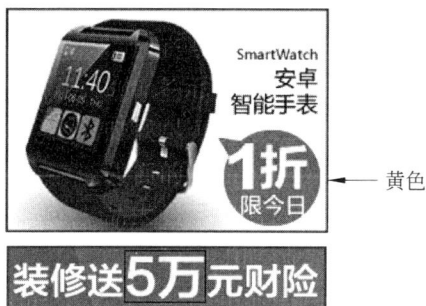

黄色

图 13.3 广告中黄色应用案例

3. 蓝色

蓝色象征权威、中规中矩与务实，一般用于正式、严肃的主题，比如政府网站、公益组织网站等。在网站增加适当的蓝色配色往往能够提升网站的权威感（见图 13.4 和图 13.5）。

蓝色

图 13.4 工业和信息化部网站首页

蓝色

图 13.5 中国人道网首页

4. 绿色

绿色暗示清新、自然，给人以自由、快乐、健康的感觉。绿色常用于减肥、化妆品、环保产品等网站（见图 13.6）。

图 13.6　减肥网首页

5. 黑色

黑色可以传达高雅、奢华、成熟的感觉，苹果公司的发布会将黑色发挥到了极致（见图 13.7）。

图 13.7　苹果发布会现场

6. 白色

白色象征纯洁、神圣、信任与开放。白色背景与黑色导航栏一起构建了iPhone 极致简约和奢华的风格（见图 13.8）。

图 13.8　苹果官方网站

　　以上介绍了常见的 5 种颜色所包含的不同含义以及其应用案例，接下来为大家介绍网页的整体配色方法。

　　（1）主题色。

　　网页的配色至少要有 3 种颜色，其中一种为主色，可以参考上文中的方法依照网站类型而定。另外两种辅色的选择建议使用以图 13.9 所示的三角形法则。

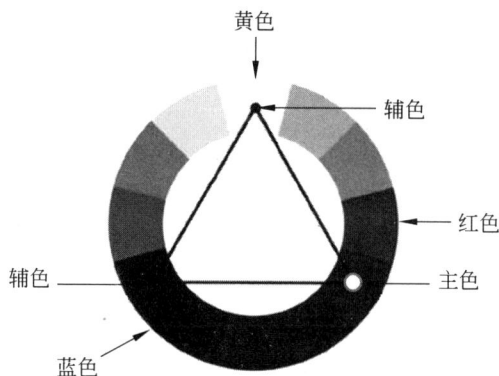

图 13.9　配色三角形法则

　　如选用红色为主题色，则最好选用蓝色和黄色为辅色。

　　（2）背景色。

　　网页的背景色一般采用白色，白色底可以让页面设计有更大的发挥空间，对信息有更大的包容性。网页常使用白色与传统印刷品是白色有一定的关系；毕竟作为一种信息传递工具，网页的作用相当于过去的纸张，白底黑字符合人们的阅读习惯。

（3）按钮颜色。

重要按钮的颜色需与背景色形成对比,这样可以吸引用户去点击。白色背景的话建议选用黑色按钮。

（4）文本颜色。

一般情况下,文字颜色采用黑色。当网页背景为深色时,可采用白色字体。

京东商城网站主页如图13.10所示,其中主题色中的主色为红色,背景色为白色,按钮和文本均为黑色。

图13.10　京东商城网站主页

13.2.2　攻心网页的设计要素

一个典型的攻心营销网页至少包含以下几个要素。

1. 痛点放大

痛苦有两种:一种是生理痛苦,如痔疮、疣病、鼻炎等;另一种是心理痛苦,如肥胖、口臭、口吃等。在多数情况下,心理痛苦远远大于生理痛苦。痔疮再疼也是一个人的事情,别人不知道,而肥胖、口臭虽然自己身体感觉不到痛苦,但是来自于他人的嘲笑、歧视、疏远往往更能让人痛不欲生。

攻心营销必须攻心,首先要揭开用户的伤疤,放大用户的痛苦。用户的痛苦越大,相比之下,产品就越超值。比如口臭曾经让人恋爱失败、工作失败、没有朋友,现在300元就可以彻底解除这个痛苦,对用户来说非常超值。

生理痛苦最大可以放大到生命的高度,因为没有什么比生命更重要的了。

以下这个案例把小小的痔疮放大到了直肠癌,癌症是可以直接要命的(见

图 13.11）。

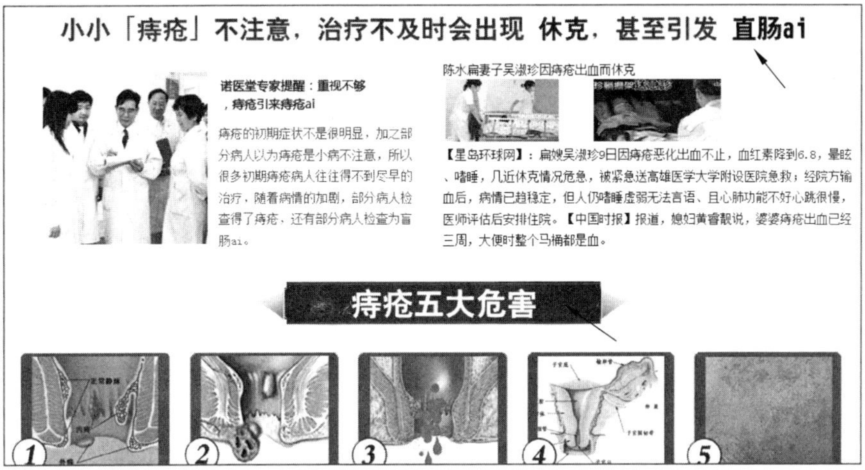

图 13.11 "痔疮"痛苦放大范例

下面的案例（见图 13.12）是某鼻炎产品的痛苦放大内容，直接警示鼻炎可能引起死亡，而且附上了世界卫生组织的调查数据。

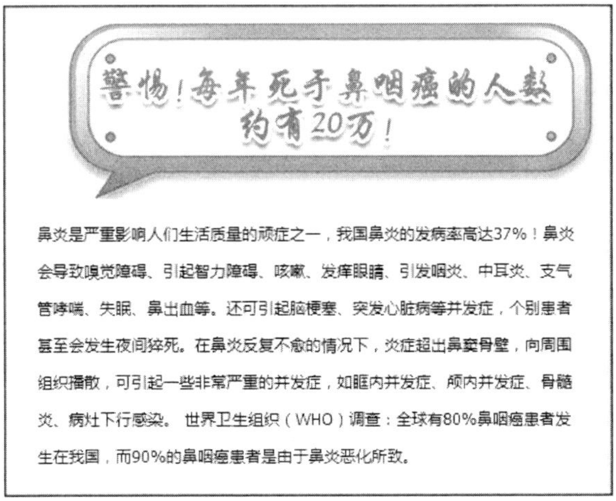

图 13.12 "鼻炎"痛苦放大范例

心理痛苦的典型案例是肥胖，某肥胖产品的痛苦放大文案如图 13.13 所示。

图 13.13 首先提出警示："身体矮小没有前途！"然后具体展开五大方面：容易被忽略、容易自卑、穿衣服没有形、找工作受限制、谈恋爱没优势。这些说

图 13.13 "肥胖"痛苦放大范例

法简直把身材矮小批判得一无是处,让用户感觉到必须立即摆脱身材矮小,否则活在这个世界上没有任何意义了。

这还不够,紧接着以真实案例进行再次放大。以下的 4 个模型(见图 13.14)见证客户用亲身经历描述了自己因身材矮小所碰到的惨痛遭遇,让潜在客户们看到这里时感同身受,使其改变身材矮小现状的愿望更加强烈。

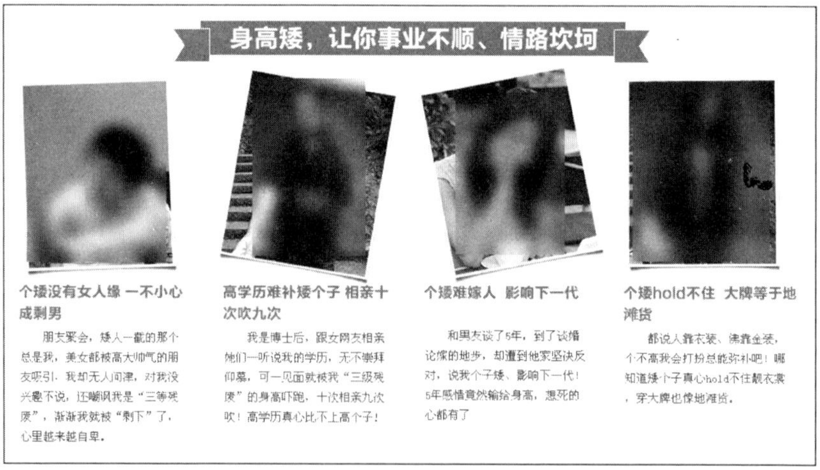

图 13.14 "身高矮"痛苦放大范例

2. 产品介绍

产品介绍包含以下几个方面。

1）特色功能

将产品的特点分条列出，如某减肥产品的产品介绍如图 13.15 所示。

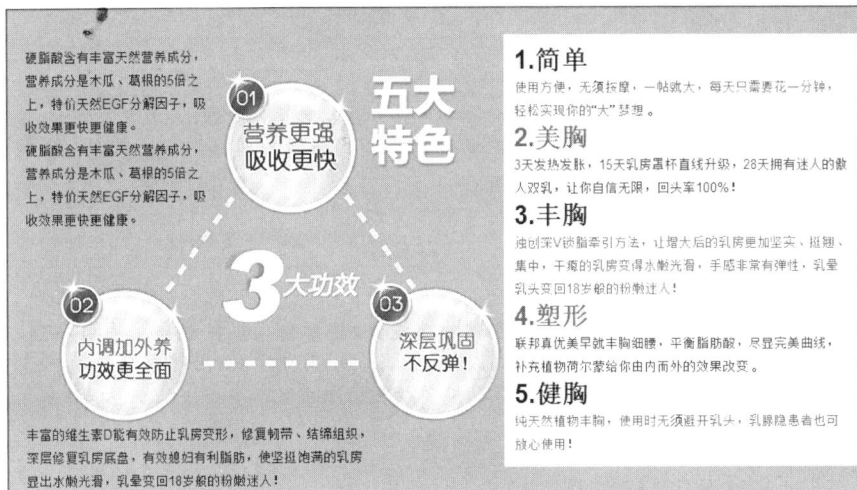

图 13.15　产品特色功能讲解范例

2）技术原理

从专业的角度讲解产品的工作原理，提升产品的专业度。某除疣产品的技术原理介绍如图 13.16 所示。

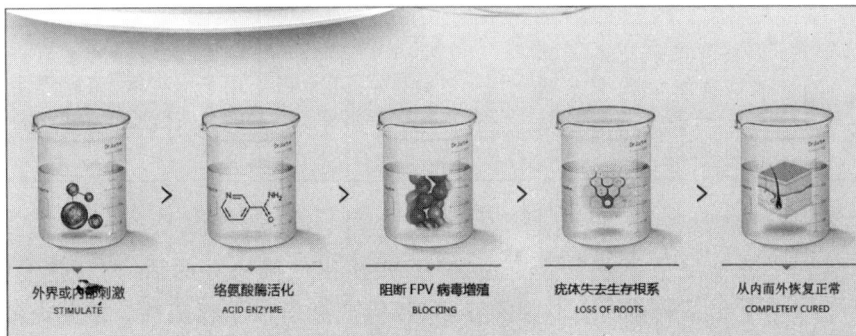

图 13.16　产品技术原理讲解范例

3）同类产品 PK

将我们的产品与市场上同类产品分项展开对比分析。某除疣产品与同类产品的对比分析如表 13.1 所示。

表 13.1　同类产品对比范例

医治方式	效　　果	康复时间	综合评价
某产品	适用于各种疣体,针对至少 16 种 HPV 病毒,渗透力强,功效持久,根部拔除毒源,激活人体免疫,杜绝再次感染	疣体当天萎缩,3 天变小,6 天断疣根,轻度或首次感染者 1～2 周期,重度或反复感染者 3～4 周期可彻底康复	康复快,愈后不复发,使用无刺激无毒副,安全有保障
其他外用产品	快速缓解症状,但无法消除潜伏期内的病毒,停用后易复发;采用腐蚀原理,易烧伤皮肤造成疤痕	含腐蚀性成分,需要时间以产品含有腐蚀性成分强弱及病情而定	不能除根,易产生耐性,腐蚀性强,会引起疼痛、红肿、局部糜烂,引起局部组织增生或脱落,容易留下疤痕
口服激素产品	可较快抑制病毒,消除症状,但不能一次杀死病毒。易反复,副作用大	轻者需要一个月,重者需要反复服用	费用高,效果差,对人体副作用大,患者易出现头晕、恶心等不良反应
激光疗法	适用于激光不太大的尖锐湿疣,如疣体较大,激光方法易复发	当天即可见效,需要手术后受损皮肤自行康复	费用约 1000～2000 元,易复发,痛苦
冷冻疗法	以液态二氧化碳干冰冷冻皮肤受损,使皮肤损害局部水肿、坏死,达到康复目的	当天见效,需要手术后受损皮肤自行康复	康复率约 70% 左右。适用于小疣体,用此疗法不能彻底康复,只能控制住疣体

4）专家推荐

买方一般情况下不相信卖方说的话,往往相信第三方的话,尤其是专家。产品介绍当中如果能够加上专家推荐,无疑为产品增加了权威性。某鼻炎治疗产品的专家推荐如图 13.17 所示。

5）使用效果

产品的使用效果随着使用后时间的推移而逐步变得明显起来,将这个过程

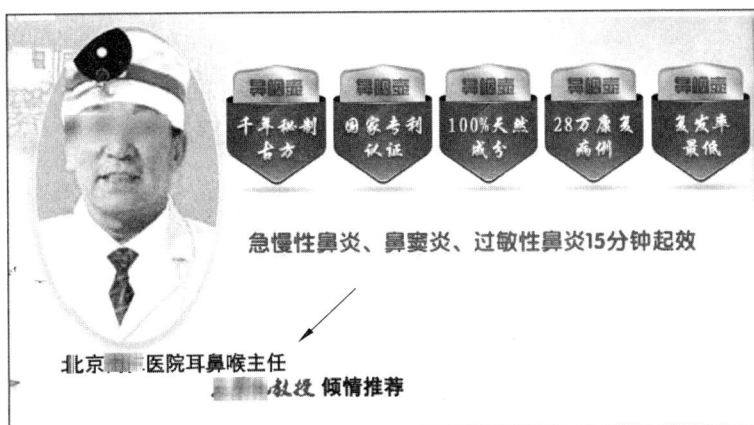

图 13.17　专家推荐范例

进行阶段化后,写到产品介绍里面,可以让用户对自己痛点解除的时间有一个心理预期,如图 13.18 所示。

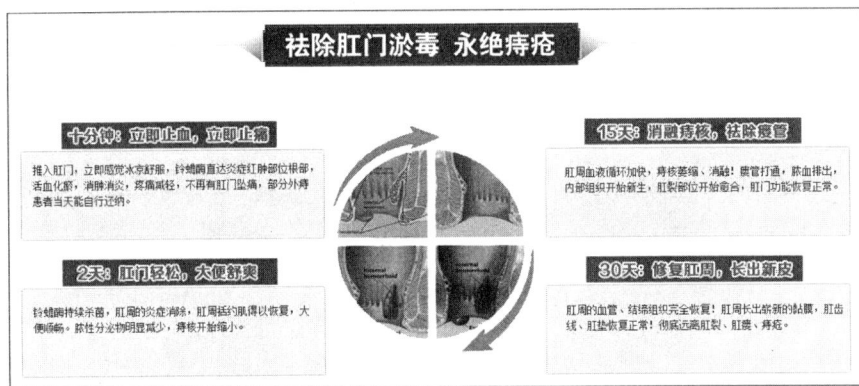

图 13.18　使用效果范例

6) 资质证书

产品或企业的相关资质证书也是增强用户信任度的重要手段(见图 13.19)。

3. 客户见证

制作 PPT 有一个黄金铁律是"文不如表,表不如图",我们稍做引申,把它应用到客户见证制作当中,就是"文不如图,图不如视频"。

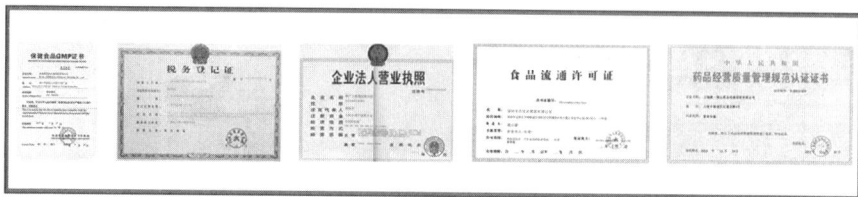

图 13.19　资质证书范例

1）纯文字

纯文字的客户见证（见图 13.20）制作简便，也正因为如此，可信度不高。

2）图片＋文字

图片加文字形式的客户见证虽然效果略好于纯文字形式，能显示产品使用前后效果的对比，比如减肥产品（见图 13.21）。但是，在用户眼中，它的真实度和可信度仍然不高。

3）聊天记录

常见的聊天形式的客户见证多数采用 QQ 聊天记录截图，这种形式较前两种更为真实一些（见图 13.22）。

《财务自由人》读者感言：

"我觉得凤鸣真了不起，特别喜欢读她写的《财务自由人》，里面的文章读起来特别风趣幽默，同时也让我学到了很多知识。"
——读者张庆

"你们真的很棒，我现在对未来感觉比以前放松多了，就是因为我读了财务自由人才知道周围的世界究竟发生了什么，而不是盲目随大流、被市场的障眼法所蒙蔽。"——读者李女士

图 13.20　纯文字客户见证范例

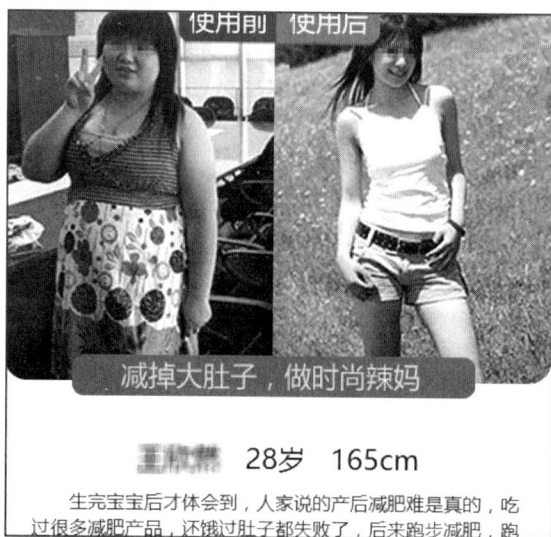

图 13.21　纯文字客户见证范例

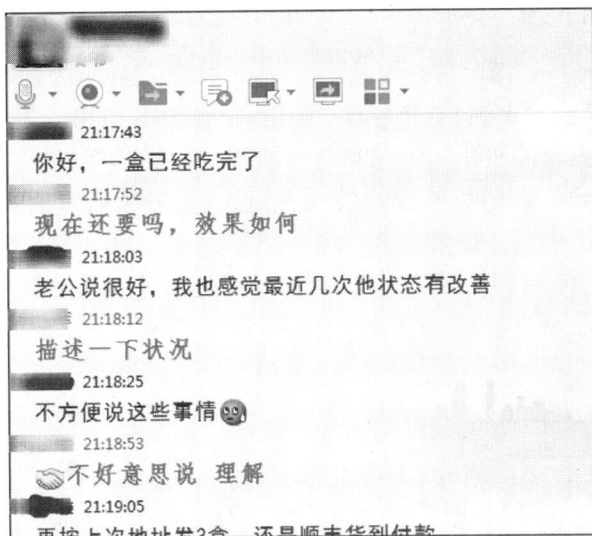

图 13.22　聊天记录客户见证案例

4）视频

视频是所有类型的客户见证当中最具震撼效果的一种，它的制作难度较大。我们可以通过让客户免费试用产品的形式，请其帮忙录制视频（见图 13.23）。

图 13.23　视频客户见证范例

4. 行动呼吁

1) 行动呼吁应该随时进行

不必等到最后才出现"立即购买"按钮,很多冲动型用户不等看完所有网页,就可能已经做出购买决策。如果此时找不到购买按钮,那么等到翻页到最下面时,用户的购买欲望可能会减弱或者消失,这对我们来说是极大的损失。因有的时候,买与不买往往是一念之差。

将订购电话及"立即订购"按钮以下浮条的形式永久性显示在网页的下方,这种方法使得用户在浏览网页时的任一时间做出决策,都可以马上购买(见图 13.24)。

图 13.24　行动呼吁范例

2) 采用多种套装设置

设置多种购买方案,让用户可以进行选择。一般情况下,用户不会选择最便宜的,也不会选择最贵的,而是选择中档的。所以最便宜的和最贵的只是陪衬而已,真正推荐用户购买的是中等价位的产品套装。

在套装设置时,最低档应当设置为最不划算的档位,总价最低但是单价最高,而将总价最高的档位设置为最划算的配置。所有档位中第二档设置为远比第一档划算,第二档和第三、第四档划算程度相当,这样可以鼓励用户放弃购买最低价档位的套装,而去购买我们推荐的档位(见图 13.25)。

3) 订单填写信息不要太多

图 13.25　分级别套装设置范例

订单信息只填写有必要的信息,其他统统删掉。这一步要做到极简的程度,千万不要让客户感觉填写东西太烦琐而放弃购买。

订单信息主要包含以下几部分即可。

（1）产品套装类型。

（2）收货人姓名。

（3）收货人地址。

（4）收货人电话号码。

（5）留言（内容可以默认）。

以上几个部分完全包含了发货所需要的信息，完全没有必要让用户再填写其他信息。以下看一个范例，如图 13.26 所示。

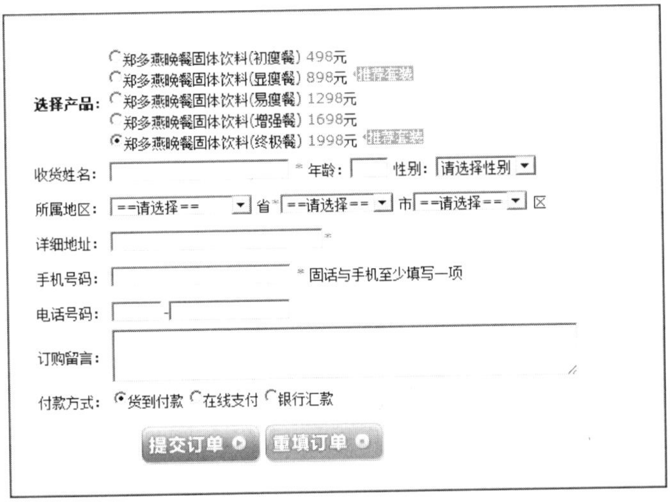

图 13.26　订购信息提交框范例（一）

在这个订购框中，年龄、性别根本没有必要填，如果你想采集用户信息，为后续追销做准备，完全可以等到用户购买产品之后用电话回访的方式进行。现在用户尚未购买产品，我们的主要精力应当放在如何让用户快速完成下单并支付上面来。

固定电话现在已经很少有人使用，就算有也不可能用它来接快递员的电话，这个填写框完全没有必要。

订购留言框，如果是空白的，尽管没有标星号，对于用户来讲，他会觉得该写一些东西上去。写什么呢？他还得想一想，是写"请尽快发货"呢？还是写"注意保密邮寄"呢？这个考虑往往会延长订购框填写的时间。一般情况下，用户都希望尽快发货，那么我们直接将"请尽快发货，谢谢"默认设置在留言框内，没有特殊备注要求的用户，直接忽略即可。这种方法大大加快了用户订单的提交速度，改进后的范例如图 13.27 所示。

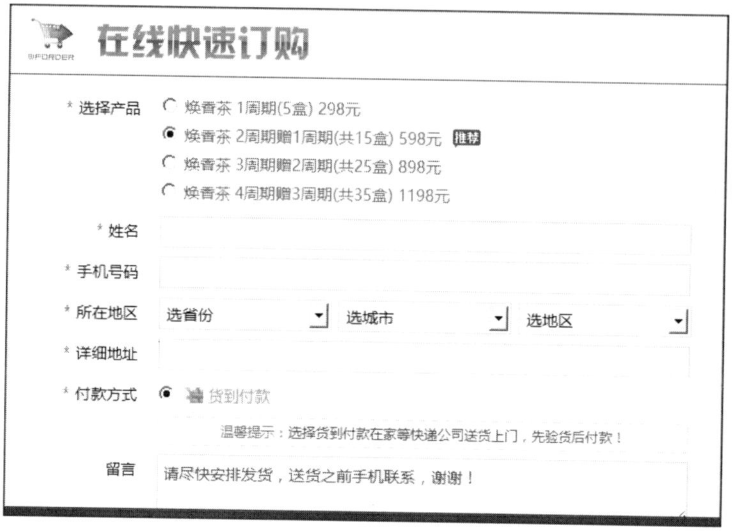

图 13.27　订购信息提交框范例(二)

5. 常见问题

针对用户可能提出的共性的问题，逐项进行解答。如果在网站上设置了客服咨询，那么这个环节大大减轻了客服的工作量。很多问题或疑惑都是共性的，在这个环节一并进行统一详细的解答，大幅度降低了客户的购买疑虑，如图 13.28 所示。

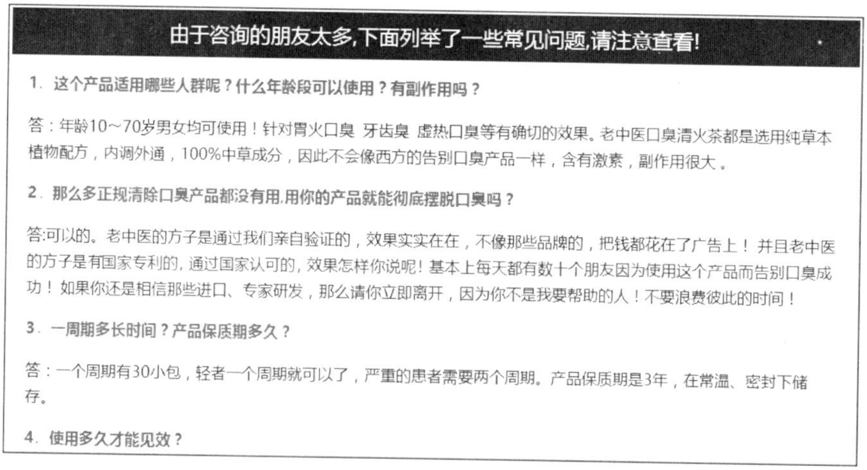
由于咨询的朋友太多，下面列举了一些常见问题，请注意查看!

1. 这个产品适用哪些人群呢？什么年龄段可以使用？有副作用吗？

答：年龄10~70岁男女均可使用！针对胃火口臭 牙齿臭 虚热口臭等有确切的效果。老中医口臭清火茶都是选用纯草本植物配方，内调外通，100%中草成分，因此不会像西方的告别口臭产品一样，含有激素，副作用很大。

2. 那么多正规清除口臭产品都没有用，用你的产品就能彻底摆脱口臭吗？

答:可以的。老中医的方子是通过我们亲自验证的，效果实实在在，不像那些品牌的，把钱都花在了广告上！并且老中医的方子是有国家专利的，通过国家认可的，效果怎样你说呢！基本上每天都有数十个朋友因为使用这个产品而告别口臭成功！如果你还是相信那些进口、专家研发，那么请你立即离开，因为你不是我要帮助的人！不要浪费彼此的时间！

3. 一周期多长时间？产品保质期多久？

答：一个周期有30小包，轻者一个周期就可以了，严重的患者需要两个周期。产品保质期是3年，在常温、密封下储存。

4. 使用多久才能见效？

图 13.28　常见问题范例

6. 零风险承诺

零风险承诺是最后一道强保险,彻底打消了用户的最后顾虑,比如货到付款、7 天无理由退货、100％正品保障、退换货保证等。零风险承诺不能太空洞,要尽量细化,要全心全意地站在客户的角度去制定零风险条款,如图 13.29 和图 13.30 所示。

图 13.29 零风险承诺样式(一)

图 13.30 零风险承诺样式(二)

第14章

定 价 策 略

产品定价是一门神奇的艺术。越便宜的东西越好卖吗？未必。淘宝上卖30元的减肥产品没人敢买，但是百度竞价300元的减肥产品人们却趋之若鹜。其实它们都是同一种产品，一模一样。

笔者的一个朋友开服装店卖牛仔裤，原先标价69元一件，无人问津。后来直接在标价前面加1，卖169元一件，居然销量不错。奔驰车面对凌志的进攻，采取了不降价反而涨价的策略，结果销量大增。

在这几个例子当中，便宜的东西反而不好卖，这到底是什么逻辑，消费者到底在想什么呢？价格设定与购买行为到底有什么关联？本章笔者将与大家一起探讨这方面的内容。

14.1 粗略定价

粗略定价是指确定一个大致合适的价格点，暂时忽略细节问题。粗略定价包含两个方面：主动定价和被动定价。

14.1.1 主动定价

主动定价是产品卖方根据自己的期望制定产品价格，主要考虑以下两个方面。

1. 产品成本

产品成本是经过严格核算得出的，它对定价有重要的指导作用，是价格的下限。只要价格在成本之上，就意味着能够赚钱，只是赚多赚少的问题。

2. 合理利润

利润在各个行业都有一定的行情，这是长期以来同行之间博弈的结果，是内行人所公认的。比如制造业的利润是5%，日用商品的利润是30%～50%，化妆品的利润是70%等。

成本加上卖家所期望的利润就形成了产品的主动定价。这样的定价方式适合于垄断行业或者供小于求的卖方市场。

14.1.2　被动定价

在买方市场当中，定价不是卖方一厢情愿的事情，它在很大程度上受到其他外部因素的制约。主要包含以下几个方面。

1. 供需状况

当产品在市场上供不应求时，产品价格被推高。反之，当供过于求时，产品严重滞销，很多卖家清理库存，造成价格下跌，甚至亏损。

2. 竞争对手

如果在市场上出现同类产品的竞争对手试图以低价抢占市场时，只能迫于无奈，调低产品价格，以保住市场。这时，成本就成了最重要的因素，谁的成本低谁就能成为最后的赢家。

3. 产品周期

根据产品周期定价的典型产品就是消费电子产品，比如手机。笔者在多年以前曾经买过一款诺基亚 3220，当时这款手机刚上市，售价 2100 元。但是，过了几年，这款手机的价格居然降到了 700 元。700 元的价格仍然在出售，说明厂家仍然有一定的利润。由此推断，原来售价 2100 元的时候，是多么的暴利。

诸如此类的个人消费产品符合一个"虚荣效应"。当新产品上市时，在市场上属于稀缺商品，首先拥有的人享受到了拥有高档商品的荣誉，满足了其虚荣心。因此，遵循这个思路，新产品推出时，往往制定一个高价，随着销量的增加而逐步降价。

14.1.3　价格实验

到底什么样的价格合适，最终还是消费者说了算。所以，不同的定价到底效果如何，测试了才知道。使用前文所提到的 A/B 测试方法来进行价格测试，将测试结果做出价格曲线模型，即可对最优定价一目了然。

当产品价格变化时，产品销量发生变化，产品总利润也在发生变化。将不同价格下的销量、总利润数据绘成曲线，即可构建出如图 14.1 所示的价格曲线模型。

从该模型中，大家可以看到，随着产品价格的升高，总利润出现先升高后降低的波动，总利润曲线的最高点所对应的价格就是最优价格。

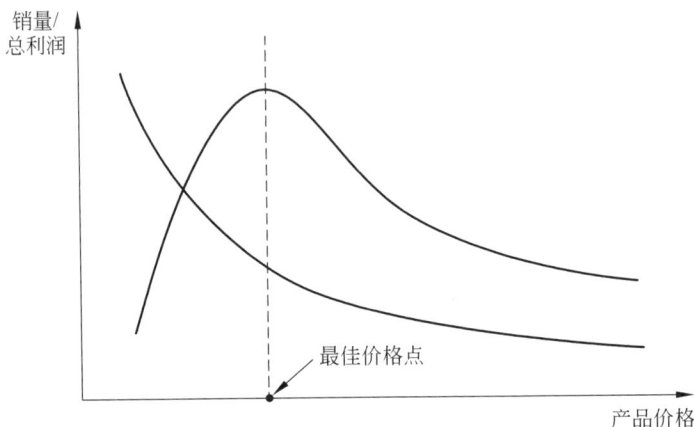

图 14.1 价格曲线模型

14.2 精细定价

精细定价是指针对价格的小数点,标价的字体、颜色、大小等细节问题进行优化,在价格几乎不变的情况下,最大程度扩大销量,以使得总利润最高。

精细定价策略采用的是心理学上已经论证和实践中检验成功的方法,非常有效。

14.2.1 尾数定价策略

尾数定价策略在现实生活中非常多见,尤其是在超市当中,.9 和.99 的尾数标价遍地都是(见图 14.2)。

在对粗略定价为 10 元的商品进行精细定价时,可以使用尾数策略,将 10 元改为 9.99 元。这个 0.01 元的差异对商家的整体利润几无影响,但是对用户来讲,他们往往认为 9.99 元会比 10 元的便宜很多。因为人的眼睛是从左到右扫描价格,首先看到的是 9 这个数字,于是人的大脑就先入为主,将价格定位在 9 元这个档位,9 元显然要比 10 元便宜多了。

除了 9 之外,还有 8、5、7 等数字可以作为尾数。这里重点说一下 7 这个神奇的数字。虽然 7 尚未被广泛应用,但是有研究数据证明它是一个非常好的价格尾数。它是所有数字当中最神奇的一个。也许你不太相信,不过,在看完以下诸多案例后,你一定会深信不疑。

图 14.2 某超市价格标识牌

　　一个星期有七天,世界有七大洲,人有七窍,地上有七星瓢虫,天上有北斗七星,武侠小说中有江南七侠、全真七子、七剑下天山、七伤拳、七侠五义,国外有七个小矮人与白雪公主,彩虹有七种颜色,神仙当中有七仙女,声音有七种音符,亚当的第七根肋骨造了夏娃,佛教中有"救人一命胜造七级浮屠"的说法,中性的 pH 值为七,牛郎织女会面的日子是七月初七,婚姻有七年之痒,葫芦娃里有七兄弟。关于七的神奇案例有相当多,数不胜数。

　　我们在这里暂且不探讨 7 这么神奇的深层次原因到底是什么,而是考虑将7 应用到定价当中,比如将定价 100 元的商品改为 99.7 元或者 97 元,相信这个具有神奇魔力的数字一定能够为产品带来不错的销量。如果你有所怀疑,那么在价格测试的时候可以将价格尾数替换成 7 对比一下效果,看看它是否真的那么神奇。

14.2.2　错觉定价策略

　　看看下面两条带箭头的直线(见图 14.3),猜猜看哪条更长? 很多人会认为右边的比左边的长,而事实上,它们是一样长的。这就是有名的"缪勒莱耶错觉",当两个轮廓彼此贴近时,视网膜上相邻的神经团会相互抑制,结果轮廓发生了位移,产生错觉。

　　在图 14.3 中,正如人们感觉左侧线段更短一样,我们对价格的标注方式进行特殊设计,同样可以让用户产生价格更便宜的心理错觉。

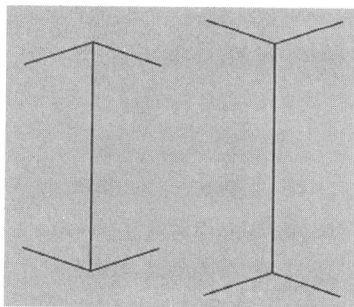

图 14.3 "缪勒莱耶错觉"图

1. 使用小号字体

小号字体让人感觉好像更加便宜一些(见图 14.4)。

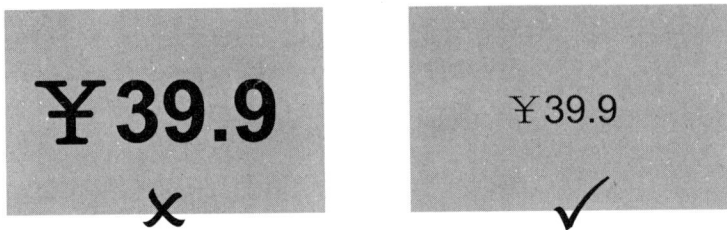

图 14.4　价格标识设计对比图(一)

2. 附加价格拆分

将一些附加费用,比如保险、手续费、运费从售价中拆分出去,用小字体在旁边显示,让用户产生产品价格便宜的错觉(见图 14.5)。

图 14.5　价格标识设计对比图(二)

3. 价格均摊

把价格均摊到每月甚至每天,这样看起来价格很低(见图 14.6)。

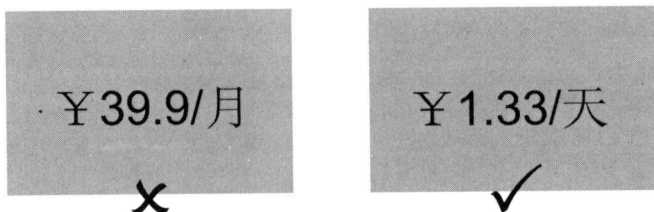

图 14.6　价格标识设计对比图(三)

4. 去掉千分号

去掉千分号,这样数字看起来短一点,使用户产生价格更便宜的错觉(见图 14.7)。

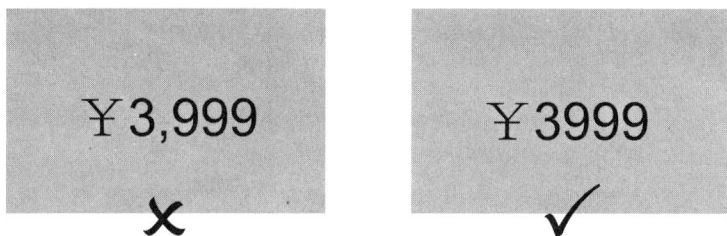

图 14.7　价格标识设计对比图(四)

5. 去掉金钱符号

用户从左到右浏览价格时,首先看到￥这个钱的符号,潜意识里面会有要把钱从腰包里拿出去的感觉。去掉￥之后,39.9 在用户眼中就是一个银行卡余额的数字而已(见图 14.8)。

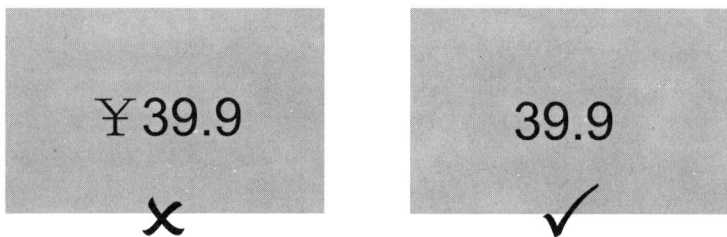

图 14.8　价格标识设计对比图(五)

14.2.3　差异定价策略

在售价前面设置一个较高的参考价格,从而反衬出真正售价的便宜程度。

1. 显示原价制造差异

把原价标识出来,让用户觉得现价确确实实是便宜了很多(见图 14.9)。

2. 使用价格"幌子"制造差异

以一个卖书的案例进行说明,第一个定价方案如下。

(1) 电子书 38 元。

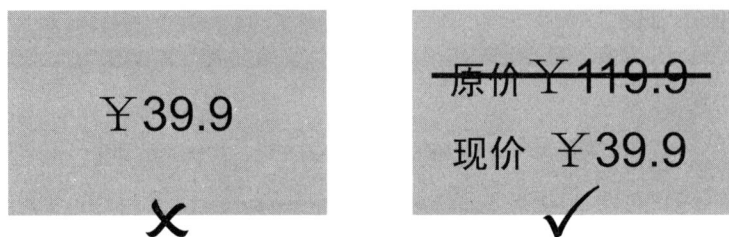

图 14.9 价格标识设计对比图(六)

(2) 纸质书 118 元。

这种方案下,很多用户会选择购买 38 元的电子书。如果采用第二种方案:

(1) 电子书 38 元。

(2) 纸质书 118 元。

(3) 纸质书+电子书 119 元。

这种方案下,很多人会选择购买纸质书+电子书,因为只需要多加 1 元,就可以把 38 元的电子书也买上,如果只花 118 元买一本纸质书就显得太不划算了。这里的纸质书 118 元就是一个价格"幌子",没有人会去购买这个看起来很不划算的价格的产品,它只是用来反衬我们的目标价格 119 元罢了(见图 14.10)。

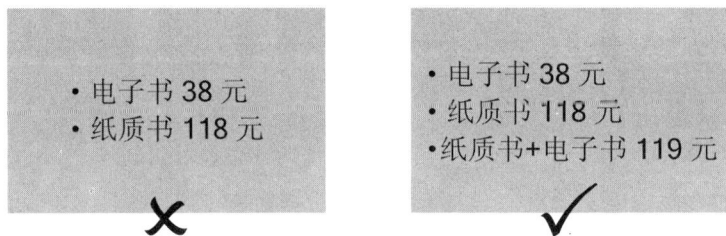

图 14.10 价格标识设计对比图(七)

3. 利用大数制造差异

在实体销售技巧当中有一个策略是"故意报错"。当客户在结账时故意在确认支付金额的时候将其说成一个很大的数字,比如你购买一件 129.9 元的衣服,结账时导购员会故意说成 1299 元,你听到后肯定会很惊讶,不等你反应过来,导购员紧接着会说:不好意思先生,我看错了,是 129 元。哦,原来如此,你长长舒了一口气,瞬间觉得这个衣服真的是太便宜了。

导购员为了在最后的支付环节保证客户顺利支付,故意向客户输入一个相对于售价很大的数字,让用户下意识地觉得售价非常便宜。

实际操作当中,这个大数不一定要与价格相关,可以是产品服务的客户人次,也可以是其他任何一个数字,只要与价格数字相差悬殊就可以让用户产生价格便宜的错觉(见图 14.11)。

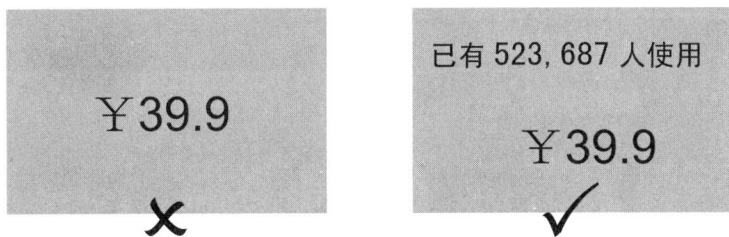

图 14.11　价格标识设计对比图(八)

4. 将产品分类制造差异

当有可选的产品类别时,用户往往选择中间档次的。用户会觉得普通款虽然便宜,但是太低端,奢华款价格又太高,因此中档尊贵款是成了性价比最好的选择(见图 14.12)。

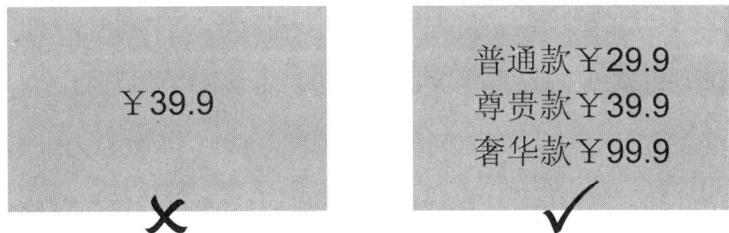

图 14.12　价格标识设计对比图(九)

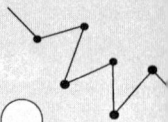

第 15 章

客服与成交

当用户来到网站,看完网页,除了极少数直接下订单的用户外,绝大多数有意向的用户往往会选择咨询客服。在这个时候,客服成了成交与否的最关键的因素。一个好的客服能让尚在犹豫的用户快速下单,而一个差的客服则能让已经有明确购买意向的用户愤然离去。

在网络上面,你的相貌、声音用户都是看不到、听不见的,你所有的销售热情和专业都通过对话框的文字进行表达。如何抓住客户的心,并促使其一鼓作气购买产品,必须建立一套无坚不摧的催眠话术体系。不管用户提出什么问题,不管用户有什么疑惑,都能够从容应对,循循善诱,最终以"润物细无声"的方式引导客户完成购买。

客服的作用就是从了解、熟悉、认同到信任,一步一步消除客户的怀疑和疑虑,树立信任,并且引导客户完成成交的最后一步也是最关键的一步:支付。信任靶如图 15.1 所示。

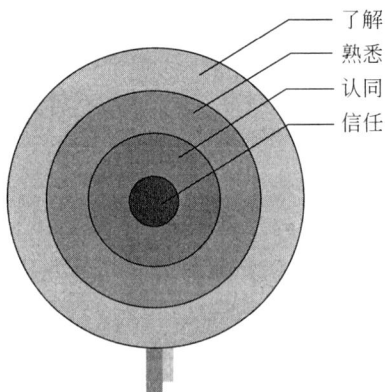

图 15.1　信任靶

15.1　客服必备知识

15.1.1　产品知识

有相当一部分用户在咨询客服时问的是关于产品方面的问题，如果客户问到某个产品细节问题，而你却说我要去确认一下或者含糊其辞的时候，客户已经建立起来的信任度会大打折扣。关于产品知识必须要熟悉以下方面。

1. 产品的功能

产品的功能是什么？我们的产品能够解决用户什么问题？这一点是作为客服最起码应该知道的。

2. 产品的独特卖点

产品的独特卖点也就是产品的特色，产品区别于其他同类产品的地方。这一点是客户不买竞争对手的产品而来买我们的产品的原因。很多客户在咨询的时候往往同时咨询其他商家，他正在对比当中，这个时候如果能将我们产品的独特卖点很好地阐述出来，客户购买的可能性非常大。

3. 产品的生产工艺和技术原理

我们的产品的独特卖点往往是因为采用了区别于其他同类产品的生产工艺，或者是采用了更为先进的技术方法。了解了这一点客服就更能够塑造产品的独特卖点及价值。

4. 产品的使用方法

产品买来之后怎么用，使用方法是不是方便，多久才能见效？这些问题也是客户常常会问到的。如果客户提出了这个问题，而客服用一句"请您参照说明书使用"敷衍过去的话，客户购买欲望肯定会减少退一大截。客户对使用方法存在不确定性疑虑，这个疑虑没有被解决的话，就成为了客户购买的绊脚石。

15.1.2　公司实力

公司的实力越强，客户的信任度就越高。客户一般不会主动询问公司的实力，但是客服有必要主动向客户展示公司实力以加强信任度。企业的实力体现在以下几个方面，客服应当了解。

1. 公司注册信息

公司注册信息包含公司的注册资本、公司形式等。客服应当准备公司营业执照扫描件一份,在必要时针对对公司资质有怀疑的客户进行展示。

2. 所获荣誉

了解公司所获得的一切荣誉。荣誉或奖项在什么时候获得的、如何获得的都应该清楚。

3. 媒体报道

新闻媒体关于公司或者公司创始人的新闻报道一般情况下会体现在公司网站或网络上面,必要的时候可以从网页上截图给客户看。

15.1.3 客户见证

客服对客户见证必须要熟悉而且要情境化下来,不能照着网页跟客户说:王××,女,××岁,肥胖,自从使用了××产品后,3个月内变成了窈窕淑女。这个客户见证如果放在网页上,加上图片,会有一定的真实性。但是如果从客户口中说出来,真实性就打了折扣,让用户觉得有点假,可能是编的,而且客户根本不认识王××。

如果客服换一种说法,把客户见证融入到生活情境当中,就会起到不错的效果。比如以自己进行举例:"亲,我之前也是130多斤,用了一个多月就减到了110斤,而且后来也没有反弹。"或者用自己的朋友举例:"李先生,我之前有个朋友也是有口臭,他相亲失败了估计有十几次,有好几次第一印象都挺好的,交往到亲密接触的时候就告吹了,他最后都快绝望了。后来我推荐他用了我们公司的××茶,使用后效果非常明显。这不,前两天他告诉我,他马上就要订婚了。"这样很生活化地举出客户成功的案例,让客户达到感同身受的效果。

这些情境化的模板要事先烂熟于心,确保到时候做到不假思索,脱口而出。

15.2 客服话术技巧

15.2.1 客服话术的基本要求

1. 注意基本礼仪

与客户说话时要使用敬语,比如"请""谢谢""对不起""您""不好意思""很抱歉"等最起码的礼貌用语。

2. 切忌与客户争辩

当与客户的观点不同的时候,不要无节制地争辩,否则为了图一时的痛快,失去了一个客户,自己也丢失了利润。

3. 设身处地为客户着想

用心去爱你的客户,发自内心地去帮助他们,你的付出越多,你帮助的人越多,你的回报也就越大。当你不是盯着他们的口袋,而是真的设身处地为他们着想的时候,你对客户的爱就会体现字里行间,从而被你的客户感觉到。即使客户有再多的不信任,再多的怀疑都会被你的爱心融化。在爱的氛围中,成交往往是水到渠成的事情。

4. 拥有强大的内心

培训大师刘一秒曾经讲过一个故事:他有一次向一个客户卖书,而这个客户很不耐烦地拒绝了他并且当众撕碎了他的名片。当时,他的自尊心严重受挫,含着眼泪跑了出去。当他跑到楼下迈下最后一个台阶的时候,他突然觉得不应该就这样放弃。于是,他擦干眼泪,跑了上去,当着那个客户的面说,你可以不买我的产品,但是你不能侮辱一个销售员的尊严。这个客户非常吃惊,不由得对他心生佩服,于是立马购买了他的产品。

销售圣经《羊皮卷》中有一段话:"在古老的东方,挑选小公牛到竞技场格斗有一定的程序,它们被带进场地,向手持长矛的斗牛士攻击,裁判以它受激后再向斗牛士进攻的次数多寡来评定这只公牛的勇敢程度。"

这两个例子都证明了同一个事实,不管被客户拒绝多少次,保持一颗强大的内心,永远向前,你终究能够取得成功。所以,作为客服,在被客户刁难、拒绝、轻视的时候,一定要镇定自若,保持积极的话术不被扰乱。

5. 消除情绪惯性

被客户拒绝对销售人员来说是家常便饭,比如"你们的产品不好""看起来像假货""东西怎么这么贵"。更有一些奇葩的客户出言不逊,比如"你们的产品这么烂,还卖这么贵""这么高的价格,坑人呢",这些言语真的会让人火冒三丈。

一次不愉快的沟通会让人情绪低落,紧接着又过来一个客户咨询的时候,我们往往还对刚才的事情耿耿于怀,此时,我们就是在带着刚才的情绪服务新的客户。我们必须要知道,这个客户是新的客户,他对几秒钟之前不愉快的事情一无所知,他也许是兴冲冲过来打算要购买产品的意向客户,而我们的低落的情绪会让他隐约感到一丝不快,从而放弃购买。这是一个巨大的损失,这种情况必须避免。

当遇到这种情况时,我们可以深吸一口气,并在心里默念"失败一次不要紧,成功就在下一次",从而消除负面情绪惯性,以积极的热情投入到下一次沟通当中去。

15.2.2 客服话术高级技巧

1. 一个良好的开场白

常见的开场白如下。

"您好!欢迎访问正品官方网站!很高兴为您服务!"

"亲,很高兴为您服务!本公司主营减肥、保健、美容等项目,我是售前客服小丽。"

"您好,我是××号客服,很高兴为您服务。"

"您好,我是客服小丽,请问有什么可以帮到您?"

这些开场白是最常用的方式,但是并不是最好的。比如"有什么能帮到您"这句。客户既然来咨询,肯定是想购买产品,这句话说完后,客户还得回答一句"我想买产品",这显然是多此一举。

客服的终极目的是促成成交,既然如此,在开场白的时候不妨就进行第一次成交。比如将开场白设定为:

"亲,30 天 30 斤快速减肥营养餐限时特惠最后一天,赶快订购立即拥有窈窕身材!现在购买两盒立即赠送进口智能体重计一台,您是订购一盒呢还是两盒呢?"

这个开场白直入主题,相信大部分已经有购买意向的客户会直接回复:"来两盒吧。"

2. 把所有责任揽到自己身上

不管是沟通不畅还是观点对立,都是我们自己的原因,客户永远是对的,永远是完美无缺的。

以下举例:

(1)错误的话术:您没有明白我的意思。

正确的话术:不好意思,我没有跟您讲清楚。

(2)错误的话术:您没有讲明白,您到底说的是什么意思?

正确的话术：不好意思，我没有听明白您的意思，您能详细说一下吗？

（3）错误的话术：您说的不对，我不能认同。

正确的话术：您说的很对，可是我的观点和您的有点小偏差，我的意思是……

（4）错误的话术：我已经说得非常清楚了，您还没有明白吗？

正确的话术：可能是我还没有讲明白，我再详细解释一下。

（5）错误的话术：您搞错了吧，我根本就不是这个意思。

正确的话术：是我没有说清楚，让您误解了。

3. 欲擒故纵

有时候，因为咨询的客户太多，或者自己因为一些其他事情离开一会儿，往往会导致一部分客户等待时间过长。这时，要利用欲擒故纵的方法，让等待也变为一种话术技巧。比如：

"不好意思，因为咨询的客户太多，让您久等了。"

"不好意思，刚才帮助几个客户处理订单，耽误了一会儿，真抱歉。"

这样说会给客户造成一种我们的产品销售非常火爆的感觉，加速其下单购买。

4. 向上级请示

当客户进行价格或者赠品方面的讨价还价时，可以采用一些话术进行回旋，例如：

"不好意思，这个事情我需要请示一下我们经理，请您稍等。"

"这个事情有点困难哦，我做不了决定。您稍等一下，我去请示一下我们经理。"

这样一来，客户不仅能感觉得到我们的诚意，同时拿到优惠后有很强的成就感，自然就会马上去下单。

5. 模仿客户的说话风格

为什么要模仿客户呢？因为每个人都愿意与自己有相同特质的人打交道，这也就是所谓的"臭味相投"。有个卖黄金首饰的业务员有次碰到一个客户，在介绍完价钱之后，这个客户说："这么贵！"这个业务员就模仿这个客户的说话风格，来了一句"就是这么贵！"结果是，这个客户立马购买产品。

6. 婉转地拒绝

客户虽然是上帝，但是上帝的要求也不是全部都能满足，该拒绝的时候就

拒绝。只不过,在拒绝的时候要注意一定的技巧。例如:

"先生,很抱歉,您想要的赠品要满299元才有呢,要不能再买一个××,反正也是要用的。"

"女士,实在对不起,我向经理请示过了,实在没有办法,产品已经是接近成本价在销售,真的不能再优惠了。"

7. 大胆成交

不要因为光顾着和客户聊天而忘记了成交,要尽量缩短说话的时间,这样才可以接待更多的客户,销售更多的产品。根据经验,每个客户至少要成交7次没有成功才考虑放弃。所以,在聊天的时候要保持头脑清醒,及时地大胆要求客户购买。否则,要是有客户聊天聊上好几个小时,结果还没有购买产品,就太得不偿失了。

8. 提问的艺术

经验老到的客服人员经常会对客户进行提问,他们提问的前提是假定客户已经决定要购买产品了。这个提问有很强的心理暗示作用,而且客户很难察觉此时销售人员已经帮他们做好了选择。例如:

"您喜欢这个款式还是另外一种款式?"

"你需要2盒还是3盒?"

在提问的时候一定要注意语气的温和,否则提问就变成了反问和质问。

错误的话术:先生,您砍价这么厉害,我们能同意吗?

正确的话术:先生,您说的价格已经低于我们的成本了,能否再让一让呀?

第一种说法好像有针锋相对的意思,给别人的意思是"您砍价太厉害,我们不能同意",这种提问方式很可能招致客户来一句"你不同意我就不要了"而宣告沟通结束。第二种说法则语气温和很多,客户也看到了我们的诚意,很有可能成交。

9. 突出重点

有一个人问牧师:"我可以在祈祷时吸烟吗?"他的请求被牧师断然拒绝。另外一个人又问这位牧师:"我可以在吸烟时祈祷吗?"他被允许了。这两个人说的其实是同一回事,为什么第一个被拒绝而第二个被允许呢?是因为两个人所表达的事情的主次不同,第一个人说的意思是祈祷是主要的工作,在它中间抽烟显然是对主要工作的干扰。第二个人的意思是吸烟是主要工作,而祈祷在抽烟的时候都坚持在做,可见对祈祷工作的痴迷和重视。

有时候客户会问到我们有没有赠品的事情,我们的回答方式有以下两种。

"亲,抱歉,购物 39 元以下是没有赠品的。"

"亲,只要购物满 39 元就有超值赠品赠送。"

第一种说法是告诉客户什么情况下没有赠品,重点突出了没有赠品,而第二种说法是告诉客户什么情况下有赠品,重点是有赠品。两种说法都说明了赠品的事情,但是侧重点不同。客户看到第一种说法很可能说没有赠品就不要了,而看到第二种说法,他很可能会再去购买其他产品以使得总金额超过 39 元。这就是突出重点的重要性。

10. 使用"同时"代替"但是"

在与客户沟通的过程中,总会有一些不同意见,这时,少说"但是"这个词语,用"同时"代替。"但是"带有明显的转折意味,代表着对立的观点。我们尽管有不同意见,但是不能和客户对立起来,这个时候使用"同时"这个词,起到了弱化对立效果。

错误的话术:我很赞成您的说法,但是我也觉得……

正确的话术:我很赞成您的说法,同时我也觉得……

11. 话术禁忌

中国有几句古话:"祸从口出"、"言多必失",讲的都是说了不该说的话的事情。我们在与客户交谈时,该说什么要重视,不该说什么更要重视。以下是客服话术当中的语言禁忌,与客户沟通时要特别注意。

1)不谈信仰、宗教

为了找到共同话题,有时候会与客户谈论当前的时事政治新闻。在这个过程当中难免会涉及一些敏感问题,尤其是政治、宗教等。由于每个人的信仰及政治观点不同,所以非常容易发生意见分歧,最终伤害双方的感情,同时也导致沟通破裂,销售失败。

2)不说不吉利的话

避免在与客户沟通的时候说一些诸如"快要死了"、"完蛋了"、"玩完了"之类的话,没有人愿意听到这些消极的词汇。

3)不使用贬义词

有时候贬义词往往是我们无心说出的,但是会伤了客户的心。比如"您真胖"、"您的头发比较少"、"您的收入不高"这类词。虽然说我们是描述客观事实,但是客户听起来总是有点不舒服。

4）不攻击竞争对手

在与客户沟通的时候，客户往往会提到竞争对手，比如"人家××产品才卖200多元""我看了另外一家的产品，不知道你们和他们的差别有哪些"。在这个时候尽可能地回避这个问题，比如说"不好意思亲，××产品我不太了解，但是我们的产品……"，实在回避不了就进行客观的评价，切忌使用诸如"他们的产品太烂""售后服务太差，坑人呢"等明显攻击性的语言。

5）少用专业词语

客户并不是专家，根本不懂专业术语。太多的专业术语抛给客户，只能让客户感觉云里雾里，不知所云。以下看两个案例。

错误的话术：

客户：左旋肉碱是什么？

客服：左旋肉碱（L-carnitine），又称 L-肉碱或音译卡尼丁，是一种促使脂肪转化为能量的类氨基酸，它天然存在于人体体内，有运输脂肪至线粒体并加速脂肪燃烧和分解的功能。红色肉类是左旋肉碱的主要来源。

正确的话术：

客户：左旋肉碱是什么？

客服：左旋肉碱就是从肉类里面提炼出来的一种能让脂肪燃烧和分解的物质。

15.2.3　解除客户抗拒点

解决客户抗拒点的最高境界是先发制人，在客户尚未提出来之前就已经将它解除，为我们的成交铺平道路。常见的客户抗拒点及解决对策如下。

1. "我考虑一下"

"我考虑一下"这个抗拒点恐怕是所有抗拒点当中最常见也是销售人员最害怕见到的一个了。其实"我考虑一下"本身只是一个幌子，它不是真正的抗拒点。客户正在咨询另外一家，他会说"我考虑一下"，客户感觉有点贵，他会说"我考虑一下"。所以，首先第一步，我们要追查到真正的抗拒点。

1）找到真实抗拒点

客户：我考虑一下。

客服：先生，实在对不起。

客户：？

客服：我想肯定是我哪里有解释得不明白的地方，这样吧，您把您的担忧说出来,我看我说不定能帮到您。

2) 守株待兔,给客户施压

客户:我考虑一下。

客服:先生,那就请您好好考虑吧,我在这里等您的最后决定。

3) 顺势而为,引导客户成交

客户:我考虑一下。

客服:太好了,您要考虑就代表对咱们的产品有兴趣是吧。这样吧,既然有兴趣,那您就直接说您在考虑哪方面的内容,是价格的问题吗?

客户:嗯,感觉有点太高了。

客服:先生,我们的产品在行业里面算是性价比最高的了。那这样吧,您先买一款回去试用一下,如果感觉值这个价钱,再过来购买行吗?

客户:好吧,那就先买一个。

2. "太贵了"

贵不贵不是一个绝对的问题,而是相对的。当价值低于价格时,当然是贵;当价值远高于价格时,就是便宜了。消除这个抗拒点有两个方面:一种是让客户知道如果买了会获得超过价格的价值。范例如下:

客户:太贵了。

客服:亲,你使用我们的产品的话可以在一个月之后变成窈窕淑女。花300 元买来美丽、自信,您说贵不贵?

另一种是让客户知道,如果没买,会失去超过价格的价值。范例如下:

客户:太贵了。

客服:亲,如果因为贵而没有购买产品。如果哪一天真的碰到了心目中的白马王子,可是他却因为您的身材不够苗条而对您无动于衷,到时候您可是后悔都来不及了呀。为了省下 300 元而耽误了美好姻缘,真的是人生一大憾事呀……

3. "过几天再买吧"

如果现在买和过几天再买效果一样,那么晚几天买也是可以的。所以,我们要把现在买和过几天买的差异放大,然后告诉客户。

客户:过几天再买吧。

客服:哦,您过几天会买吗?

客户:会的。

客服:那您知道现在购买和过几天购买的差别吗?

客户：不知道。

客服：如果现在买的话，将会赠送××，而且过几天我们就会涨价。我帮您计算了一下，现在买的话，会节省××元，每晚一天，您就会亏损××元。

4. "我要和家人商量一下"

——排查客户的问题，让客户自行决定购买。

客户：我要和家人商量一下。

客服：哦。假设您不问别人，而是自己做决定的话，您会买吗？

客户：会的。

客服：那您的意思是认可我们的产品了。容我冒昧地问一下，您对我们产品的品质满意吗？

客户：满意。

客服：那您对价格满意吗？

客户：满意。

客服：您对我的服务满意吗？

客户：满意。

客服：那您还有什么不满意的地方呢？

客户：没有了。

客服：那我这边就帮你安排发货吧。

客户：好的。

5. "我想再对比一下"

客户：我想再对比一下。

客服：嗯，我非常理解您，很多客户也像您一样，想买到性价比最高的东西。这样吧，您告诉我您还要对比哪一家的产品？如果您看完其他家的产品，还是感觉咱们家的东西好，会不会回过头来继续购买呢？

客户：嗯，当然。

客服：嗯，那真是太好了，为了节约您的时间，帮助您进行对比，我已经帮您准备了一份同类产品的详细资料，您可以仔细看一下，好吗？

客户：哦，好的，发来看看。

6. "我现在用的产品也还行，就是来问一下"

客户：我现在用的产品也还行，就是来问一下。

客服：您现在用的是哪一款产品呢？

客户："甲"。

客服：那在"甲"之前，您用的是哪一款产品呢？

客户："乙"。

客服：那您当初把"乙"换成"甲"是出于何种考虑呢？

客户：我主要考虑……，总体来看"甲"比"乙"好。

客服：现在我们的产品比"甲"、"乙"都有更多的好处，我给你讲解一下吧。

客户：哦，好的。

7. "给我发些资料吧，我先看看再说"

客户索要资料时，暂时先不要给，让客户即时提问，即时解答，快速成交。

客户：给我发些资料吧，我先看看再说。

客服：您有什么疑问直接问我就可以了，我就是一个活资料库哦。

8. "我不要了"

如果有的客户说"我不要了，我真的不想买你们的产品了"，其实这个也是一个掩饰，"我不要了"背后藏着深层次的原因，我们必须找出来，然后解决。

客户：我不要了。

客服：亲，为什么呢？ 是不是因为我哪里做错了呢？

客户：不是的。

客服：那您是觉得咱们产品的功效有问题？

客户：不是的。

客服：那您就是觉得价格有问题？

客户：嗯，感觉有点贵。

（此时真正的抗拒点找到了，是因为太贵，接下来按照"太贵了"抗拒点的消除方法去处理即可）

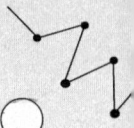

第 16 章

自 动 成 交

自动成交就是将 PTCM 中的 C 完全自动化,打造一个虚拟的无人值守的虚拟店铺。在实体商业中,尤其是实物产品的交易,要实现自动化成交非常难,就连高度自助的一站式超市都得有专人负责收银、保洁、管理等工作。而且,实体商品还有一个不可逾越鸿沟,那就是物流问题,因为产品发货再自动化也不会自己飞到客户手中。在互联网上,跨越空间的沟通交流方式以及超乎想象的电子信号传输速度让虚拟产品的自动化成交及发货成为了可能,这为我们打造自动化的赚钱机器提供了坚实的技术条件。

16.1 自动成交设计

自动成交是用来取代客服成交的,它是利用网络手段代替人工,从而实现无人化成交。自动成交主要有 3 种形式:第一种是视频全场引导,一步一步实现销售;第二种是采用支付诱饵引导支付;第三种是传统的攻心文案成交法。

16.1.1 全程视频导购

经典的全程视频导购案例当属世界网赚大师 Tom Hua 的电子商务宝盒(见图 16.1)。Tom Hua 利用他的网站上的几段视频实现了他的产品电子商务宝盒的全自动销售。不论是从语言话术还是视频效果,再或者是饥饿营销的应用,这个案例都堪称一绝。接下来,笔者为大家详细分析。

刚进入网站,映入眼帘的是 Tom Hua 的单人视频,这个视频无须点击,采用自动播放的形式,直接吸引住了用户的眼球。在这个视频当中,Tom Hua 首先介绍了自己以及自己创立的互联网峰会,然后展现了他回归祖国并致力传授中国同胞网络创富技能的决心。接着,Tom Hua 邀请大家填写视频下方的姓名及邮箱,以便于后续的数据库营销。在视频的最后,Tom Hua 用一句"我们一

图 16.1　电子商务宝盒视频导购步骤(一)

分钟之后再见"彻底消除了你关掉网站的可能性。一分钟之后他到底要说啥呢？这个好奇心会促使你赶快填下自己的姓名和电子邮箱。

　　填写完姓名和电子邮箱并点击"提交"按钮后,网页自动刷新,第二段视频开始播放,同时邮箱会收到一份邮件,如图 16.2 所示。

图 16.2　电子商务宝盒视频导购步骤(二)

在这段视频当中,Tom Hua 详细分析讲解了互联网的机遇以及其个人的一些辉煌经历,很大程度上增强了用户的信任度。在视频的结尾,Tom Hua 说了"下次再见",可是网页并没有刷新,也没有提示如何进入下一节视频。这个时候你会自然地想起刚刚收到的那份邮件,看看邮件里面是否有下一节课程的链接,如图 16.3 所示。

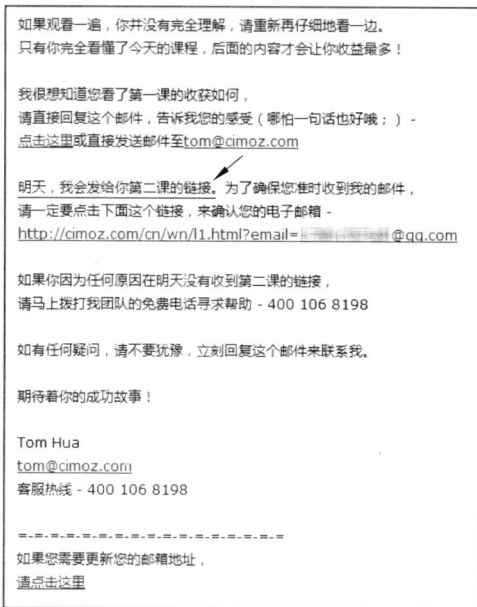

如果观看一遍,你并没有完全理解,请重新再仔细地看一边。
只有你完全看懂了今天的课程,后面的内容才会让你收益最多!

我很想知道您看了第一课的收获如何,
请直接回复这个邮件,告诉我您的感受(哪怕一句话也好哦;)-
点击这里或直接发送邮件至tom@cimoz.com

明天,我会发给你第二课的链接。为了确保您准时收到我的邮件,
请一定要点击下面这个链接,来确认您的电子邮箱-
http://cimoz.com/cn/wn/l1.html?email= ■■■■■■■■@qq.com

如果你因为任何原因在明天没有收到第二课的链接,
请马上拨打我团队的免费电话寻求帮助 - 400 106 8198

如有任何疑问,请不要犹豫,立刻回复这个邮件来联系我。

期待着你的成功故事!

Tom Hua
tom@cimoz.com
客服热线 - 400 106 8198

==
如果您需要更新您的邮箱地址,
请点击这里

图 16.3　跟踪邮件(一)

果然,在邮件当中写有"明天,我会发给你第二课的链接"。这是一个典型的饥饿营销:当用户想接着看的时候却没有了,只能等到第二天。

在经历了漫长的等待后,终于收到了第二课的链接,如图 16.4 所示。

点击链接打开,网页开始播放第二课的视频,如图 16.5 所示。

在这个视频当中,Tom Hua 进一步阐述了互联网赚钱的基本原理,并从产品、网站、流量 3 个方面分析了网络赚钱的可行性,让你觉得利用网络赚钱是非常简单、非常容易实现的。看完这段视频后,你会感觉非常有收获,学到了不少干货。但是,视频很快就结束了,你只得再等待一天,翘首以盼第三课视频链接的到来。

经过又一次漫长的等待,第三课的视频如约到来,如图 16.6 所示。

点击进去,第三课视频开始,如图 16.7 所示。

相信你已经观看了"互联网致富 视频课程"的第一课。
如果你还没看第一课，那请你一定要先看！
否则，这第二课，你是看不懂的。

这里是第一课的链接 –
http://cimoz.com/cn/wn/l1.html

今天我会教你一些非常有用的互联网生意诀窍。
你一定要深刻地理解我将要和你分享的内容。
要不然，明天的第三课，你一定会跟不上的。
因此，今天这第二课，我建议你至少要看两遍！

这里是你的第二课 –
http://cimoz.com/cn/wn/le22.html

明天，我会发给你第三课的链接。为了确保您准时收到我的邮件，
请一定要点击下面这个链接，来确认您的电子邮箱 –
http://cimoz.com/cn/wn/le22.html?email=███████)@qq.com

第三课可是最重要的一课。你务必先安排好时间，
关上门，在家全神贯注的观看！不要上班的时候看！
你老板要是看到，就知道你很快就要自己做生意了。
等你学完了我的课程，在互联网上赚了很多钱，
咱们再炒你老板的鱿鱼好了 ；)

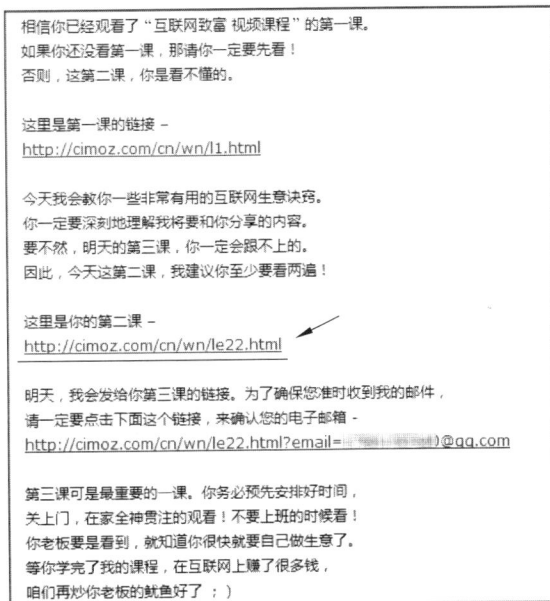

图 16.4　跟踪邮件（二）

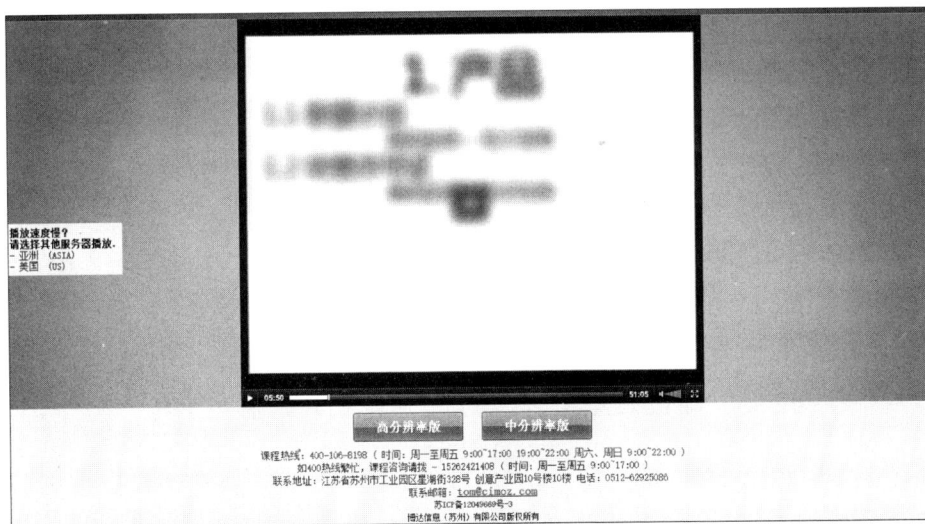

图 16.5　电子商务宝盒视频导购步骤（三）

祝贺你已经顺利地观看了"互联网 视频课程"的前两课。

如果，你还没有仔细的看过前两课，
那你一定要仔细地看一遍！
要不然，今天这一课，你肯定会看不懂的！

这里是前两课的链接 –
第一课 – http://cimoz.com/cn/wn/l1.html
第二课 – http://cimoz.com/cn/wn/le22.html

下面是你的第三课，也是最关键的一课！
千万记住，一定要从头到尾一次看完！
而且不要上班的时候看，除非你自己就是老板。
早点下班，吃好晚饭，关上门，关掉手机，
全神贯注的观看！

http://cimoz.com/cn/wn/less003.html

期待着你的成功故事！

Tom Hua
tom@cimoz.com
客服热线 - 400 106 8198
（我在中国第一批学员区，期待着和你再见！）

=-=-=-=-=-=-=-=-=-=-=-=-=-=-=-=-=-=
如果您需要更新您的邮箱地址，
请点击这里

图 16.6　跟踪邮件（三）

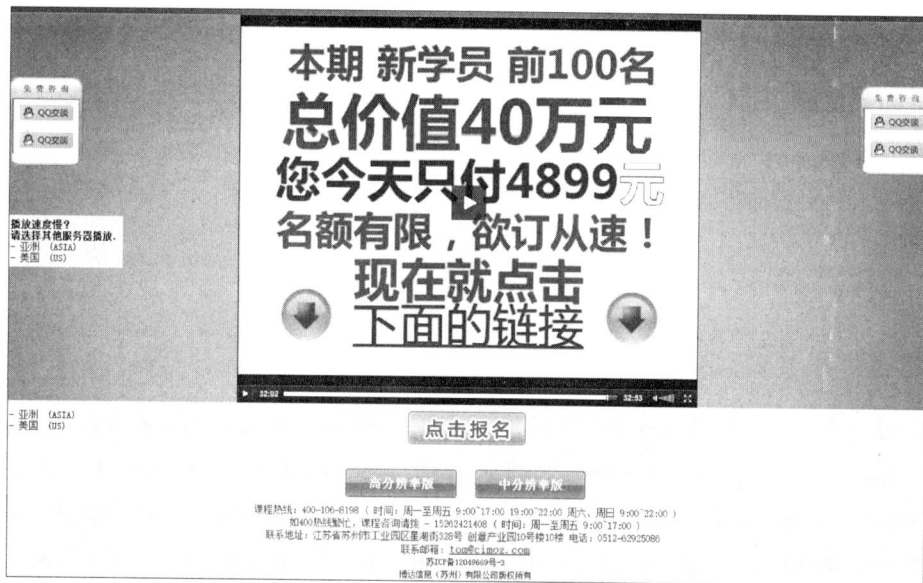

图 16.7　电子商务宝盒视频导购步骤（四）

在这个视频当中，Tom Hua 进行了产品介绍，让用户知道电子商务宝盒包含哪些超值内容。这些内容实际总价值远远超过 40 万元人民币，而现在购买只需 4899 元，而且名额有限。这个与前几段视频不同的是，在视频进行到后半段的时候，下方出现"点击报名"按钮。此时，在 Tom hua 的煽情的视频鼓励下，一部分用户会去点击"点击报名"按钮，会弹出图 16.8。

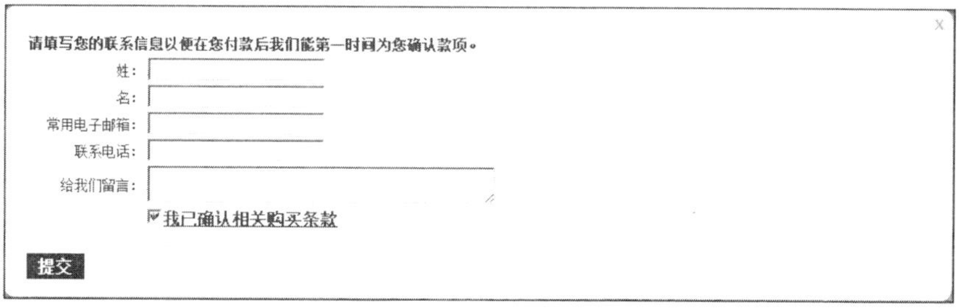

图 16.8　信息提交框

填写相关信息后，点击"提交"按钮，进入订单页面，如图 16.9 所示。

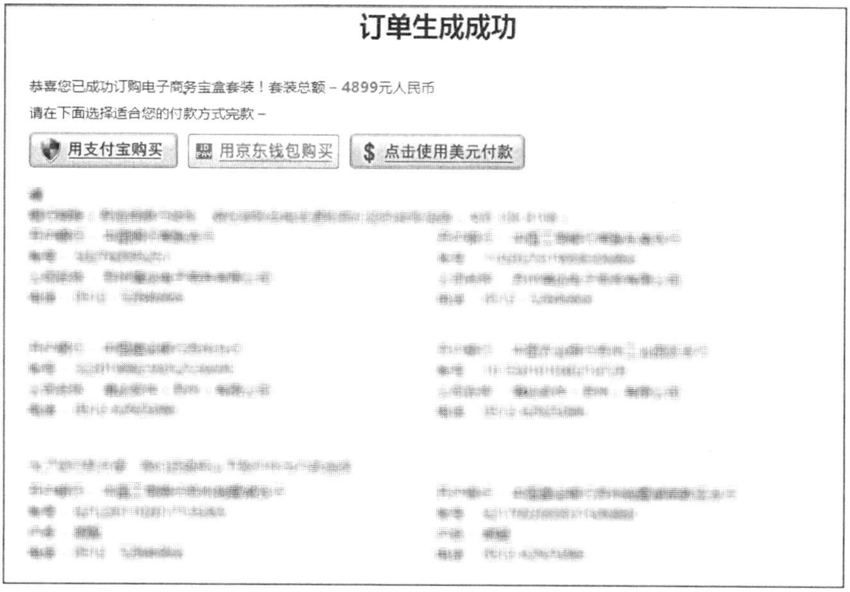

图 16.9　订单页面

点击"用支付宝购买"按钮，进入支付宝链接，如图 16.10 所示。
使用手机支付宝扫码进行支付即可。

图 16.10　支付宝支付页面

整个销售过程环环相扣,一气呵成,实乃自动化成交虚拟产品的典范。我们可以参考和借鉴 Tom Hua 的这个自动销售流程,也用视频制作一个自动化销售系统。这样,不管我们吃饭还是睡觉,这个系统就像一个赚钱机器一样,源源不断地为我们带来财富。

16.1.2　采用支付诱饵

采用支付诱饵的目的是让用户产生强烈的得到欲望,让用户感觉想要的东西就在眼前,马上就可以拿到。但是当用户伸手去拿的时候,发现只差最后一步,那就是支付。这时只要诱饵足够地吸引人,支付往往是下意识的自然反应而已。就好比口渴至极的一个旅客站在自动饮料机前面一样,都快要渴死了,谁还会去在乎是 2 元还是 3 元呢,哪怕是 5 元、10 元,也要投币买一罐喝。

下面以"直销吧"网站为例为大家介绍支付诱饵的操作过程。

进入网站,直接看到了我们想要的信息"20 万直销同行的电子邮箱"分享以及右侧各大直销公司人员的手机号码和 QQ 号码。这些资料对于直销人员尤其是网络直销人员来讲,是非常宝贵的资料,他们都很想获得,如图 16.11

所示。

图 16.11　直销吧网站首页

看到想要的资料，人们很自然地去点击，以为点击了就会直接看到，或者至少能看到一些简介。结果，网站提示要先注册，如图 16.12 所示。

图 16.12　注册页面

注册的信息如用户名、密码、E-mail 等都没有问题,唯一缺少的就是电子门票号。在电子门票号填写框的下方,提供了获取的方式——在线购买。点击进去,如图 16.13 所示。

图 16.13　自动支付页面

在线支付 798 元后,网站自动发送电子门票号到用户电子邮箱,即可完成注册。

这个网站采用 Discuz 论坛程序,非会员只能看到标题而无法点击进去,只有会员才可以查看详细资料,而会员资格则可以采用在线支付自动开通。

如果我们的产品是下载类的虚拟产品,那么它的销售可以采用这种形式,只对会员提供下载服务,然后通过自动充值开通会员的方式实现自动成交。

16.1.3　经典销售信模式

最古老的也是最经典的自动销售模式当属销售信,只要你的销售信写得好,客户成交不成问题。而且,这种模式也是最简单的自动成交模式,只需要写一些文字加上购买链接即可,甚至不需要太多的图片修饰。图 16.14 为一个出售电子书的案例,大家可以参考。

图 16.14　销售信模式范例

16.2　自动发货设计

16.2.1　进驻第三方平台

将产品进驻第三方平台,依托平台的自动发货系统进行自动发货,比如利用淘宝自带的发货系统发送卡密产品。

淘宝的自动发货功能是指卖家开通自动发货功能后,无须阿里旺旺在线,就可以实现 7×24 小时全天候交易。卖家事先将卡号和密码输入淘宝的自动发货平台系统,当买家拍下并付款后,系统自动会把卡号密码发送给买家。

淘宝的这项功能完全免费,但是对卖家资质有严格要求。

(1) 虚拟物品占总商品数不得低于 90%。

(2) 虚拟物品交易区周支付宝交易成功金额不得低于 5000 元。

(3) 虚拟物品交易区周支付宝交易成功笔数不得低于 50 笔。

（4）自动发货商品周支付宝交易成功金额不得低于 800 元。

（5）每周自动发货商品退款率不得高于当周自动发货卖家平均退款率。

（6）未发现有损害消费者、淘宝、支付宝利益或名誉的事实和嫌疑。

如果违反以上标准中的任意一条，自动发货权限将被淘宝取消。

除了使用淘宝自己的发货系统，我们还借助一些外挂软件，实现具有更多高级的在淘宝发卡密的功能，比如淘小秘、淘小白等。

16.2.2　使用建站程序插件

上文所述的利用论坛会员功能实现自动发货就是一个使用 Discuz 建站程序插件的例子。除此之外，WordPress 博客程序的支付宝插件也是一个不错的工具。

WordPress 支付宝插件对接的是支付宝即时到账接口，用户完成付款后，页面自动跳转至下载链接，用户可以自行下载产品。为安全起见，真正的下载链接不会显示，只显示一个临时链接，而且有效时间为 15 分钟。

安装 WordPress 支付宝插件的步骤如下。

（1）上传插件文件到/wp-content/plugins/目录。

（2）上传完毕后，进入 WordPress 管理后台，打开"插件"→"已安装的插件"页面，找到刚刚上传的插件，点击"启用"。

（3）在 WordPress 后台控制面板"支付宝"→"账号设置"菜单下设置插件的必需信息，如图 16.15 所示。

图 16.15　WordPress 支付宝插件设置页

合作者身份和安全校验码(Key)来源于自己的支付宝账号。

（4）信息填写完毕后，设置跳转页面链接。有两种选择：一种是无自动下载功能的链接，即 http://你的 wp 首页/wp-content/plugins/wp-alipay/return _ url. php；另一种是有自动功能的下载，即 http://你的 wp 首页/wp-content/plugins/wp-alipay/return. php。

（5）设置完成后，前台范例效果如图 6.16 所示。

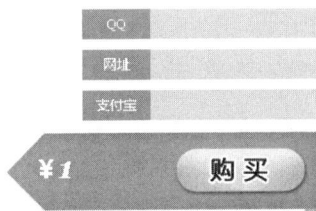

图 16.16　前台范例

16.2.3　采用独立程序

使用独立的自动发货软件 7×24 小时挂机值守，也可以实现自动发货。这种方式要求网站空间是服务器或者 VPS，而且需要安装支付宝登录插件以及构建 NET 2.0 的软件环境。

图 16.17 是使用独立软件操作自动化成交及发货的界面。

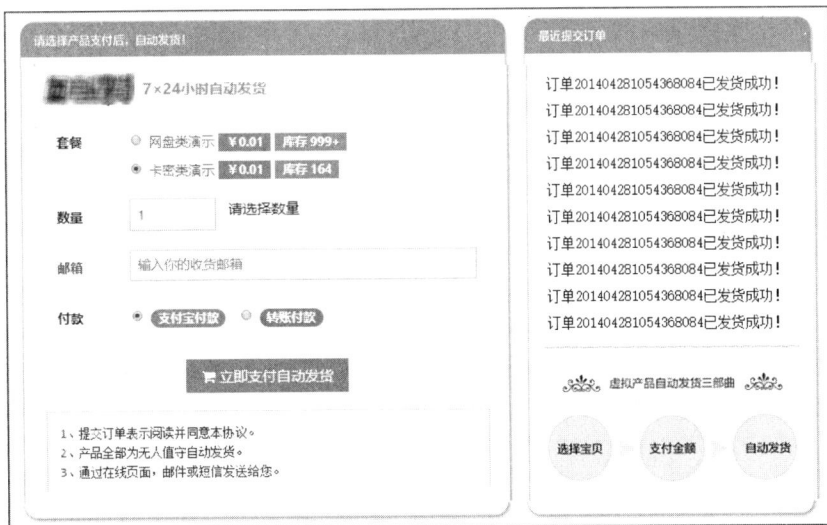

图 16.17　独立发货程序界面

在图 16.17 中，我们只需填写购买数量以及接收虚拟产品的邮箱，然后付款，即可收到产品。

这种方式和前两种相比，因为没有第三方介入，所以我们可以进行个性化设计,而且接口要求较低。唯一的缺点就是首次开放或购买的费用较高。

使用这种方式支付完成后,所购产品自动发送到邮箱当中,页面显示如图 16.18 所示。

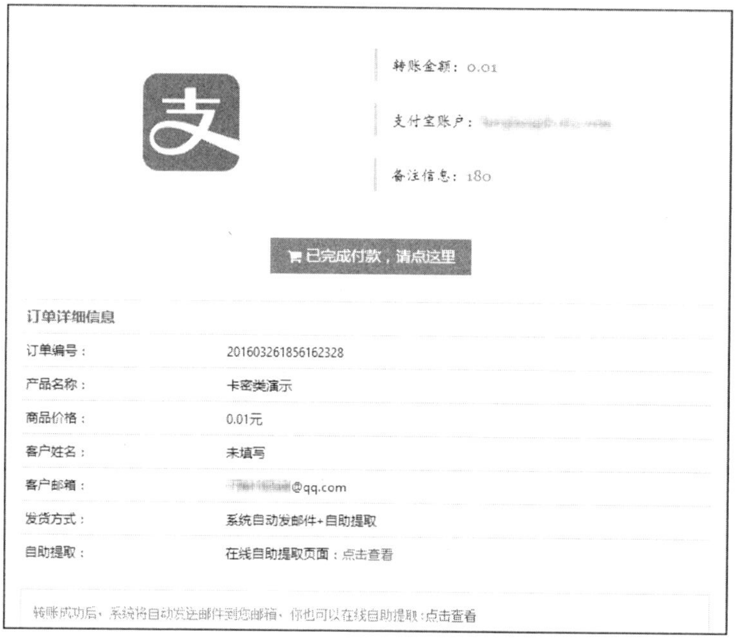

图 16.18　支付成功界面

16.3　追销

追销是针对同一个客户进行多次销售,以实现最后成交的目的。

如前文所言,7 是一个神奇的数字。一般情况下,对一个客户连续销售 7 次都没有成功才可以考虑放弃。大部分客户往往不是在第一次成交的,而是在后续追销的时候成交的。所以说,追销是自动化成交的杀手锏。

追销的主要方法是采用许可式电子邮件。我们可以先用前几封邮件进行铺垫,然后用最后一封成交,或者每封都可以进行促销,连续发送 7 次。自动化的追销方式免去了每天发送邮件的麻烦,只要选用一个不错的邮件追销系统,就可以提前设定好所有邮件的内容以及邮件发送的时间,还可以针对不同分类的客户采用不同的追销计划。

将追销行为实现自动化,对于整个自动成交体系来说至关重要。

第 5 篇

实 战 指 导

第 17 章

打造财富永动机

正如美国人依照爱因斯坦的 $E=MC^2$ 制造了原子弹一样,我们依照 PTCM 创富方程式来构建我们的财富永动机。所谓"财富永动机"指的是由 P、T、C 三部分零部件组成的能够源源不断地产生现金的自动化赚钱机器。通过这台机器,我们可以获取持续的自动化的收入,从而实现财务自由。我们所要做的事情,就是构建这样一台机器并且让它持续运转下去。

对于富人来讲,他们的企业、他们的房产都是"财富永动机",企业带来销售利润,房产则带来租金和升值。他们通过雇佣职业经理人、员工来帮助他们管理赚钱机器,而他们则开着游艇、住着豪宅,过着休闲而惬意的生活。在过去传统经济时代,这么庞大的财富永动机对我们草根来说是可望而不可即的,但是现在,互联网经济飞速发展的今天,利用网络手段构建一套微型的财富永动机是一件很有可能实现的事情。

在本章中,笔者教你用聚集、测试、放大三步快速构建自己的财富永动机。

17.1 聚集

17.1.1 为什么要聚焦

1. 人的精力和时间是有限的

曾经有人说,上帝唯一做的一件公平的事情就是对所有人都不公平。其实有一样东西,上帝给予每个人的都是公平的,不管是富人还是穷人,不管是总统还是平民,统统都一样,这个东西就是时间,每个人每天的时间。不管是谁,上帝给他每天的时间都是 24 小时,不会多,也不会少。

在创业初期,我们没有团队,没有合作伙伴,只能是一个人在战斗。尤其是兼职创业的时候,我们白天要上班,晚上不能熬夜,因为自己是家庭的顶梁柱,身体不能累垮了。所以,这样算下来,一天只有 2～3 个小时的空余时间。

2. 只有聚集才有希望成功

太阳光再强烈也不会使物体燃烧起来,而在凸透镜的作用下,它可以轻易地把一根火柴点燃,这就是聚集的力量。在燃烧和不燃烧之间,只差一个聚集;在成功和不成功之间;也是只差一个聚集。

如果把有限的力量分散到很多点上,每一个点都得不到突破;如果把有限的力量聚集到一个点上,点越小,突破的可能性越大。分散与聚焦示意图如图 17.1 所示。

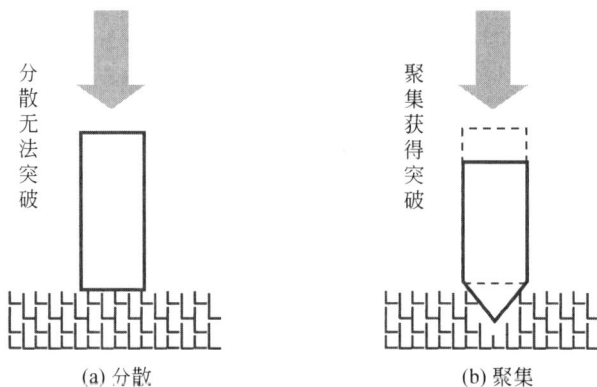

图 17.1　分散与聚集示意图

在一段时间内,只做一件事情,用铁的纪律约束自己:此事不成,不做其他事。只有这样才能把一个点做到极致,从而获得突破。否则,今天做这件事,明天做那件事或者同时做好几件事,忙碌半天,最终你将一事无成。

17.1.2　史玉柱的聚集战略

史玉柱刚开始的巨大成功就是得益于其聚集战略,后来的失败则因为其摒弃了聚集战略而采取了分散战略,再后来的东山再起则又是依靠聚集战略。

我们看看史玉柱首次创业的计算机软件是如何运用聚集战略获得成功的。

1. 聚集第一阶段: 产品

史玉柱在创业前期的一年里,把全部精力聚集到软件产品 M-6401 的开发上。后期为了开发更强的计算机软件 M-6402,甚至把自己关在小房间过着只吃方便面的封闭式生活。在这段时期,史玉柱除了编写软件外什么也没做,没有考虑注册公司,也没有考虑招聘员工,更没有考虑广告文案,他把全部的精力都聚集到了开发产品上。

2. 聚集第二阶段:流量

产品开发完成之后,史玉柱便找了 4 个销售人员,把"转化"这个环节外包了出去,自己聚集到了"流量"。当时的那个年代,获取流量的主要方法是广告。史玉柱自己起草了一篇 2000 多字的广告文案,把自己能想到的产品的每一个优点都加了进去,一共 15 个优点。写完之后感觉太多,经过反复修改,精简到10 个。后来又因为版面太小放不下的原因,进行了再次精简。前前后后,史玉柱花了半个月的时间聚集在广告上。正是这个精心设置的广告,为史玉柱带来了大量的订单。

在汉卡和脑黄金获得巨大成功之后,史玉柱带领其团队发起了保健品、药品、软件三大战役,并且开拓了化妆品、服装、房地产等新领域。此时的史玉柱因前两次的巨大成功而高估了自己,把有限的资源分散到多个项目上,彻底摒弃了当年的聚集战略。

很快,危机显现,巨人集团的资金开始吃紧。紧接着,巨人大厦停工,媒体狂轰滥炸,债权人纷纷上门,巨人陷入了低谷,几乎破产。史玉柱负债两亿元,成了中国"首负"。

随后,史玉柱退隐,彻底淡出公众视野。

然而,史玉柱的传奇并没有结束。两年之后,当所有人都认为史玉柱一蹶不振的时候,史玉柱携脑白金卷土重来,东山再起。紧接着,推出《征途》游戏,巨人集团上市,身家突破 500 亿元,史玉柱再次创造了一个又一个神话。

这次超乎常人想象的惊天大反转当中,史玉柱再次采用了聚集战略。先聚集保健品,成功后再聚集网游,而不是全面铺开。

由此可见,史玉柱的成功与他的"聚集战略"密不可分。大佬亦如此,我们草根要想成功,就更应该"聚集"。

17.2　测试

测试相当于一个小规模的试点,通过测试可以排查流量方法和网页设计当中的缺陷和漏洞,防止造成大面积亏损。测试赢利的网站,可以不断进行优化提升转化率,降低单 IP 成本,从而获取最大的利润。

17.2.1　网页测试

不同形式的网页带来不同的转化率。因此,我们需要通过测试的方法挑选出转化率最高的网站,从而获取最高的收益。

测试的基本原理为,在同种流量下对不同形式的网页的转化率进行测试,选出转化率最高者,如表 17.1 所示。

表 17.1　不同组合下转化率计算表

网页组合	访问量(A)/个	购买量(B)/个	转化率($C=B/A$)
组合 1	1000	50	0.5%
组合 2	1000	80	0.8%
组合 3	1000	100	1%

一般情况下,当我们纠结于两种页面设计不知道哪一种好时,可以使用 A/B 测试进行分析,依照数据分析的结果进行选择。

所谓 A/B 测试是指为达到同一个目的(购买、注册或者下载),而设置两个不同的页面,让一部分用户访问 A 页面,另一部分用户访问 B 页面,然后统计两个页面实现目的的状况,看哪个页面能够更好地实现目的。

传统实体店铺的 A/B 测试耗费很大的测试成本,包括产品陈列方式变更、店铺装饰调整等,而且测试效果较难统计。在网络上,利用一些专业的工具,A/B 测试可以免费进行,很大程度上为网页的转化率提升优化提供了便利。

在进行 A/B 测试前先建立一个相对于原始页面的测试页面,这个页面可以在背景、布局、按钮颜色等方面有所不同。然后将流量随机导入到两个页面上,即可分别统计两个页面的转化率并确定最终页面。A/B 测试示意图如图 17.2 所示。

A/B 测试的主要要素如下。

1. 主题色

主题色的不同在很大程度上影响用户的购买决策,务必选一个最佳方案。

2. 布局设计

常见的布局有"同"字形、"三"字形、"川"字形等。

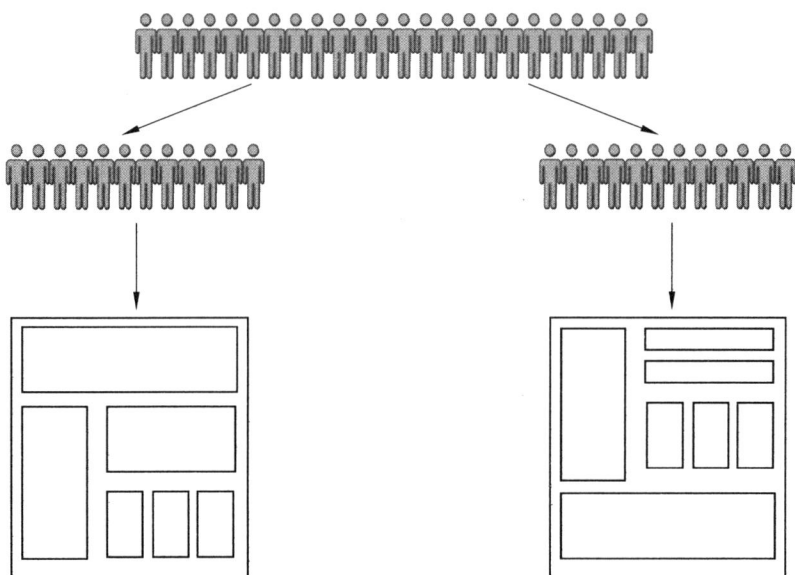

图 17.2　*A*/*B* 测试示意图

3. 标题/图片/按钮

标题可以用陈述句也可以用反问句,可以用大字体也可以小字体;图片可大可小,可以是动态也可以是静态;按钮可以是平面的也可以是立体的,有多种样式。

4. 卖点塑造

卖"概念"还是卖"感觉",卖"质量"还是卖"文化",卖点不同,转化率不同。

5. 行动激励

用什么方式来促使用户立刻采取购买行动呢? 方法有很多种。可以通过限时赠送超值赠品或者超过某一时间提高价格的方法促使用户尽快购买。

6. 付款方式

付款环节是成交的最关键一步,一旦客户在此时选择放弃,之前所有的铺垫全部归零。支付方式可以设置在线支付、货到付款或者两者兼有的方式,不同方式效果不同。

常用的 *A*/*B* 测试工具有 Google Analytics、AB Tester、AppAdhocOptimizer、

Unbounce and Performable 等，推荐使用 Google Analytics 自带的 A/B 测试工具。

进行 A/B 测试时要注意流量来源保持一致，不能今天用竞价流量，明天用门户广告流量。另外，每日 IP 至少为 1000，否则会导致测试结果不准确。

17.2.2　流量测试

通过网页测试，选定最终页面。再以最终页面为固定页面，对不同来源的流量进行测试。

不同的途径获取的流量的质量不同，导致其转化率也不尽相同。综合考虑产品成本以及不同流量的单 IP 成本、转化率，从而计算出单 IP 利润（见表 17.2），最终采用 IP 利润最高的流量方式。

表 17.2　单 IP 利润计算表

流量种类	转化率(A)	毛利(B)/元	单 IP 成本上限 ($C=A\times B$)/元	单 IP 成本 (E)/元	单 IP 利润 ($F=C-E$)/元
SEO	1.25%	200	2.5	0.02	2.48
PPC	1.3%	200	2.6	0.05	2.55
门户广告	0.8%	200	1.6	0.01	1.59

流量的来源包括 SEO、PPC、门户广告等，对于每笔订单，我们都可以通过流量分析工具或者域名转向的方式追踪到其流量来源。某一来源的流量所产生的订单数除以该来源的总流量即是此类流量来源的转化率。比如某广告带来 1000 的访问量，其中 5 个人进行购买，则转化率为 0.5%。

PPC 的单 IP 成本就是点击单价，点击一次收一次钱，明码标价。门户广告等购买的流量直接用购买总价除以所购流量数的方法得出单 IP 成本。比如购买某广告位一个月的费用是 1 万元，一共带来 100 万次点击，那么每次点击即单 IP 的成本为 0.01 元。

像 SEO 这种通过自己的劳动获取的流量往往不太好计算单 IP 成本，不过可以参考该项服务的外包价进行计算。比如，某个日搜索量为 1000 的关键词排名进前三的价格是每月 200 元，那么计算单 IP 成本如下：

$$单 IP 成本 = \frac{200/30}{1000/3} = 0.02（元）$$

通过多种不同来源的流量的转化率对比，选出单 IP 利润最高的流量方式，进行下一步放大。

17.2.3　持续测试

测试永无止境，因为网络在变，人们的网络行为在变，现在认为最好的方式也许过一段时间就不再是了。而且，在测试出的最佳结果的基础上，我们可以进行进一步的深度测试。比如在定版的网页当中调整某个小按钮的颜色或者对 PPC 设置不同的长尾关键词等。

总之，不管是网页设计还是流量方式，没有最好，只有更好。只有持续测试，才能立于不败之地。

17.3　放大

放大指的是流量的放大，说直白一点就是网站访问 IP 数量的放大。如果一个 IP 能给我们带来 1 元的利润，那么我们将 IP 放大到 100 万，我们就能有100 万元的利润。这个时候的 IP 对我们来讲，就是一个自动赚钱工具。

17.3.1　互联网让流量放大成为可能

传统的实体商铺，其店铺的人流量多少取决于它的地理位置，因此人流量往往是有限的。另外，由于实体商铺的内部空间限制，它所能容纳的同时到店人数也是有限的。这些特点决定了实体商铺的流量放大有很大的限制，也决定了其成交量和利润必然存在瓶颈。

在网络上面，从理论上讲，只要服务器配置足够，网站所能容纳的流量可以达到无限大。也就是说，只要我们测试出赚钱的产品、网页和流量方法之后，将该流量无穷放大，我们的利润也就无穷放大。由此可见，在互联网上，我们能获取的金钱从理论上讲可以是无限的。

17.3.2　流量放大应当逐步进行

古希腊哲学家赫拉克利特有句名言："世界上唯一不变的就是变化。"我们现阶段测试可以赢利的方案可能随着时间的推移发生变化，比如受市场环境、竞争对手、用户行为变化等的影响导致利润降低。

在单 IP 利润保持不变或者升高的情况下，每天采用流量翻倍的方式倍增利润。比如今天的日 IP 是 1000，那么明天即引入 2000，后天 4000，以此类推。

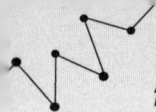

当然,前提是要在保证服务器稳定,发货、客服等配套跟上的情况下。

一旦单 IP 利润出现下滑势头,立即停止流量放大,并再次启动测试,优化网页或流量方案,直至单 IP 利润停止下降。

如果单 IP 利润跌为负值,出现亏损,应立即终止流量导入并重新检视财富永动机的各个重要部件。

第 18 章

借力，把永动机变成巨无霸

汉高祖刘邦曾说过："夫运筹帷幄之中，决胜千里之外，吾不及子房；镇国家，扶百姓，给馈饷，不绝粮道，吾不如萧何；连百万之众，战必胜，攻必取，吾不如韩信。三者皆人杰，吾能用之，此所以取天下者也。"这句话道出了刘邦成功的真谛：借力。刘邦本人在运筹、治国、用兵方面的能力均不及他人，但是他借助张良、萧何、韩信三人的力量，成就了自己的霸业。

仅靠自己一个人的力量，我们的财富永动机永远属于微型阶段，带来的收入有限。如果能够充分借助外部的力量，则可以建造一台巨型的财富永动机或者多个永动机组成的机组，从而获得持久的、源源不断的丰厚利润。

18.1　借力团队

如何组建团队？PTCM 创富方程式同样给我们提供了理论指导。组建团队就是将整个赚钱的流程进行分段切割并且标准化，然后将切割后的小段工作分配给团队成员。

从大的方面讲，可以将赚钱流程切割为 P（产品）、T（流量）、C（转化）3 部分，每部分找专人负责。产品人员主要的工作为制作产品，包括跟进研发进度、管控 OEM 厂商、产品质量检验等；流量人员主要的工作是为产品获取流量，包括使用 SEO、PPC、广告及其他流量手段获取流量；转化人员的主要工作为成交，包括售前客服及售后客服等。

18.1.1　公司注册

公司是团队运作的载体，相当于财富永动机的底座，P、T、C 三部分部件在这个上面进行运作。所以，在建立团队之前，需要先建立一个公司。

同过去相比,公司的建立已经变得非常容易而且成本低廉。自己的住宅或者租的房子都可以注册公司,而且注册资金可以过几十年再交。这样一来,只要是一个有固定住所的宅男,花1000元钱(代理公司的注册费用)足不出户就可以拥有一家公司。

根据股东对公司所负责任不同,可以把公司分为5类。

(1)无限公司。这类公司的股东无论出资多少,都对公司债务承担无限连带责任。也就是公司欠别人钱还不上的话要用自己的个人财产还。

(2)有限责任公司。股东以出资额为最大限度对公司债务承担有限的责任。也就是说如果你出资1万元,最差的结果也就是把这1万元亏完,你的个人财产不受任何损失。

(3)两合公司。由一部分无限责任股东和一部分有限责任股东共同组成。

(4)股份有限公司。所有公司资本分成等额的股份,股东按其所持股份数承担公司债务。

(5)股份两合公司。由无限责任股东和有限责任股东共同组成的股份有限公司。

这5类公司当中以有限责任公司、股份有限公司最为常见,无限公司次之。

有限责任公司简称有限公司(Co.,Ltd.,全拼为Limited Liability Company),是指由50个以下的股东出资设立,每个股东以其认缴的出资额为限承担职责的经济组织。

有限责任公司的优点是建立程序简单,不必对公司账目及资产负债表等进行公布和公开,而且公司内部组织架构设置相对灵活。但是它的缺点是难以筹集大规模资金用来扩大生产经营,因为其无法发行股票。所以,有限责任公司适合中小型企业和初级创业者。

股份有限公司简称股份公司(Stock Corporation),是由2人以上200人以下发起的,全部资本化为若干等额股份,股东就其所占股份对公司承担责任的经济组织。相对于有限责任公司,股份有限公司的股东可以自由转让所持股份,并且公司可以公开上市,向社会募集资金。但是,它的缺点是设立程序比较复杂,容易暴露商业秘密,而且容易被他人控制。如果是组建一家公司以上市为目标,建议采用股份有限公司。如果是个人创业者而且是处于创业初期,建议不要采用这类公司形式。

无限公司最为普遍的是个人独资企业,它是个人出资经营,由个人承担经营风险并享受全部收益的企业。

个人独资企业的优点如下。

（1）企业所有人高度集权，完全控制企业，有利于决策的快速执行和商业机密的保密。

（2）外部法律法规对企业的决策、经营、建立和破产等干扰较小。

（3）无须验资且税收较低。

个人独资企业的缺点如下。

（1）企业所有人承担无限责任，如果公司负债，所有人仍然有责任用自己的个人财产还清欠款。

（2）无法筹集资金，无法以企业名义融资，只能依靠个人借贷。

如果你经营一个风险非常小的行业，想要个人完全控制公司，而且想要节省一定的税费，那么可以考虑个人独资企业。

注册公司建议大家直接委托代理公司代办，只需要提供任意一个四大行的 U 盾和身份证照片即可。代办费用一般在 1500 元左右，另外报税 200 元/月，如果需要挂靠地址的话费用另加 1000 元/年。

18.1.2　团队建立

1. 寻找合伙人

1）找什么样的合伙人

三流的合伙人是自己的徒弟，二流的合伙人是自己的师兄弟，一流的合伙人是自己的师傅。刘备找来了诸葛亮，周文王找来了姜子牙，刘邦找来了萧何、韩信、张良。正是因为这些国师级别的人物加盟，刘备等人才成就了自己的霸业。所以，我们寻找的合伙人首先应当是比自己强的人。

其次，要兼顾团队成员的互补性。每个人的专业背景、工作能力、性格甚至年龄等方面应当能够相互补充，这样才能使得工作得到合理分工，实现一加一大于二的整体效果。

最后，要找有良好人品的合伙人。合伙人要以个人利益服从团队利益，支持、包容并信任团队伙伴，不要因为一点小事就嚷嚷着散伙。

2）拿什么来吸引合伙人

吸引合伙人的手段主要有以下几点。

（1）自己先做出 Demo 来。

自己先做一个产品的雏形出来，别人看到产品之后才会觉得这个事情是靠谱的，否则仅凭一个点子是没人会相信的。史玉柱当年就是自己做出第一款汉卡后再招募销售人员，然后逐步建立自己团队的。

（2）先招聘。

谁都不愿意第一个吃螃蟹，合伙人也一样。你把项目说得天花乱坠，结果只有自己一个人在干，别人肯定会想：没人愿意跟他干，是不是项目不太好？如果大家都这么想，谁都不愿做第一个，怎么办？非常简单，我们可以先招聘一个人，这样连自己一共就是两个人，两个人也是团队，有团队就能吸引人。

某商业大佬曾经讲过一个他自己创业初期的故事。刚开始办英语培训班的时候，来咨询的人挺多，可是就是没人报名。因为大家看到现场的报名登记表上是空的，都不愿意做第一个。于是，该大佬想了一个办法，他随便编了几个名字写到了报名登记表上。果然，后面再来咨询的人一看，报名的人还真不少，于是也就报了名。这种现象在心理学上也称为"马太效应"，即强者越强，弱者越弱，人多的地方会聚集更多的人，人少的地方无人问津。

（3）打铁还需自身硬。

物以类聚，人以群分。只有自己成为一个优秀的人，才能吸引其他优秀的人过来。那么，如何把自身素质变得过硬呢？

① 拥有一项绝技。

马云说过，他不懂技术，不懂计算机，连他这样的人都可以成功，大家都可以成功。你可能觉得，马云真的是身无绝技，他只是把一群有绝技的人聚集到自己身边，所以才取得成功。其实，能把有绝技的人聚集到自己身边这本身就是一项了不起的绝技。

在 P、T、C 三个方面，我们至少要精通一个方面，形成自己的绝技。

② 适度夸大自己的能力。

适度夸大是在真才实学基础上的修饰，是有根据的美化，不是胡乱吹嘘。与人交流的时候，对方往往评估你的利用价值，以此来判断要不要把你当作其人脉的一部分。如果你一味谦虚，会让人觉得你能力有限，不具有利用价值，更谈不上吸引对方了。所以，在表达自己真实能力的基础上适度夸大一下，往往能收到不错的效果。

3）寻找合伙人的途径

（1）从同学、朋友中寻找。

马云在做客《赢在中国——蓝天碧水间》的说过一句话：创业先从朋友干起。同学、朋友之间相互都知根知底，在已经建立的彼此信任的基础上能够更好地沟通和合作。

（2）通过熟人介绍。

李彦宏最早的创业伙伴徐勇就是其爱人介绍认识的，徐勇是李彦宏的爱人

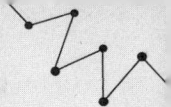

马东敏原来的同事。由于有了中间人的介绍，双方有一定的信任度，比较容易迅速地组建团队。

（3）通过第三方平台寻找。

在一些专业的平台上发布信息寻找创业伙伴，如合伙 360、缘创派、铁杵网等。

（4）先雇佣，再合伙。

可以先通过兼职雇佣的方法试着合伙一段时间，双方达到一定程度的了解后再进一步讨论合伙的事情。这对于意向合伙人来说是没有任何风险的事情，但是对于创始人来说，要付出一定的资金。

（5）守株待兔。

通过著书立说、发表文章、媒体曝光等手段提升自身的影响力，吸引优秀人才慕名而来。

2. 建立团队文化

团队文化是相对于团队制度的一种软规则，如果把规章制度比作法律，那么文化就相当于道德。团队文化将团队成员紧紧凝聚在一起，为了共同的目标和使命而努力奋斗。

1）团队领导人要起到表率作用

团队文化是由团队的领导人带头建立的，一只狮子带出来的是一群狮子，而一只绵羊带出来的是一群绵羊。从团队建立的第一天起，你的一言一行，你的行事风格，都将对团队成员起到潜移默化的作用。所以，作为团队创始人，应当拥有不灭的激情和执着的精神，就算历尽艰难也要痴心不改，只有这样，其他团队成员才能紧随你的左右，和你一起风雨共济。

2）将团队文化书面化

团队文化的书面化也就是把团队文化固定下来。这个做法，有助于团队文化的传承。常见的做法是把企业使命、宗旨写到公司大厅的墙上，或者制作企业内刊、小手册等。

3）培训

培训是团队文化传承的最主要的途径。通过培训将团队文化的内容直接灌输到新成员的头脑中是团队文化传递的最有效、最直接的方法，比如公司的使命、服务宗旨等，可以让新成员直接先照本宣科背会就行，以后再慢慢体会和理解。

4）分享与创新

先看一个羊群效应的例子：在一群羊面前横放一根木棍，第一只羊跳了过去，后面的第二只羊跟着跳了过去，紧接着第三只、第四只，后面的羊陆续都跳了过去。此时，悄悄地拿走木棍，后面的羊到达原来的木棍位置时仍然要跳一下，后面的羊依然如此。

这种效应揭示的是盲从跟风的群体行为习惯，不利于团队文化的发展。在团队文化的传承当中，要避免形成羊群效应的最主要方法是鼓励分享与创新。

团队文化尽管是以团队领导人为主，但是团队成员也应当参与和影响团队文化的形成。定期举办会议或者活动，让每一个成员畅所欲言地进行分享，集思广益并鼓励创新，让团队文化真正成为大家一致认同的文化。

3. 建立团队制度

俗话说，无规矩不成方圆，仅仅有团队文化是远远不够的。在团队建立的初期，大家意气相投、一腔热血，可以不用建立制度。但是随着时间的推移，团队成员逐渐增加，这个时候只靠文化来维系团队运作是远远不够的，今天迟到，明天请假，团队就成了一盘散沙。所以，在团队人数超过5人的时候，必须建立起团队制度。早期的团队制度不必过于复杂和详细，比如KPI考核这些东西是暂时不需要的。只需要在以下几个方面建立简单的制度即可。

1）考勤制度

这个是最基本的制度，几点上班，几点下班，有事请假等事宜都必须明确下来。笔者建议采用"乐捐"制度，在考勤机旁边设立"乐捐箱"，迟到一分钟罚一元，高管加倍。这样把罚款变成"做贡献"，扣薪变成"献爱心"，严肃的考勤制度瞬间感觉活泼了很多。

2）责任制度

团队成员分工要明确，以免出现工作重叠或者工作真空。在团队人数比较少的时候，没有部门之分，每个人就相当于一个部门。

3）财务制度

日常支出：定期由行政（初期由创始人兼任）统一整理票据，交给兼职财务做账。

报销：费用由成员先垫付，然后统一放到一个抽屉或者箱子里，定期由兼职会计收走，并统一时间发放给成员。

账务/报税：由兼职会计或代理公司操作即可。

18.2　借力资本

借助于雄厚的资金，可以加快产品研发速度，吸引优秀人才加盟，快速占领市场，在竞争对手尚未反应过来之前迅速成为行业老大，直至顺利上市。

获取资金的途径有很多，比如个人贷款、找亲戚朋友借钱、利润再投资、风险投资、众筹等。这里介绍最为有效的风险投资和众筹这两种。

18.2.1　风险投资

风险投资简称 VC(Venture Capital)，是把资金投向存在失败风险的初创企业以获得一定的股权，然后当企业增值后通过股权转让或上市等方式撤出资金，获得高额收益。这种投资创业者无须抵押，也无须偿还。如果企业失败，投资人的钱就化作乌有，而创业者无须承担债务。如果企业成功，投资人则可以获得几十倍甚至上百倍的回报。

找风险投资的第一步是制作一份具有吸引力的 BP(商业计划书)，它应当包含以下几个方面。

1. 行业分析

对整个产业链进行透彻分析，包括市场规模以及目前存在的问题。

2. 产品介绍

用户的痛点以及解决方案，产品独特性能、专利以及目前的用户数据等。

3. 团队介绍

团队成员及各自的过往经验介绍，重点突出各个成员的能力特长以及各个成员之间的分工和互补性，让 VC 知道我们的团队可以实现 $1+1>2$ 的效果。

4. 融资计划

你需要说明白你需要融多少钱，用来做什么。一般情况下，资金主要用于广告推广、产品研发、人员工资这些方面，每个方面所占的比例要做一个预估。

接下来就是拿着 BP 去找 VC 了，找 VC 的时候有以下几点要特别注意。

1）要诚实，不要撒谎

投资人都是务实和谨慎的人，创业者所说的每一个关键数据，他们都会去核实和确认。所以，保持诚信是最重要的。

2）保持逻辑清晰

创业者能够整合团队，开创一个新的事业，已经是很聪明的人了，而投资人凭借自己的预测和分析投资于这些事业并获取高额利润，比创业者还要聪明。因此，投资人应当是这个世界上最聪明的人了。在他们面前，你一定要思维缜密，逻辑清晰，否则要是前言不搭后语，甚至自相矛盾，拿到投资也就基本不可能了。

3）先找不重要的机构练手

前期先选择一些非意向的或者根本没有希望的投资机构，先投 BP，然后见面约谈。每一次被挑战或者被拒绝都是一次进步，通过这个过程你可以增加不少与投资人沟通的经验。

4）不要给全部 VC 同时发 BP

很多创业者喜欢直接把很多 VC 的邮箱拿过来，把自己的 BP 群发出去。以为这样可以广撒网，多捕鱼，其实这种方法不可取。暂且不说这种冒失发邮件的方式别人一看就是群发的，认为你没有诚意，就算你的项目很吸引人，很多 VC 愿意见你，你的时间也是安排不开的。

18.2.2　众筹

众筹，也就是向大众筹集资金，这种方式其实古已有之。近年来，随着互联网的高速发展，这种筹资方式火了起来。对于一个初创公司来讲，可以利用以下两种众筹手段获取资金。

1. 产品众筹

产品众筹本质上其实就是产品预售，用户对自己期望的产品提前买单。买单的动机大部分是出于兴趣，也有的是为了优惠折扣等。采用这种方式，创业者在产品大规模投产前就集齐了所需资金，这使得创业者避免了销量不佳带来的亏损风险。

在淘宝和京东的众筹平台上面，已经有了诸多成功的案例，某些智能硬件产品甚至筹集了高达 2000 多万元人民币的资金，这些成功案例值得我们效仿。

2. 股权众筹

股权众筹是指公司出让一定比例的股份，由普通大众投资者共同出资完成并获得未来收益的一种众筹模式，它是风险投资的有力补充。最适合股权众筹的创业项目当属产品类或服务类这种能够短期变现的项目，相比之下，电商平台、社交软件类等需要有了用户规模之后才能变现的项目则不适合股权众筹。

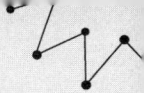

通过股权众筹,除了可以实现融资的目的之外,还可以实现最大限度的项目曝光,打造产品的知名度,可谓一举多得。

股权众筹和传统融资一样,都需要向投资人公布商业计划书。不同的是,股权众筹需要向大众投资人公布的信息需要更加的完整和规范。这些信息通过众筹平台的展示页面进行呈现,除了具有商业计划书的通用要素外,还要注意以下几点。

1)可读性强

去掉正式严肃的文字,尽可能地把核心和精髓用通俗易懂的语音表达出来。要知道,你所面对的不是专业的投资人,而是普通大众。

2)内容全面准确

内容应当包含企业介绍、产品特性、资质证书、用户数据、团队成员等各方面的关键资料,以便投资者全面和深入了解我们的项目。另外,有数据的要用数据说话。

3)突出投资人权益

投资人最关注的是自己能得到什么,得到的越多投资的可能性越大。所以,参与众筹之后的回报应当突出表现出来。比如明确写明得到回报的时间,将投入的钱和回报的钱放在一起做一个鲜明对比,以及在页面设计时使用鲜艳颜色的文字以及图片等。

4)遵守规则

不同的股权众筹平台都有自己的要求和规范,我们必须要遵守,否则很难通过审核。

第 19 章

安全防护罩

财富永动机组建立起来并正常运行之后,我们的任务还没有完成。在当前复杂的商业环境下,永动机随时可以受到外来因素的干扰,威胁其正常运转。因此,我们要为其构建一套安全防护罩,让其免除一切外来影响,保持正常运转,为我们带来源源不断的丰厚收益。

19.1 避免法律风险

随着国内民众知识产权意识的增加以及知识产权法律法规的完善,商业活动当中应该更加重视知识产权问题。不要等到生意做大了再考虑这个问题,刚刚起步的时候就应该做好准备。否则,在生意做大之后,稍有不慎,就会被人告上法庭或者在被小人剽窃自己的知识产权后反成被告。

19.1.1 商标保护

商标是用来区别一个经营者的品牌或服务和其他经营者的商品或服务的标记。我国商标法规定,经商标局核准注册的商标,包括商品商标、服务商标和集体商标、证明商标,商标注册人享有商标专用权,受法律保护。

兵法有云:兵马未动,粮草先行。用到创业上面就是:产品未动,商标先行。在创业的初期,就应该考虑商标的事情,这种说法是建立在惨痛的教训基础上的。

陌陌在准备登录美股,突击 IPO 大关的关键时刻,重要类别的商标被抢注,酿成了遗憾的错误。原知名女性健康 App 西柚,因"西柚"商标所有权另属他人,不得已更名为"美柚",自己吞掉苦果。滴滴打车原名"嘀嘀打车",因遭"嘀嘀"商标拥有人起诉,更名为"滴滴打车"。

这些活生生的例子,我们要引以为戒。

作为初创公司,在商标保护问题上,应该注意以下几个方面。

1. 提前查询,尽快注册

一旦有了商标的点子,马上去查询。千万不要等到后来融资、上市的时候突然收到诉讼才明白,原来商标早就被人注册过了。在检索的时候,不仅要查大类,也要查小项目,而且要进行交叉检索,防止漏查。

商标注册实行"申请在先原则"。一份相同或近似的商标申请,谁先申请谁将得到商标使用权。因此,一旦确定了商标,就要尽早申请,以免夜长梦多。

2. 申请防御商标

商标分为 45 个大类别和若干小项,初创公司资金有限,没有必要进行全类别注册,但是在对核心类别进行注册外,也要对辅助类别以及将来可能拓展业务的类别进行注册,以达到全方位保护的效果。

3. 保留证据,以防不测

商标申请提交后,短则一年多,长则两三年才能够拿到正式的商标注册证。在此期间的使用证据应当保留下来,以防不时之需。证据包括合同、发票、审计报告,甚至客服 QQ 聊天记录等。这些证据在商标面临驳回、撤销等风险时将会起到至关重要的作用。

《商标法》第三十一条规定了申请在先原则的补充原则——使用在先原则。一旦在商标申请过程中,出现同日申请的情况,商标局会根据双方提供的使用证据进行裁定,这个时候,证据就派上了大用场。

19.1.2　专利保护

专利是初创公司保护自己的利器,它可以有效抵抗竞争对手的攻击。举个例子,智能家居公司 Nest 刚发布它的第一批产品便被巨头 Honeywell 起诉,对方试图通过专利诉讼让其退出智能家居市场。不料,Nest 技高一筹,早在产品研发阶段就已经为其产品申请了数百项专利,Honeywell 的驱逐计划未能成功。

专利还可以提升利润。以手机行业为例,国产手机都是靠性价比薄利多销打市场,而苹果手机则是依靠专利的高附加值赚取高额利润。有人拿小米和华为做比较,他们说,华为可以学习小米的粉丝营销而小米一时间学不来华为的专利,因此华为必将超越小米。我们这里暂且不讨论谁超越谁的问题,我们只是认为华为这么多年的专利积累必然是它进军手机市场的一大坚不可摧的优势。

除了产品发明可申请专利外，研发中的成果、工艺的流程、包装设计都可以申请专利。初创公司要用专利把自己武装起来，提升作战硬实力。

专利申请的相关内容详见第 4 章。

19.2 防止黑客攻击

网络上的黑客就好比现实生活中的黑社会一样，他们用非常的手段干扰甚至破坏我们的正当生意。轻则敲诈勒索、盗取用户信息，重则直接让服务器瘫痪，这些行为对我们造成的损失不可估量。

所以，对于网络黑客，我们不得不防。

19.2.1 黑客攻击的动机

一般情况下，黑客的攻击行为是为了利益。重赏之下，必有勇夫。攻击的动机具体分以下几种。

1. 自发攻击

网站被黑客盯上是一件很不幸的事，因为他们认为攻击我们的网站能获得利益。如果我们网站的权重较高，黑客可能在我们的网站挂一些黑链，然后出售获利；如果我们的网站销售暴利产品，黑客可能截取用户的下单数据，自己发货，从而获利；如果我们是流量站，黑客可能直接用 DDOS 攻击网站，然后联系我们说他可以让网站保证安全，但是要每月付多少钱"保护费"或者免费在网站上给他挂一个广告条。

2. 受雇于竞争对手

这种情况在一些暴利行业尤为常见，如博彩、私服、培训等。为了排挤竞争对手，一些公司往往私下雇佣黑客攻击竞争对手的网站，以达到不正当的商业竞争的目的。大部分黑客以帮别人攻击网站为业，赚取高额的收入。

也有时候，一些黑客不是为了利益，而是另有其他目的。具体有以下几种。

1）恶作剧

这种黑客纯粹是闲得无聊，比如干修改别人网站的主页这样的事情。这种形式一般见于新手，当然一些知名网站出现网页被篡改则是黑客高手所为。

2）打击报复

最典型的案例就是知名 IT 博客"月光博客"被攻击事件。这个事情发生在 2011 年,月光在其博客上发布了一些对黑客这个群体的负面看法。没过几天,他的博客服务器就遭到黑客 DDOS 攻击,导致全日服务器都访问故障,甚至更换服务器 IP 后攻击也没有停止。不得已,月光博客的新文章在那段期间只得通过新浪博客和 QQ 空间两处进行更新。

3）菜鸟练手

初入黑客行业的菜鸟们往往寻找一些薄弱的网站进行攻击测试,这种人只是为了获得成就感而已。如果让这些菜鸟得逞,不仅是倒霉的问题,而是我们的网站防御能力太差。

19.2.2　防止黑客攻击的方法

1．保护好服务器

服务器相当于网站的"住所",很容易被黑客袭击。所以,保证服务器安全应该首当其冲。

（1）选择可靠的、有完善的防黑设施的网站服务器。

（2）建议不要多网站共享一个服务器,否则一个网站被攻击,很容易连累其他网站。

（3）在服务器上安装好一点的防火墙和杀毒软件。

（4）及时更新系统补丁。

（5）关闭不使用的端口或服务。

（6）不要泄露服务器的真实 IP。

2．使用安全的建站源码

很多情况下,网站被攻击的原因是源码有漏洞,使得黑客能够通过漏洞添加代码和上传程序。所以在选择建站程序的时候建议选择 WordPress、织梦这些知名程序,而且要注意及时更新补丁。

3．使用免费防护服务

对于技术菜鸟来讲,使用免费的网站防护服务是最佳的选择。一些网络巨头公司提供的网站防护服务不仅免费,而且提供一站式的网站防护服务,基本能够对抗普通的攻击。使用这些服务,我们这些技术菜鸟基本可以高枕无忧。

目前公认的体验最好的防护软件当属 360 网站卫士(见图 19.1)。它主要有 4 方面的功能：网站防火墙、CC 保护、DDOS 保护、高防 DNS。其中，DDOS 可以抵御 20GB 的攻击，DNS 可以抵御 1600 万 QPS，这个防御能力基本上可以防御目前国内最厉害的攻击。

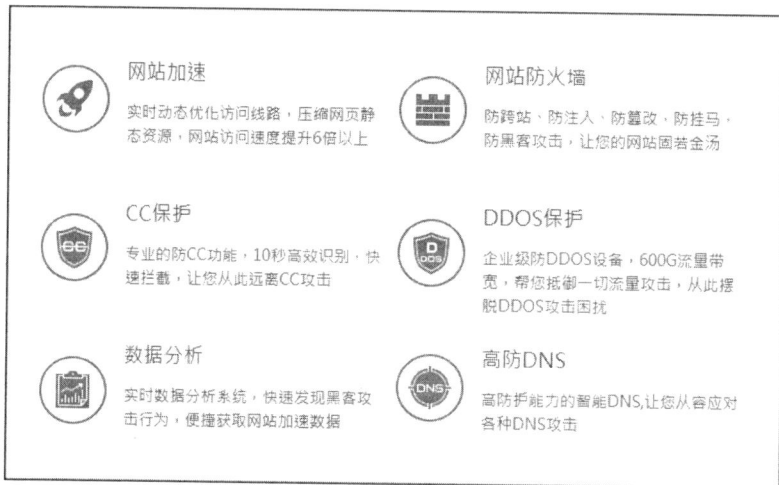

网站加速
实时动态优化访问线路，压缩网页静态资源，网站访问速度提升6倍以上

网站防火墙
防跨站、防注入、防篡改、防挂马、防黑客攻击，让您的网站固若金汤

CC保护
专业的防CC功能，10秒高效识别，快速拦截，让您从此远离CC攻击

DDOS保护
企业级防DDOS设备，600G流量带宽，帮您抵御一切流量攻击，从此摆脱DDOS攻击困扰

数据分析
实时数据分析系统，快速发现黑客攻击行为，便捷获取网站加速数据

高防DNS
高防护能力的智能DNS，让您从容应对各种DNS攻击

图 19.1　360 网站卫士主要功能

360 网站卫士的开通过程非常简单，只需要以下 4 步。

（1）添加域名并初始化。

（2）确认解析记录。

（3）把生成的 CNAME 记值添加到服务商处。

（4）等待审核通过。

4. 保持网站备份的习惯

现在黑客技术层出不穷，即使做好了完全的防护之策，也不能保证一定不会被攻击。所以，要做好被攻击后快速恢复网站的准备。笔者建议对网站数据一周备份一次，甚至是一天一次，以备不时之需。

第 20 章

PTCM 变体

PTCM 创富方程式在实际操作的时候,往往在 P、T、C 三个因素当中某个因素被极度放大,而其他因素则被忽略,于是产生了一些常见的变体形式。

20.1 流量为主

PTCM 的一个主要变种是以 T(流量)为主,忽略掉 P(产品)和 C(成交)。人们常见的依靠流量挂广告联盟赚钱的网站就是典型的流量为主的模式。这些网站的管理者们只专注于流量,通过广告联盟进行变现,而不必去操心产品和成交这些环节。

20.1.1 Google AdSence

最受站长们欢迎的广告联盟当属 Google AdSence,尽管 Google 早已退出中国市场多年,国内真正的网赚高手们仍在通过英文流量站大把大把地赚着美元。不管过去还是现在,Google AdSence 在广告联盟界的老大地位是无可撼动的。

利用 Google ASsence 赚钱思路非常简单,简单来讲就是寻找 Niche,选择关键词,制作内容,获取点击,从而获得收入。

1. Niche 的选择

1)选择实物产品

虚拟产品在国内因为专利不重视的原因导致盗版泛滥,大多数虚拟类产品都可以在网上找到免费的或者很便宜的,所以实物产品才是最佳选择。

2)选择工业品

工业产品比较冷门,但是利润高、竞争小,是个不错的选择。我们可以在阿里巴巴查询到很多这样的产品。

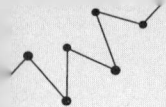

3) 使用专业工具

通过专业软件或网站进行查询,比如 Keyword finder(关键词查询软件)、www. spyfu. com(关键数据分析网站)。

2. 关键词的选择

(1) 月搜索量 5000 以上。

(2) 总搜索结果 100 万以下。

(3) 使用长尾词,至少 10 个。

3. 网站内容制作

(1) 每个长尾关键词写一篇文章,至少 8 篇文章字数为 500 字,其余 1000 字。

(2) 内容采用原创,自己不会写可以找人代笔。在 fiverr 上找人代写一篇 5 美元,建议采用。

4. 外链制作

外链随便先做十几个就行,能有自动外链最好,不必太刻意去做。随着 Google 算法的更新,内容所占权重越来越大,外链越来越少。曾经有个网站只有内容没有外链照样排第一。

5. 优化广告

优化广告的目的是在一定的流量前提下提高广告点击率。在这个广告横行的时代,用户极其厌恶广告,更不用说会去主动点击了。所以,必须注意广告的布局设计,这一点和点击率息息相关。

(1) 去掉广告边框。

(2) 采用大号文字。

把部分在 AdSense 代码中的"广告类型"设置为"只显示文字广告",然后把文字的字体调大,使文字广告看起来更加突出,让它们成为页面的核心。

(3) 巧妙引导。

尽管 Google 明令禁止诱导用户点击广告,甚至连图片诱导都不行。但是可以在 AdSence 代码旁边放置一个比较醒目的图片,这样增加广告曝光给用户的机会。

(4) 尽量放在第一屏。

第一屏就是用户不滚动滚动条所看到的屏幕,它上面往往放置着价格较高的广告。因此,把广告集中在第一屏有助于提升广告的整体点击率。

6. 防止被惩罚

Google 制定了严厉的反作弊制度,难免会有误伤。我们尽管不去作弊,但是仍然要注意以下几点,因为这几点常常会被 Google 当作作弊进行惩罚,曾经为许多站长们带来了不小的麻烦。

(1) 不要炫耀。不管网站赚钱多少,不要告诉任何人,更不要炫耀。这样做,不仅是防止竞争对手恶意点击,更是防止好友善意的帮忙,善意的帮忙往往会害了你。

(2) 不要点击自己的网站,更不要引诱别人点击。

(3) 所有站点分开放置,不要放在同一个服务器上。

7. 复制成功

一旦做好了一个月赚 500 元的网赚,那么如法炮制,进行复制。建 10 个同样的网站就是月赚 5000 元。

20.1.2　CLICKBANK

CLICKBANK 是专业的虚拟产品的广告联盟,与 Google AdSence 的 CPC (按点击付费)不同,它主要是按照 CPS(按销售付费)进行分成,其首页如图 20.1 所示。

在 CLICKBANK 上有成千上万的虚拟产品,大部分产品的佣金高达 70%。我们可以挑选合适的产品进行推广,依照销售状况获取佣金收入。不同于 Google AdSence 的自动匹配广告内容,CLICKBANK 则是由推广者自行选取合适的产品。所以,产品的选择是重中之重。

1. 产品选择

产品选择的目标是以总利润最大,也就是单品佣金最大的情况下,兼顾销量,从而使佣金与销量的乘积最大。单品售价建议选择 70 美元左右,不要超过 100 美元。产品火爆程度可以参考 Gravity 这个指标,大于 100 的产品属于热卖产品,但是处于高度竞争。小于 30 的产品尽管竞争较小,但是比较冷门。所以建议选择 Gravity 在 30～100 之间的产品为宜。

另外,如果网站仅仅为推广某一个孤立的产品而建立,是具有一定的风险的。一旦这个产品停售,网站也就作废了。所以,要选择一个相近的产品组合,为其建设网站,如果其中一个产品停售,网站仍然可以替换其他同类产品,继续赚钱。

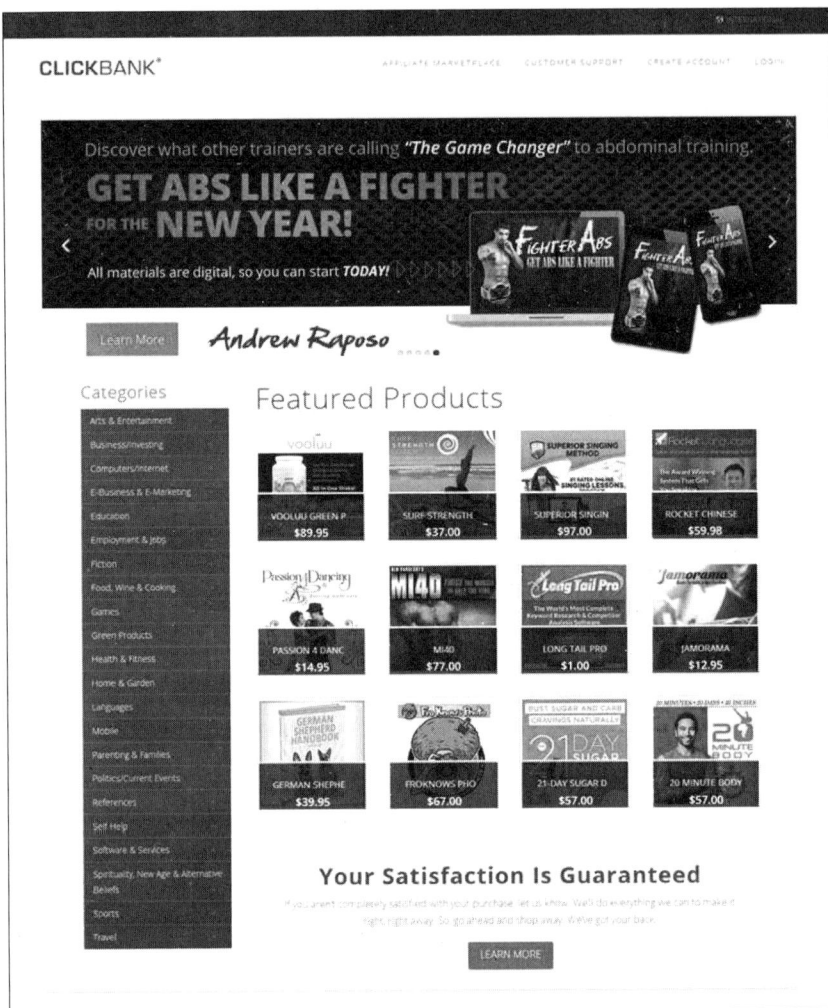

图 20.1 CLICKBANK 首页

2. 关键词选择

CLICKBANK 上只有成交我们才有佣金,展示再多次一个成交也没有,我们照样一分钱都拿不到。所以在关键词选择的时候,必须要选择能够产生购买的高转化关键词。这一点与 Google AdSence 略有差别。

3. 推广

推广方法主要以 SEO 为主,具体方法可以参考第 7 章中关于 SEO 的介绍。

4. 作弊与惩罚

相对于 Google AdSence,CLICKBANK 关于作弊规定没有那么严格,毕竟先卖出东西再发放佣金,基本没有办法作弊。

20.2　产品为主

一些大型的平台聚集着大量买家,比如大家都知道买东西去淘宝,找威客去猪八戒网,在淘宝、猪八戒网这些平台上聚集着大量有需求的人。我们只需要将产品进驻这些平台,就有机会在海量用户面前曝光,同时还可以借助一些比如担保交易一类的服务简化成交流程。这样一来,依托这些大平台,我们可以更好地将精力集中在产品上面。

实物产品的平台当属淘宝、京东莫属,这个大家已经非常熟悉,不再赘述。这里选取一个国外威客平台 Fiverr 以及国内的视频平台优酷进行讲解。

20.2.1　Fiverr

Fiverr(五美元)是一家来自以色列的全球性任务发布、外包平台,与其他众包平台不同的是,Fiverr 上的默认任务价格是 5 美元,Fiverr 这个名称也来自于此。当然,随着卖家信誉度的提升,更高的服务可以设置更高的价格。

在 Fiverr 上面(见图 20.2),任务被称为 Gigs,Gig 可以是文章代写、Logo设计、小孩取名、帮别人录视频、SEO、技能教授等。基本上只要你有某个特长或技能,都可以在 Fiverr 上发布 Gigs,有人购买你就可以获得收入。

要在 Fiverr 上赚钱,首先要展示你的特长或技能,也就是创建一个 Gig,步骤如下。

(1)首先登录你的 Fiverr 账户,点击右上角的 Star Selling 按钮后,如图 20.3 所示。

(2)点击 Become a Seller 后,如图 20.4 所示。

(3)填写 Gig 信息,如图 20.5 所示。

在 GIG TITLE 一栏填写你的任务标题,用 80 个以内的字写明你所擅长的或者你能够提供的任务。

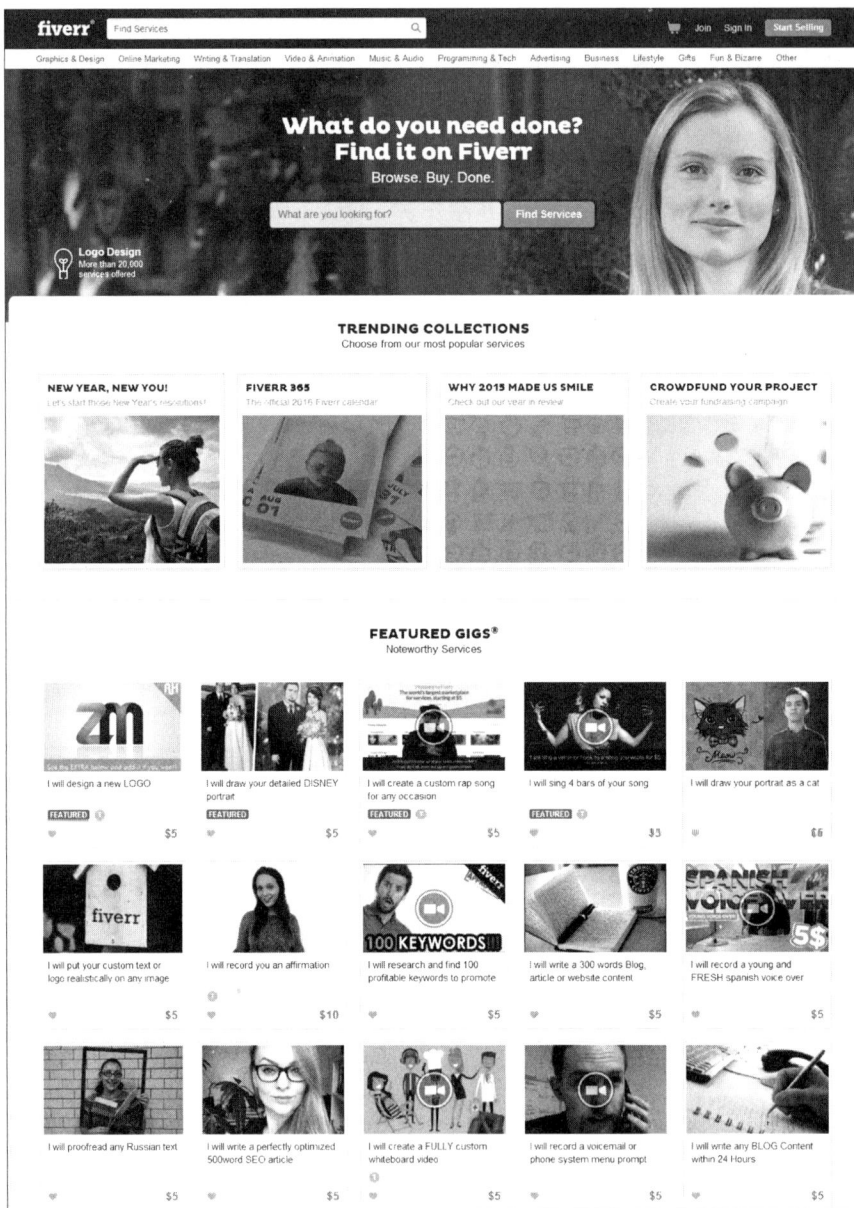

图 20.2　Fiverr 首页

图 20.3　Fiverr 操作示意图(一)

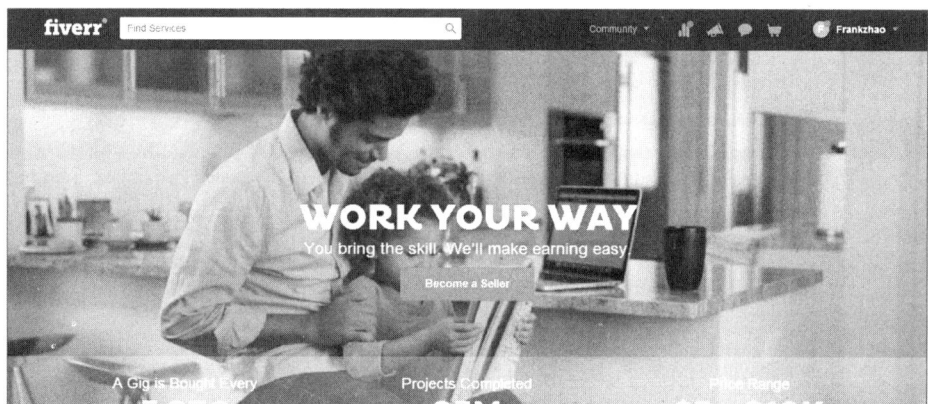

图 20.4　Fiverr 操作示意图(二)

在 CATEGORY 一栏选择一个适合的分类。

在 DESCRIPTION 一栏对具体提供的服务进行详细描述,要使买家容易理解而且有购买欲望。

在 TAGS 一栏填写关键词标签,以便买家在搜索的时候搜到你。

填写完成后,点击 Save & Continue 按钮。

(4) 设定价格,如图 20.6 所示。

(5) 写明需要买家提供的资料。

比如你提供算命服务,那么需要买家提供他的生辰八字等,如图 20.7 所示。

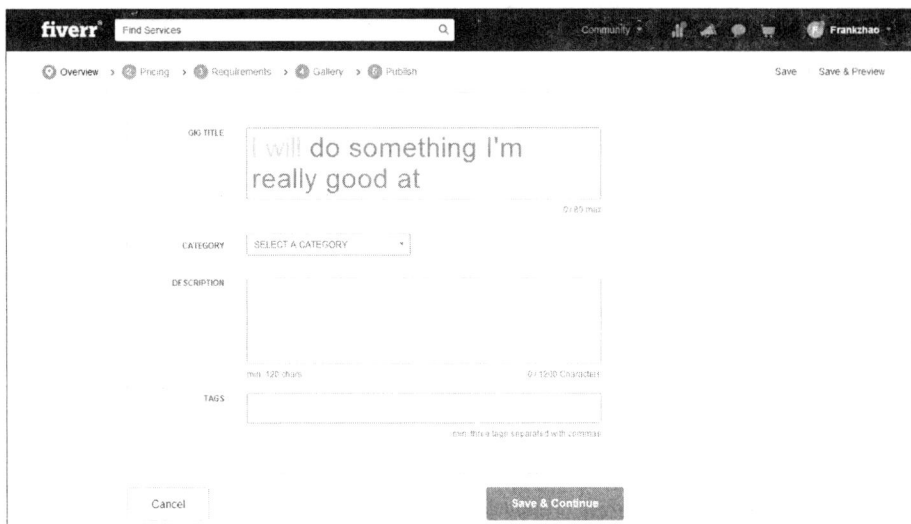

图 20.5　Fiverr 操作示意图(三)

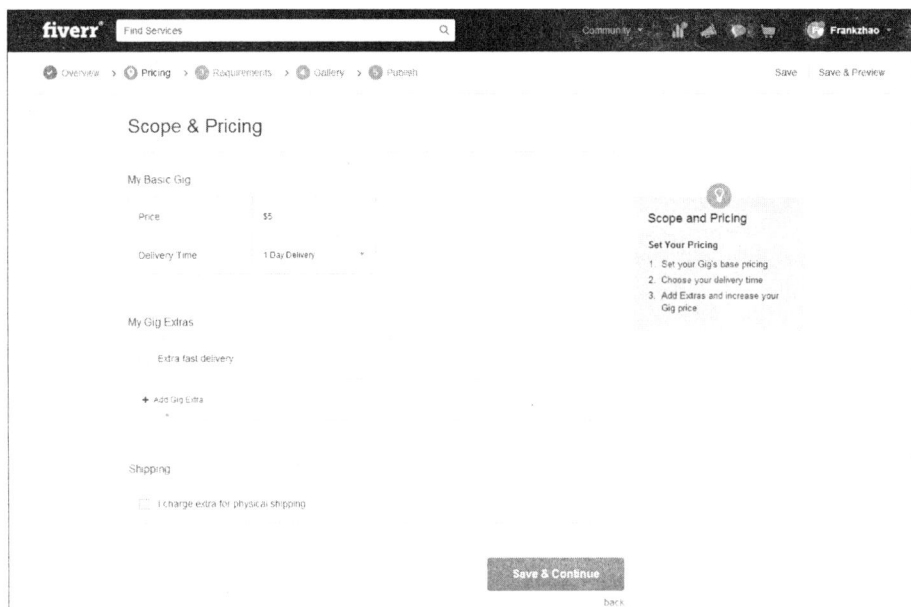

图 20.6　Fiverr 操作示意图(四)

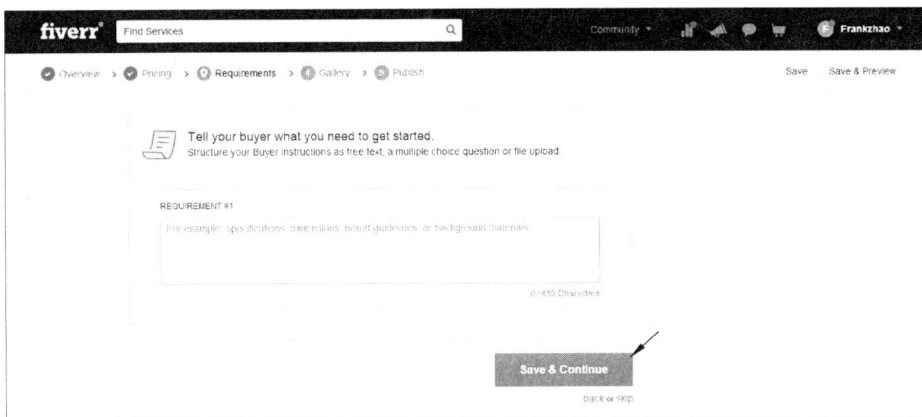

图 20.7　Fiverr 操作示意图(五)

（6）上传任务照片。

必须上传照片且最多只能上传 3 张，如果有视频介绍也可以上传。上传成功后点击 Save & Continue 按钮，如图 20.8 所示。

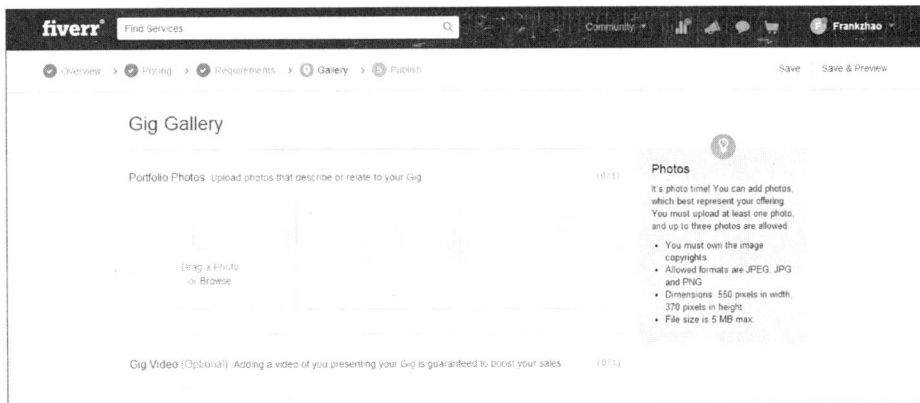

图 20.8　Fiverr 操作示意图(六)

（7）发布任务。

点击 Publish Gig 按钮，即把刚才建立好的 Gig 发布出去，如图 20.9 所示。

（8）分享。

把你创建任务的消息分享到社会化媒体当中，让更多人知道它。这样可以有效地增加你的销量，如图 20.10 所示。

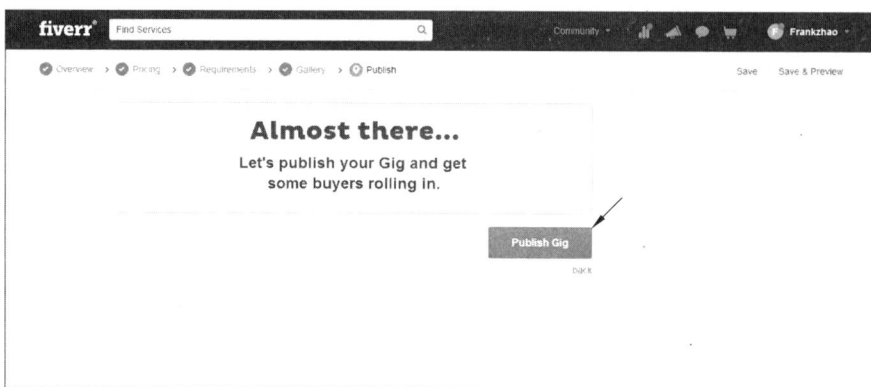

图 20.9　Fiverr 操作示意图（七）

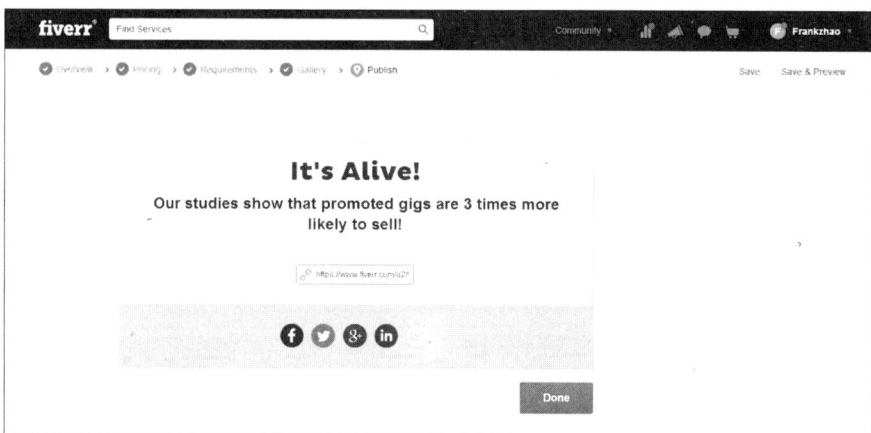

图 20.10　Fiverr 操作示意图（八）

创建 Gig 完成后，可以随时点击 Selling→My Gigs 查看订单状况。这个时候除了通过 Facebook、Twitter 等分享给好友并请好友推广以外，就等着客户上门吧。虽然每一单的收入不高，但是只要我们认真服务客户，让客户满意，一旦量大了起来的话，收入还是不错的。

20.2.2　优酷

原央视知名主持人，现紫牛基金合伙人张泉灵认为：从内容生产、用户习惯和赢利模式 3 个角度来观察，视频浪潮必然兴起。从 Facebook、Twitcer 等社交软件可以发现，越年轻的人越喜欢轻阅读、喜欢不用动脑子的内容，比如视频。

虽然在单位时间内视频表达的信息远少于图文，但这种形式一定会成为潮流。

国内最大的视频网站（见图 20.11）优酷率先推出了视频创收平台，旨在鼓励原创视频作者快速成长，并帮助其产生经济收益。视频创收平台包含广告分成、粉丝赞助及增值服务，通过这些服务，原创作者不仅可以获得收入，而且可以提升个人品牌。有了优酷的大力支持，原创作者不需要考虑技术、推广、粉丝互动等琐碎的事情，只需要集中精力专心创作高质量视频就可以。

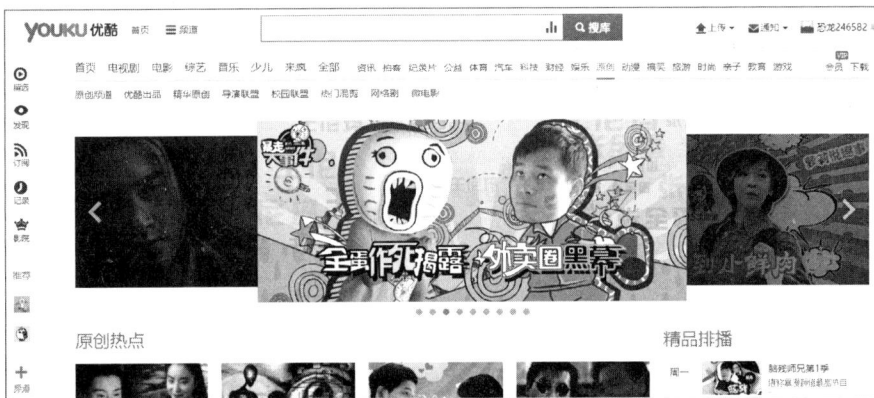

图 20.11　优酷网首页

2016 年 2 月的优酷广告分成排行榜，如图 20.12 所示。

2016年2月份优酷广告分成收入排行榜TOP10

（每月的20号左右，结算上个月的分成）

TOP10	零客创享	¥103,357
TOP9	奇奇和悦悦的玩具	¥103,682
TOP8	TED官方频道	¥130,289
TOP7	会说话的家族	¥136,114
TOP6	丿逍遥小枫	¥152,958
TOP5	籽岷	¥227,331
TOP4	淘梦网-Tmeng	¥245,845
TOP3	big笑工坊	¥267,806
TOP2	暴走漫画	¥422,437

猜猜第一是谁~

本帖隐藏的内容

TOP1	森宇文化	¥472,420

图 20.12　2016 年 2 月份优酷广告分成排行

由图 20.12 可以看出,TOP10 中的月收入都在 10 万元以上,最高的第一名高达 47 万元。其中值得一说的是"big 笑工坊",其他 TOP10 的视频基本上都是由团队制作,而"big 笑工坊"的所有视频都是由频道主"唐唐"一个人独立完成。这个 90 后的宅男,足不出户,每个月领着几十万元的收入。不得不说,他是我们草根创业的超级榜样。

如果你也有搞笑的才华或者有独到的见解,甚至只是有话要说,不妨把它录成视频上传优酷。说不定,下一个视频自媒体传奇就是你。

后　记

告诉你一个坏消息,这本书一文不值,你浪费钱了。除非你立刻行动!

在写本书的时候,我的太太曾经问我,你把自己的赚钱技巧教给别人,不等于砸了自己的饭碗吗? 我说,不用担心,真正看完本书后能够去执行的人,不会超过1%。

"什么? 1%? 我就是那1%啊!"你也许会这么想。但是,我要告诉你,你不是,除非你立刻行动!

行动,行动,立刻行动! 你还在犹豫什么? 再等等?

好吧,我来问你最后一个问题,你真的渴望成功吗? 你会说:"是呀,我受够了老板的气,我要把他炒掉。我要赚很多钱,带我的家人去周游世界。我要实现财务自由,去做自己喜欢的事情。"不要自欺欺人了,你根本就不够渴望!

什么才叫渴望成功? 去看看《你有多渴望成功》这个视频吧!

视频讲述了一个这样的故事:曾经一个年轻人,他非常想成功。于是他找到了他视为偶像的大师,并告诉大师他也想成为一个像大师一样成功的人。

大师说:"如果你真的想成为跟我一样成功人,明天早上来海滩见我。"

第二天一大早,年轻人就如约赶到了。大师走过来,再一次问他:"年轻人,你究竟有多想成功?""非常想!"年轻人说。于是,大师让年轻人和他一起下水,向海里走去。

当海水漫过腰际的时候,年轻人问大师:"大师,现在能告诉我如何成功吗?"大师说:"再走远一点。"年轻人又往前走了一些。眼看海水就要漫过肩膀的时候,年轻人忍不住问大师:"大师,现在可以告诉我如何成功了吗?"大师没有理会,继续说:"再往前一点,再往前一点!"

年轻人又往前走了两步,此时海水已经快要淹没他的嘴了。年轻人心想:这个大师是不是疯了? 而此时,大师提高了嗓音,继续命令:"再往前、再往前!"年轻人迟疑了,因为再往前走就没命了。

大师吼道:"你到底想不想成功!"年轻人把头尽量仰起来,以免海水呛到嘴里,他说"想! 可是……"没等他说完,大师冲了过来,把他的头按到水里,再提起来,再按到水里,再提起来,如此反复。

当年轻人快要不行的时候，大师把他拎了起来，拉到了岸上，然后对他说："当你对成功的渴望就像刚才对呼吸的渴望一样的时候，你就能够成功！"

我们大部分人没有经历过哮喘的体验，所以根本不知道那种对呼吸的渴望到底有多么急迫。所以，你必须去做一件事情，那就是参考李连杰主演的《给爸爸的一封信》电影，当中父子用脸盆比赛憋气的情节那样，把你的口鼻埋到盛满水的脸盆当中，随着时间一分一秒地过去，你对呼吸的渴望会愈来愈加强烈。

当你处于窒息状态时，你最渴望的事情就是去呼吸新鲜空气。你不会在意今天中午吃的是什么，更不会在意自己的发型帅不帅，你只在乎新鲜空气，这比什么都重要！

所以，不要跟我说你想成功，你不是很想，你只是有一点想而已。你对成功的渴望远不如对玩手机游戏的渴望，你对成功的渴望远不如对睡懒觉的渴望，你对成功的渴望甚至远不如对看电影的渴望！你觉得你还能成功吗？下辈子吧！

也许你曾经体验过窒息的感觉，也许你已经真正明白了我说的道理，你绝非只有一点渴望成功，你非常非常渴望成功，甚至超过对呼吸的渴望。那么我仍然遗憾地告诉你，你根本无法成功。除非你立刻采取行动！

还在等什么？时间已经过去一秒、两秒、三秒……

你感觉到窒息了吗？

快！

再不去行动，你就没命了……

参 考 文 献

[1] 萨利赫,舒凯瑞,著.网站转化率优化之道[M].顾毅,译.北京:人民邮电出版社,2012.

[2] 孙锐,周宁.网络营销:网上成功之道[M].北京:电子工业出版社,2011.

[3] 昝辉.网络营销实战密码:策略、技巧、案例[M].北京:电子工业出版社,2009.